言犹未尽，一代贤儒

回忆

许寿裳

浙江省政协文史资料委员会
绍兴市政协文史资料委员会 编

中国文史出版社

百年中国记忆·文化大家

主　　编：　刘未鸣　韩淑芳

执行主编：　张春霞

编　　辑：　(以姓氏笔画为序)

卜伟欣　牛梦岳　李军政　李晓薇

赵姣娇　高　贝　徐玉霞

许寿裳先生

1934年，许寿裳与蔡元培摄于南京。前排左起：蔡元培、蔡睟盎、蔡夫人周峻。后排左起：许寿裳、张继

1904年，许寿裳（左二）与鲁迅等绍兴籍留日同学合影于日本东京

1913年，许寿裳与夫人
沈慈晖及长子世瑛、长女世琯
合影于北京

1919年11月，许寿裳与陶伯勤在沪结婚时摄

1935年7月，长女许世瑄与汤兆恒结婚，许氏全家合影。前排左起：许寿裳、许世玮、陶伯勤。后排左起：许世琟、许世瑄、汤兆恒、许世瑮、许世瑛、许世玚

20世纪30年代初，许寿裳与侄孙女范瑾（许勉文）在南京莫愁湖合影

许寿裳摄于江西南昌，时任
江西省教育厅厅长

1938年春，许寿裳摄于
陕西咸阳渡头

1934年，许寿裳（右二）与戴静山、罗庸、徐世度合影，时任北平大学女子文理学院院长

1935年8月，许寿裳与周作人、马幼渔、沈兼士、朱逷先、钱玄同（自左至右）合影于北平中山公园

1935年10月6日，许寿裳
（左二）与钱伟长（右一）等
亲友在颐和园清宴舫合影

许寿裳应季女许世玮（许慧）之请，录陆游咏故乡诗二首，时1947年于台北

1946年，许寿裳摄于台北，时任台湾省编译馆馆长

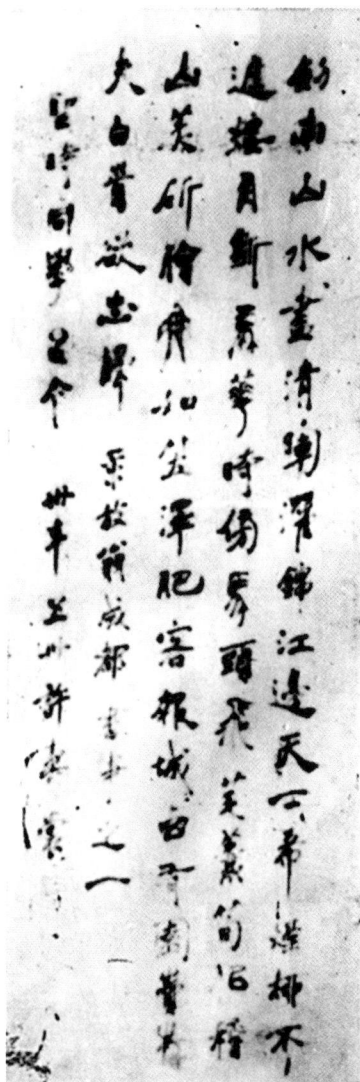

许寿裳录陆游《成都书串》诗书赠学生袁珂（圣时）

8

CONTENTS 目　录

第一辑　亲属怀思：恨抓不住时间

第二辑　故旧追忆：谦冲慈祥，临事不苟

第三辑　桃李悼念：文采庄严百世师

附 录

百年中國記憶
BAINIAN
ZHONGGUO
JIYI

第一辑

亲属怀思：恨抓不住时间

怀　思

许世瑮

　　日子过得真快，父亲阖上他智慧的眼睛，永别这多难的尘世而去，如今已44个年头了。在44年前那个令人悲痛的日子里，我噙着眼泪，怀着哀思，为父亲料理丧事。对于父亲的死，当时，各界人士都寄予极大的悼惜和深厚的同情，这是我父亲身后应得的哀荣吧！作为人子的我，在这里向各界叩谢！关于父亲的道德文章，世人自有定评，我不敢在这里多所置议。今天，我执笔写这篇文字，不过抒述我父子间的一点乌私。

　　先父寿裳公季茀先生，浙江绍兴人，立春日生，今年适逢百十岁冥寿。逝世时为民国37年2月18日，享寿66岁。

　　父亲治学甚勤，初求学于绍兴中西学堂、杭州求是书院、日本弘文学院及高等师范。对各种学问，皆有根底。除了中国文学外，通晓日、英、德文。历任北京大学、北平师大、中山大学、西北联大、西南联大、华西大学、台湾大学教授，及平大女子文理学院院长、女师大校长，其门生多为受人爱戴之教授及妇女领袖。

　　父亲做事认真负责，如民国6年出任江西省教育厅厅长时，厅制初创，集中人才，力开风气。学校教育外，注意社会教育，设立博物馆、图书馆等，和衷共济，成绩斐然，江西教育之基础始奠于此。其他省市，殊受影响。

父亲随蔡元培先生任事甚久，故于教育部及中央研究院之贡献亦多。随后任职于考试院考选委员会，公事外，从事著作不息，几不知老之将至。民国35年来台，任台湾省编译馆馆长。馆事初创，擘划周详，分为四组：（一）学校教本；（二）社会读物；（三）名著译述；（四）台湾文化研究。聘请专才担任，成绩卓著。杨云萍、杨乃藩先生均曾在该馆服务。翌年应当时台湾大学校长陆志鸿先生敦聘，担任中国文学系主任，与同系教授台静农、戴君仁、乔大壮、魏建功诸先生相处甚欢。台大的校歌，就是父亲那时候作的词。

当我少年的时候，一直追随在父亲的左右，父亲是谦和而慈祥的，是严父，也是良师。他教导我们治学的方法和做人的道理，有时拿古人做例子，有时也以他的朋友做例子。他率直，诚厚，对自己的长处从不夸张，对自己的缺点从不稍加掩饰。他说他自己的天资是不十分高，补救这个缺点的，是下苦功——苦读，熟读，不取巧，不自作聪明。一次不懂，多读几次，直到读通、读懂了为止。经常做笔记，来帮助记忆。在这种治学的精神下，他在每个学校里，考试时常名列第一。他说做学问除了"精"还要"博"，专精一门，不问其他，往往会变成"书呆子"，所以，他在精治国学外，对于心理、史地、政治、教育等各部门的社会科学都很有根底，也因为"博"，他在学校里教书，能广征博引，用各式各样的比喻、引证，不厌其详地给学生讲解，使他们懂得透彻。

父亲热心推行国语，民国2年曾参加读音统一会，制定注音符号。他重视教育事业，认为教育是革命的奠基工作，没有教育，便谈不上真正的革命。他干了30多年的教育工作，等于干了30多年的革命事业。

论做人，父亲的意思是"公德""私德"并重。要整个的，不能以做到某一点便算完事。在这个观念下，他待人接物，连每一点细节都注意及之。他写字总是正襟危坐，下笔不苟；做文章，不让它错一个句读。总之，逢事绝不马虎，律己极严，以身作则，守时刻，讲信用，待人诚厚，也因此往往被人所蒙蔽。在"公德"方面，他反对强权，但扶助弱者，不惜牺牲自己。当年章太炎先生被幽禁，父亲奔走营救，不遗余力；鲁迅先生被非法免职，父亲出面力争，连自己也被免职，毫不反悔。

父亲在教学之余，不废著述，每晨三四点钟即起身，读书写作，数十年如一日。遗著有《章炳麟传》、《亡友鲁迅印象记》、《鲁迅的思想与生活》、《怎样学习国语与国文》、《三民主义述要》、《考试制度述要》、《周官研究》、《传记研究》、《俞樾传》、《越缦堂日记选注释》、《中国文字学》等；短篇的有《鲁迅的德行》、《鲁迅的人格和思想》、《鲁迅的精神》、《鲁迅的避难生活》、《鲁迅的游戏文章》、《国父中山先生与章太炎先生》、《俞曲园先生的思想》、《摹拟与创作》、《王通与韩愈》、《教授国文应注意的几件事》、《敦煌秘籍留真新编序》、《读了敦煌秘籍留真新编之后》、《读敦煌秘籍留真尚书盘庚微子两篇》、王冶秋著《民元前的鲁迅先生》序等，以上大部分已经出版，未出版的都在整理中筹备出版。

先父谦恭慈祥，临事不苟，自律甚严，待人恕厚，规过劝善，直言无隐。行为均遵礼法，思想适合现代，重然诺，负责任，守时刻，尊人权。深恶坏习惯。以"公德""知耻""重厚""耿介""必信"相勉。

写到这里，不禁悲从中来，这一篇"语无伦次"的文字，怎能表达出为人子者崇仰和哀戚呢？我家家谱以"寿世文章"排列，吾子台文，女忆文、孙成章、孙女瑞章、玲章，盼能光大我父亲遗德。爰撰此文以为纪念。

1992年1月4日于台北

鲁迅与先父寿裳公

许世瑮

鲁迅先生与先父许寿裳（季茀）先生有35年的交情，他们都是浙江绍兴人，从少年到老年一直友好，彼此关怀，情同骨肉。

民国前10年，初秋，先父获浙江官费，派往日本留学，初入东京弘文学院，预备日语。时鲁迅先生已先于2月间，由江南督练公所派赴日本，亦入弘文学院修日语，只是不同班，先父在浙江班，鲁迅先生在江南班。起初他们往来甚少，他们的友谊是从剪辫子开始的。

先父在到东京的第一日，就把"烦恼丝"剪掉了，鲁迅先生也于次年3月，在江南班第一个剪去辫子。鲁迅先生拍了一张断发照，并在背面题诗一首赠给先父。诗曰：

灵台无计逃神矢，风雨如磐暗故园。

寄意寒星荃不察，我以我血荐轩辕。

民国前9年，《浙江潮》创刊，从第5期起，由先父接任主编，即向鲁迅先生约稿。鲁迅先生的历史小说《斯巴达之魂》、译作《哀尘》、科普文章

《说钼》和科学论文《中国地质略论》等，都是在先父主编的《浙江潮》上发表的。

鲁迅先生在弘文学院时，课余喜看哲学和文学的书。他同先父常常讨论的三个问题是：

一、怎样才是理想的人性？

二、中国国民性中最缺乏的是什么？

三、它的病根何在？

后来，他又谈到志愿学医，要从科学达到解决上述三个问题。理想宏远，下手切实。

民国前8年，秋，鲁迅先生入仙台医学专门学校学医。学医以后，成绩非常好，为教师们所器重。可是到了第二学年春假的时候，鲁迅先生照例回到东京，对先父说："我退学了。"先父惊问他："你不是学得正有兴趣么？为什么要中断？""是的！我决计要学文艺了。中国的呆子、坏呆子，岂是医学所能治疗的？"

鲁迅先生在《呐喊》序文里写得很详细："……有一回，我竟在画片上忽然看见我久违的许多中国人了。一个绑在中间，许多站在左右。一样是强壮的体格，而显出麻木的神情。据解说，则绑着的是替俄国做了军事上的侦察，正要被日军砍下头颅来示众，而围着的便是去赏鉴这示众的盛举的人们。"所以，我们的第一要著，便是要改变同胞的精神，于是鲁迅先生他想提倡文艺运动了。也就是对于国民性劣点的研究，揭发，攻击，肃清。终身不懈，三十年如一日，真可谓"鞠躬尽瘁，死而后已"。

鲁迅先生退学回到东京，时先父已就读高等师范学校史地科。鲁迅先生和先父相处在一起，赴会馆，听讲演。是年秋，每周星期日清晨，先父与鲁迅先生等人，同往章太炎先生寓所——牛込区二丁目八番地《民报》社，听章太炎先生讲《段氏说文注》及《郝氏尔雅义疏》。

民国前4年春，先父在东京高等师范学校毕业欲留学欧洲，与鲁迅先生等5人合租本乡区西片町一华美住宅，署其寓曰："伍舍"。宅地广阔，颇有庭园花木之盛，是年冬，合租的朋友有的移居他处，先父明春又将赴德留学，不得不先行退租，迁出"伍舍"。先父曾有套用东坡诗句成《留别伍舍》诗一首：

荷尽已无擎雨盖，菊残犹有傲霜枝。

壶中好景长追忆，最是朝颜泡露时。

民国前3年，初春，先父因学费无着，留学德国未果，乃于4月自日本返国，任浙江两级师范学堂教务长。是年秋，鲁迅先生回国，即由先父推荐到浙江两级师范学堂，任生理学和化学教员。冬，原监督沈衡山（钧儒）先生辞职，继任者夏震武氏。夏氏自谓研究宋学，而对于教育文化未尝研究，先父和鲁迅先生诸教员，均不欲与之共事，全体辞职，搬出校舍，以示决绝。后夏氏去职，始复返校任教。为庆贺"木瓜之役"（夏氏当时被称为"夏木瓜"）的胜利，先父和鲁迅先生等25人，一起在杭州湖州会馆合影留念。

民国元年，临时政府成立，定都南京。蔡孑民先生任教育总长，先父被邀至南京，任教育部部员，旋向蔡孑民先生推荐鲁迅先生。蔡先生久慕鲁迅先生才学，即请先父驰函绍兴（时鲁迅先生居绍执教），敦请鲁迅先生前往就职。故友重逢，分外亲切，昼则同桌办公，夜则联床共话。此后，先父与鲁迅先生长期同就职于教育部，同执教于各地，不时见面，信函频繁，真是知无不言、言无不尽的知己好友。

鲁迅先生于民国25年10月19日因肺病去世时，先父极为哀痛，曾作诗一首悼念他。诗曰：

身后万民同零涕，生前孤剑独冲锋。

丹心浩气终黄土，长夜凭谁叩晓钟。

蔡元培先生也有挽联挽之，曰：

著述最谨严，非徒中国小说史；

遗言太沉痛，莫作空头文学家。

先父说过，他自己深受严师与诤友的影响。严师就是指国学大师章太炎先生及宋平子先生，诤友则是指蔡子民先生和鲁迅先生。

我于公元1988年5月初，回沪探亲，向百龄老母祝寿，还到鲁迅先生墓前致敬，并想去绍兴故乡探视老家。绍兴鲁迅纪念馆裘士雄馆长得到消息后，特派员来沪面邀。遂于5月21日到绍，住在馆内。承裘馆长陪同，参观了鲁迅故居、百草园、三味书屋和鲁迅先生生平事迹陈列厅。我仔细观摩，思潮涌起，越看越觉其伟大。当看到鲁迅先生和先父的巨幅合照时，心情分外激动。触景生情，睹物思人，怎么不为之动情呢！

我应馆方之邀，还在纪念册上题了以下的字句留念："民族英雄，福被全民。天下一统，革命成功。"

作者研究食品卫生与环境卫生，本不善为文，兹再将儿时从父兄辈听来的关于鲁迅先生的印象，略述一二，以供读者参考。

鲁迅先生的起居是很朴素的，刻苦耐劳的。关于他的衣着，在南京读书时，没有余钱制衣服，以致夹裤过冬，棉袍破旧得可怜，两肩已没有一点棉絮了。他在杭州教书时，仍旧着学生制服，夏天只做了一件白羽纱长衫，一直穿到10月天冷为止，后来置了一件外套，勉可御寒，平时少着皮鞋，常穿黑色帆布面胶底的鞋子。

对于饮食，鲁迅先生是很随便的，不喜吃隔夜菜和干咸品；鱼蟹少吃，怕去骨和剥壳的麻烦，茶用清茶，烟用廉价品，每日大概需50支，不敢多喝酒，爱吃辣椒。他曾告诉先父，因为夹裤过冬，不得已吃辣椒以御寒气，渐成嗜好，因而害及胃的健康，为毕生之累。他发胃病的时候，常见他把腹部顶住方桌的角而把上身伏在桌面，这可想见他胃痛得厉害。最后10年间，有景宋夫人的照料，饮食较为舒适。他的寝具一向是用板床薄被，晚年才用最普通的铁床，书桌旁边放着一张藤躺椅，工作倦了，就在这椅上小坐，看看报纸，算作休息而已。

鲁迅先生一生惯用毛笔，文稿、日记、书信都是用毛笔写的，其原因大概不外乎：（一）可以不择纸张的厚薄好坏；（二）写字"小大由之"，别有风趣罢了。他对于书籍的装饰和爱护，真是无微不至，他所出的书，关于书面的图案，排字的体裁，校对的认真，没有一件不是亲自经营，煞费苦心。

擅长写作的鲁迅也很健谈。聊天时胸怀磊落，机智流畅，有光风霁月之概，所谈种种，或叙述，或评论，或笑话，或悲愤，都令人感到亲切和痛快。所以接触过他的人，都会怀念他，留给人深刻的印象。

吾越乡风，小孩上学，必定替他挑选一位品学兼优的开蒙先生，教他认方块字，把笔写字，并在课本面上替他写姓名，希望他能够得到这位老师的熏陶和传授。民国3年，先兄世瑛5岁，父亲买了《文字蒙求》，敦请鲁迅先生开蒙。他只教"天""人"二字，并书"许世瑛"三个字，天人二字含义甚广，包括一切学问——自然和人文，一切道德——天道和人道。后来先兄考入国立清华大学中国文学系，又向鲁迅先生请教应该看些什么书？他便开示一张书单如下：

计有功，宋人：唐诗纪事。

辛文房，元人：唐才子传。

严可均：全上古……隋文。

丁福保：全上古……隋诗。

吴荣光：历代名人年谱。

胡应麟，明人：少室山房笔丛。

四库全书简明目录。

刘义庆：世说新语。

王定保，五代：唐摭言。

葛洪：抱朴子外篇。

王充：论衡。

王晫：今世说。

以上书目，实在是初学文学者所必读，他的解说也简明扼要，先兄以后之成就，可以说得自鲁迅先生者甚大。

民国7年初夏，母亲由北平到南昌，不及半月因伤寒病故，鲁迅先生远来函唁，慰问。提到世兄们失掉慈母，固然是不幸，但也不尽然；倘有慈母，或是幸福，然若幼而失母，也非不幸，倒可成为更加勇猛，更无挂碍的儿女。鲁迅先生对我们兄弟寓鼓励于安慰之中，前辈风仪永生难忘。

大伯父铭伯先生民国8年春初中风，请教鲁迅先生延医诊治，他说这病不容易完全治好，曾遍觅良医，果然无效，计病29个月而殁。鲁迅先生闻讯即来吊唁。

民国24年7月，世琯姐和汤兆恒先生在上海结婚，鲁迅先生一向不肯出门酬应，是日偕夫人挈海婴惠然来临，并且到得很早，后来才知道他是日身体本来不适，且译作甚忙，家人无不感激。

民国23年冬，世场妹患病，也烦鲁迅先生介绍医师，他为人谋，忠实周到；特检出书信一封，以资说明：

季市兄：

顷奉到十二月五日惠函，备悉种种。世场来就医时，正值弟自亦隔日必赴医院，同道而去，于时间及体力，并无特别耗损，务希勿以为意。至于诊金及药费，则因与医生甚熟，例不即付，每月之末，即开账来取，届时自当将世场之账目检出寄奉耳。

弟因感冒，害及肠胃，又不能悠游，遂至颓惫多日，幸近已向愈，胃口亦渐开，不日当可复原，希勿念为幸。专此布复，并颂

曼福

弟 飞 顿首 十二月九日

（按：先父寿裳公，字季茀，亦作季市。鲁迅与熟朋友写信有时仅署一"飞"字）

1992年1月1日

12

忆先父许寿裳

许世玮

　　凡是阅读过《亡友鲁迅印象记》《我所认识的鲁迅》等书的人对作者许寿裳和鲁迅的深厚友谊一定会有相当深刻的印象。关于他的一生经历、他的为人和学问，他的同事和学生比我了解得更多。我作为他最小的女儿在这里主要谈谈他晚年的一些情况。

一

　　1926年下半年，父亲和鲁迅等40人被北洋军阀政府通缉，于是举家南返。定居在浙江嘉兴，此后父亲一人奔波在外。我1928年出生的时候，他在蔡元培主持的大学院任秘书长，后大学院改为中央研究院，他留在那儿当干事和文需处主任，很少回家。1934年他受聘到北平大学女子文理学院任院长，每年寒假才回家。抗日战争爆发后，他立即返校，随校西迁，此后又经陕入川。我母亲带着姐姐和我逃难到上海，在八年抗战中与父亲几乎音讯断绝。记得大概是1939年，我姐姐上初中我还在小学读书的时候，收到父亲从陕西城固寄来的一封信，把我姐姐写给他的家信寄回来了。他把信上的错字、用字不当和词不达意的地方仔细改了一遍，并指出应该怎么用词等等，这件事给我印象极深，了解到父亲是个对事认真、要求严格的人。

1946年初夏，父亲从重庆回到上海和家人团聚。他见了我很高兴，笑着说："真是'乡音无改鬓毛衰，儿童相见不相识'了。"他对我们说，南京的政治空气对他不合适，所以接受了台湾省行政长官陈仪之邀，到台湾去任编译馆馆长（陈仪和鲁迅、我父亲在日本留学时同学）。他知道我中学已毕业，以后学什么还拿不定主意。他劝我还是学一门自然科学，并建议我跟他到台湾上大学。6月他仅一人先到台北，其后我和大哥许世瑛也去了台湾。我考入台湾大学农业化学系。这样在他生命的最后岁月，我得以跟随在他的身边。

当时的台湾刚从日本人手中收回，一切尚处于草创时期。编译馆中事无巨细，他都亲自擘划。为了迅速发展台湾文化教育事业，他还延聘不少学者到台工作。

在他筹划下，编译馆分教材编辑、社会读物、名著翻译与台湾研究四组。分别请程璟、邹谦、李霁野、杨云萍负责。他认为最要紧的是编一套中小学教科书以及教员参考书，因为国内出版的教科书不适合于刚刚光复的台湾。他计划这套书在一年内完成，他对编译人员说："我们的编译研究工作，要适合时代潮流，要有进步观念和民主思想，不能落后倒退，甚至违反人民的利益。我们不要忘记人民。"

当时台湾人不会讲普通话，知识分子都用日语交谈。父亲是推行普通话运动的积极分子之一，并亲自撰写了《怎样学习国语和国文》一书，书中比较了中文与日文语法的不同，力求适合原来学日语的台湾青年的需要。

父亲当时除了要我跟他一起到台湾外，还竭力鼓励我哥哥许世瑛到台湾师范学院执教。许世瑛曾拜鲁迅为启蒙老师，在他进清华大学中文系学习时，鲁迅为他开了一张有名的书单。他毕业于清华研究院，是我国著名语言学家王力的学生。他以后一直在台湾各大学讲授文字学。他所著《中国文法讲话》一书到1977年已再版13次，很受欢迎。哥哥可算是继承父业，为台湾人民培养了不少专门人材，为中国文字学研究作出了贡献。

二

我父亲办事极其认真、公私分明、遵守时刻。据他的同事说，如果写信他老先生必自己掏钱买信封邮票，决不用公家的，几十年来已成习惯。上课，开会向来准时，如有事迟到几分钟，来后必一再道歉，如果其他老师上课迟到，他就不客气提出批评，因此被有的人讥为矫枉过正，小事太认真。

1947年2月28日台湾人民起义的当天，父亲在上班路上听说出了事，在情况不明之时，本可折回家中，但他的责任心使他要和编译馆的同事们在一起，不考虑会遇到什么情况，当夜就守在馆中。在那段时间里，外省去的同事不敢外出，有缺钱缺米者，父亲请本省同事给送去钱米，使受者很感动。

起义被镇压后，台湾省长官公署改组，陈仪下台，魏道明继任省长，立即撤销了编译馆，父亲接受台湾大学校长陆志明之聘，担任中文系主任。他除规划系内工作外，亲自讲授文字学。当时到台湾大学念中文系的人极少，听他课的只有两名学生。教材是他自己编的，为了节省学生记笔记的时间，也为了讲解得更准确详尽，他仍然为这两个学生印讲义。而且因刻腊版的工作人员不善写甲骨文、金文、篆文等字体，所以他特别指定一名助教来缮写，印出来后他再亲自校对，才发给学生。从这点可窥见他对学生负责的精神。

父亲的为人，是极富于正义感，爱憎分明，疾恶如仇。每遇不平，敢于挺身而出，仗义执言。最明显的事例，如章太炎被袁世凯关进狱中，他和鲁迅等一起，极力设法营救。彭允彝当教育部长时，排挤蔡元培，当时父亲是女师大校长，联络八所学校与彭对抗。1925年8月，因女师大学潮事，军阀政府下令撤销鲁迅在教育部的职务，父亲与齐寿山联合发表声明，揭露军阀政府迫害进步师生的种种罪行，公开为鲁迅辩护。1927年父亲与鲁迅一起在广州中山大学任教，四一五反革命政变后，大批进步学生被捕，鲁迅为抗议校方的反动立场，愤而辞职，父亲与许广平为支持鲁迅也立即辞职，坚决与鲁迅共进退。

<h1 style="text-align:center">三</h1>

父亲所以到台湾，一个重要原因是认为当时台湾是个比较安定的地方，希望能实现他的夙愿，完成《鲁迅传》和《蔡元培传》的写作。他虽写过不少关于鲁迅的文章，并在台湾完成了《亡友鲁迅印象记》，但始终觉得"言犹未尽"；关于《蔡元培传》，在抗战时就已注意搜集资料了。

他一生与鲁迅、蔡元培关系最深，章太炎则是他敬仰的老师。在台时他曾对我说过："回顾过去，有鲁迅、蔡元培这样的知己，真是值得自豪的了，一生总算没有白过。"对于中国近代文化教育界这三位杰出人物，他是衷心敬佩，极力维护的。记得在台湾时，谢似颜老师（曾任北平女子文理学院体育系主任）说过一段趣事：在女子文理学院时，有一次谢和朋友聊天，说到章太炎晚节不大好的话，忽听到我父亲的脚步声从门外传来，他的朋友立即使眼色，让谢赶快从后门溜走。事后那位朋友还笑说："真险呀！他老先生所佩服的师友，如果有人批评，他是要拼命的，尤其是章太炎、蔡元培和鲁迅。"谢还说因为这件事，他有意回避我父亲，半个月不敢见面。

父亲认为向全国人民宣传鲁迅的战斗精神是他义不容辞的责任。经过八年抗战，生灵涂炭，国力耗尽，好容易盼到胜利，没想到国民党又发动内战，镇压民主运动，闻一多、李公朴先后被害，使他非常悲愤，他到台湾后不久写的《鲁迅的精神》一文中，一开头就引用鲁迅的话："血债必须用同物偿还。""他要反抗，他要复仇。"而且强调鲁迅的精神就是："为大众而战，是有计划的韧战，一口咬住不放的。"就是要"除恶务尽"，这是有感而发的。

父亲热爱台湾人民，向他们宣扬鲁迅的战斗精神，希望台湾人民从鲁迅创作中吸取精神力量。他在台湾写的《鲁迅和青年》一文中说："本省台湾在没有光复以前，鲁迅也和海内的革命志士一样，对于台湾，尤其是对于台湾的青年从不忘怀的，他赞美他们的赞助中国革命，自然也渴望着台湾的革命。"

像这样一些揭发黑暗、号召战斗的文章，他还写过好几篇，他很珍视从香港寄给他的进步刊物，收到后必仔细阅读，而且还叫我也好好看看。他认为对当前社会的黑暗腐败不能闭口不言，所以他在平日言谈中更表露出对国民党反动派的不满，文章写得更尖锐，这就为反动派所忌恨。

当他在《台湾文化》上发表了第一篇关于鲁迅的文章时，就有反动文人化名写文骂他，说他不该因为和鲁迅有私交而乱捧鲁迅，鲁迅没有什么了不起，不过会骂人，会写点小说而已。父亲对我说："这种人太卑鄙了，我置之不理，如果理他们，反而抬高了他们的身价。"在这以后，他又在《台湾文化》上发表了几篇宣扬鲁迅精神的文章，而且他的《鲁迅的思想与生活》一书在台湾出版了，这就使反动派更为忌恨，父亲对朋友们说："最近那些人更卑鄙了，听说在一个刊物上造我儿女的谣言，说些下流无根据的话，想用这种方法来伤害我。我更置之不理，连看也不看！"

他在家中常和我谈鲁迅，他很喜欢鲁迅那首"惯于长夜过春时"的诗，曾详细给我讲解，讲时满含对反动派的愤怒情绪，他还对我说："今日中国是极需要发扬鲁迅韧性战斗的精神的，反动派多方诬蔑歪曲鲁迅的人格，想动摇广大青年对鲁迅的信仰，是极其卑劣的手段。"他告诉我：《亡友鲁迅印象记》中某些段落是骂反动派的，他的同事曾好心地劝他删去，他对他们说："这怎能删去？一删的话，意义全失，我年纪这样大了，怕什么？"

父亲还出面组织文艺讲座，请几位进步教授主讲20世纪30年代进步文艺，他自己也讲了一次。这个讲座对台湾知识界影响较大。

四

1948年2月18日，反动派终于对我父亲下毒手了，以便杀一儆百，加强对台湾人民的控制。当时惨状至今犹历历在目。

父亲日常习惯于晚9时睡觉，晨3时即起，或读书或写作，数十年如一日。2月19日天已大亮，家中女仆不见父亲起来开门，心知有异，便赶紧来叫醒我（我住的房子与父亲住的房子不连在一起，中有院子隔开）。我到父亲住的房子一看，大门虚掩，锁已被扭开，进门到父亲卧室一看，只见蚊帐低垂；旁边父亲工作的书房的东西全被翻出来了，抽屉也被翻过，桌上、地上全是书籍纸张，凌乱不堪。我大吃一惊，再看父亲的蚊帐上有血迹，父亲被被子盖住，待掀起被子。发现父亲颈部被连砍数刀，血肉模糊，刀伤处皮肤外翻，惨不忍睹。而父亲的神态却很安详，丝毫无挣扎迹象，显系熟睡时惨遭毒手。父亲被害消息一经传开，台湾各界人士大为震惊。父亲被公认是一位忠厚而仁慈的学者。对人真诚坦率，乐于助人，他为人光明磊落，胸怀坦荡，所以比他年轻的同事戏谑地称他为"白头婴儿"。他的忠厚老实曾使鲁迅为他担心，怕他总是以好心度人而吃亏。这样的人竟会遭到如此惨酷的暗杀，实在太残酷了，所以在悼念他的时候，他的朋友都悲愤地说：这样的世道说什么呢，说什么呢？……

今年2月是父亲诞生100周年，被害35周年。他终身致力于教育事业，坚持不懈地宣扬鲁迅的战斗精神，将长久地铭记在人们的心里。他热爱台湾人民，为台湾文化建设作出过贡献。台湾人民也会深切怀念他。

1982年12月

父亲许寿裳生活杂忆

许世玮

一

1926年，北洋政府在北京开枪镇压爱国群众，造成了"三一八"惨案，继而又通缉爱国学者和进步人士。父亲也上了黑名单，在北京是待不下去了。为了妥善安顿家眷，父亲于7月份到浙江嘉兴和我外祖母王静宜商议，外祖母答应让我们一家暂住她处。父亲返回北京后，与母亲安排好搬家事宜。11月，他一人先南下浙江找工作。翌年春，母亲带着子女举家南返，寄居嘉兴陶宅。

我的外曾祖父陶模，同治七年进士，从翰林院庶吉士一直做到陕甘总督、两广总督，1902年死于任所，是清末颇有政绩的大官。外祖父陶保霖是陶模第三子，曾留学日本，接受新教育，"五四"运动后接办商务印书馆的《东方杂志》，可惜不久便患癌症早逝，于是，外祖母就挑起了治家的重担。她很能干，也有魄力，不愿与大房二房合住在祖宅内，便在南门大街租房另住，我家也就定居下来。此后，父亲奔走南北都是孤身一人。1927年2月，父亲经鲁迅介绍到广东中山大学任教，不久即发生"四一二"政变，搜捕学生，父亲跟着鲁迅愤而辞职，在广州不到半年便返回嘉兴家中。不久蔡元培先生出任大学院院长，邀父亲到大学院任职。次年父亲被任命为大学院参事、秘书长，后又随蔡先生在中央研究院任干事兼文书处主任，工作才稳定下来。有了前两年的经历，母亲不愿再搬家。父亲尊重母亲意愿，一人在外工作，虽然免却了家务照顾之劳，但生活上乏人照料，总是相当的辛苦。

父亲在中央研究院工作的那几年，回家的机会还是很多的。中央研究院总办事处设在南京成贤街，上海另有办事处。1930年，为了把院建在南京还是建在上海，颇有争论，父亲曾数次函告蔡先生，主张随政府旨意，建在南京。蔡先生和总干事杨杏佛长住上海，南京院中的日常行政事务大都由父亲处理，因而父亲经常到上海向蔡先生请示汇报工作，然后由上海回到嘉兴家中小住一二天后再由原路回南京。现存父亲那几年的日记上所记，他往往夜车出京，次日晨抵沪。在日记中还夹有一张非常详细的火车时刻表剪报，那淡淡发黄的报纸是那时父亲生活的见证。他为了节约时间，坐哪次车要仔细计算安排，有几次他在访问鲁迅后便直接上夜车返京了。那一段时间父亲是京沪道上的常客，卧铺是他的睡床。

我外祖母虽然那时已是一位老太太了，思想却很开通，每年要出外旅游。父亲很尊敬她，1933年春天，父亲陪侍她老人家并带母亲和我的两个姐姐去畅游杭州各名胜古迹，还过江到兰溪一游。1934年春又抽空陪她赴绍兴游览。这两次旅游，父亲都赋诗志趣。

1934年夏，父亲应北平大学徐诵明校长的邀请，出任平大女子文理学院院长，南返的机会就少了。当时只有大哥许世瑛在北京，就读于清华大学，总算有一个亲人在同一城市，减少他的一些孤寂感。

我出生在嘉兴，与父亲在一起的机会非常少，加上那时还年幼，对父亲当年的情景几乎没有什么记忆了，比较清晰的印象是抗日战争那一年发生的事。

1937年6月底，父亲回嘉兴度暑假。这一年外祖母在庐山买下一幢别墅，邀我家一起去避暑。父亲没有到过庐山，不愿错过这次机会。嘉兴家中忙于准备这次远行，人人都兴高采烈。正在这时"七七"事变爆发了。父亲立即打电报给留在北平的女院秘书戴静山先生，指示应变事宜。但那时还预见不到卢沟桥枪声是长期抗战的开始，以为战火是局部的，不久会熄灭，所以仍按原计划上庐山，去的人有外祖母、大舅舅、二舅妈、四姨母以及我家五个人。外祖母买下的房子在牯岭236号，取名"养树山房"，用的是陶模任陕甘总督时的印名。房子背枕牯岭，面临斜坡，山溪自上而下，绕于屋右。阳台很宽敞，可憩可眺。房屋前后有一亩多的空地，草木丛生。大门前有两棵大松树，掩盖有致。房子虽已较旧，作为避暑之用还是很不错的。但因刚刚买下，还来不及布置装饰，屋内只有几件家具，去了一大帮人，睡床不够，只能打地铺。我是生平第一次出远门旅游，兴奋之情可以想见。无忧无虑，跟着大人们出外游览。大人们不出门，我便在屋旁的山涧中玩水。而大人们就不然了，虽然身在庐山，总记挂着战事局势。父亲日记上记载7月28日那一晚，和友人经亨颐先生在"天禄斋"共餐，举杯庆祝我军克服丰台、廊坊的胜利。不料就在那一天的夜里，北平形势突变，沙河保安队竟附敌，宋哲元率部赴保定，平津就这样沦陷了。父亲感到形势严重，战事不仅不会很快结束，而且有扩大成全面抗战之势，心里非常着急。他一是挂念学校的前途和师生的安危，二是嘉兴地处沪杭要道，很不安全，要为家庭找个避难之地。

　　父亲正在思虑之时，"八一三"日军进攻上海。父亲就在这一天的早晨独自下山。到了九江得知当天没有下行船，而浙赣路也因前几天的大风雨涨水而冲坏了部分路轨，只能分段买票，并且当天去南昌也已赶不上火车了，干脆在九江留了一夜。次日到南昌，靠老朋友、省教育厅长程柏庐的帮忙，上了火车。而车上竟无餐车，沿途也购不到食物，旅客只好饿着肚子。父亲靠着在九江买的一盒饼干，度过了这段不平静的旅程。

8月15日晚上7时，火车到达钱塘江边。父亲下车后发现既无公共汽车，也雇不到小汽车，只好在附近找一家小旅店住宿一晚。旅馆实在太脏了，臭虫满铺，无法躺下休息，只能坐着以待天明。次日天还没亮，父亲就漱洗好了。因仍无公共汽车，他只好坐人力车到西兴，然后从俞小八房雇一小舟去绍兴。晨7时开船，下午2点多钟才到达。父亲这次匆匆下山直接到绍兴，是考虑如果战火迫近嘉兴，得找一个地方使家眷可以暂避。我的大姑母嫁给漓渚张家，其时姑母姑丈已去世。张家是漓渚大户，他外甥张晓凡是当地有名的乡绅，所以父亲先不回老家而是去漓渚与张晓凡商议借房的事，一说来意便谈妥了。次日他又赶赴赵家畈老家，看望了二伯父仲南公，刚好三姑母也赶来娘家，他们兄妹三人得以在战乱之际相聚片刻，真是忧喜交集。父亲在老家过了一夜，次晨便告别兄姐回嘉兴。

其时，陶家和我家的人都在外面，嘉兴寓中只留仆人看守。父亲回去后独自守了半个月，眼看战事对我方越来越不利，而山上的家人又迟迟不下山，父亲感到这样下去不是办法。所以他于9月3日再度离嘉兴赴南京。5日乘轮复到九江，8日再上牯岭，告诉我们他下山后的所见所闻，劝外婆立即下山。外婆便让大舅舅暂留山上照看房子，其他女眷在父亲带领下于13日下山。其时长江水路已无法到达上海，决定走浙赣路。父亲找朋友弄到一辆汽车。我记得在赣江岸边，车船很拥挤，等了很久才得以过江，到达南昌火车站。

上了火车后，使我们非常惊讶，整节整节车厢都是空的，简直没有见到别的乘客。我不免问这是怎么回事，大人告诉我，现在人们都是往西走，逃避战乱，不会有什么人朝东走。火车上服务相当好，所供应的火腿蛋炒饭很好吃。到达杭州附近，就听到警报声，我记得我们还从车上跳下去，躲在竹林中，只是飞机并没有来。

回到嘉兴家中，日寇飞机常来骚扰，家里还挖了防空洞，整日提心吊胆。父亲劝外婆和母亲赶快到绍兴暂避。这样又拖了半个月，外婆决定走了。父亲打头阵，于9月25日带上部分箱物，携我二姐世琬，再次到漓渚张家，具体安顿住所，然后立即返回嘉兴。父亲这次离绍，永远告别了稽山镜水，他所热爱的故乡。

父亲回到嘉兴，松了一口气，觉得尽到了自己对家庭的责任，可以奔赴他的工作岗位了。那时北平大学、北平师范大学、天津北洋工学院奉教育部令，在西安合并成立西北临时大学。徐诵明先生已来电邀父亲前往。他把自己的东西清理一下，只带一只皮箱，内放几件日用衣服和一本日记。他看到书桌抽屉中有鲁迅的四封信函，便随手放入箱中。10月4日他陪侍外婆，带上我三姐世场到达杭州，其时，张晓凡已派人到杭州来接。父亲觉得一切已安排妥当，便于次日从杭州赴南京，约平大女院的佘坤珊教授同行。7日晨渡江由津浦路再转陇海路西行。9日晨抵达西安。父亲和我们家人告别时，谁也无法料到竟然一别八年，前面将是漫长而又艰难的抗战岁月。

外婆走后又过了几天，留在嘉兴的其余人也启行了，只留下两位老佣人看家。我虽然是绍兴人，却没有踏上过故乡的土地。这次逃难才有机会。记得先在城里住了一夜，次日雇了一只乌篷船摇到漓渚，那"吱呀吱呀"的摇橹声至今还仿佛余音在耳。乡间水道纵横，出门便是稻田。在城里哪能看到这样的景致，所以我觉得非常新奇，而且附近便是丘陵地，有山鸡等野味，真有点桃源乐趣，但战争的阴云也笼罩到这个偏僻的地方来了。有一天附近忽然落下一枚小炸弹，我们赶快跑去看，弹坑很小也很浅。大家议论纷纷，认为可能是不慎掉下来的。但不管是怎么回事，它提醒我们战火逼近，这里也不是避难之地。11月18日嘉兴沦于敌手。我们在绍兴住了一个多月，又离开故乡赴宁波，乘海轮来到那时所谓的孤岛——上海租界，定居下来。半年之后，得悉嘉兴陶家在报忠埭的祖居和南门大街外婆所租之屋全部焚毁，我家的书物也都成为灰烬。

我们蛰居上海，非常想念父亲，他一人在外怎么生活的？工作是否顺利？初期信件往来速度还算正常，后来随着沦陷的地方越来越多，书信只能辗转投递，往往一二个月才能收到，到后来则是数月才侥幸收到一封。在战火纷飞的年代，家信都写得很简短，我们只知道父亲先在城固，其后到达四川，转了几个地方，最后在考试院考选委员会工作，直至抗战胜利。近来看到父亲的日记，才知道他当时的一些情况。1940年9月26日，父亲在成都，时值中秋，他写道："近年来南北东西，不遑宁处。民二五此夕在北平。二六在嘉兴，时正为安顿眷属，收拾行装，终日碌碌，对月黯然。数日后即冒险赴西安。二七在城固。二八在岷江舟中，同行八人，泊傅家场，不久飞滇。今年在此，极感萧寥，妻子流离，相隔万里，在蓉者唯琭儿一人而已。"短短数语，父亲那时的心情已跃然纸上了。

二

父亲在35岁时就出任江西教育厅厅长，此后又担任过校长、秘书长、院长、馆长等较高的职务，地位不能算低，但他一辈子没有过什么舒适的日子。在经济上不仅两袖清风，毫无积蓄，而且在抗战时期，每月都是寅吃卯粮，预支薪金才能打发日子。

父亲一共有过九个孩子，其中我的三个姐姐幼年早夭，留下两男四女。他对子女的成长非常关心。他一再告诫我们："我家毫无财产，只靠自己能力。"还说："一切财产都是身外之物，极不可靠的。今朝富有阔绰，明天来一个意外，立刻变成穷光棍者很多，只有一件是靠得住拿得稳的——就是真学问。"他对子女的要求可以概括为八个字："勤学、谨身、节用、慎交"，中心是"勤学"。"慎交"的提出也是怕我们在学生时代交上了不良的朋友而荒废学业。这八个字实际也是父亲一生经历的总结。

我家祖上很穷，到我祖辈才在绍兴城里经营一家南货店。父亲1岁丧父，16岁丧母，由他大哥铭伯、二哥仲南教读。他从小就刻苦好学。15岁入绍郡中西学堂，成绩优良。后进入杭州求是书院，并被选派赴日本留学。回国后在教育界服务，一直是兢兢业业，忠于职守。他希望自己的孩子也能勤奋学习，受到高等教育，自食其力。

抗日战争前，我大哥、大姐、二哥先后进了大学，其时物价较平稳，父亲工资也较高，所以尚能维持，但对于身无长物、毫无积蓄的父亲来说也并不是轻松的。幸而我母亲虽然出身于官宦之家，持家却能克勤克俭，量入为出，从不浪费点滴，所以在抗战前生活还是比较好的。

大哥、大姐在抗日战争爆发前已先后毕业，其后二哥也完成学业，自食其力了。照理父亲的负担可以减轻，但因工作不定，工资减少，物价又飞涨，加上父亲每月还得设法汇款到上海供我们日常开支，所以反而入不敷出，捉襟见肘，生活日趋拮据。那时他给我们的家信中曾写道："我为要培植你们读书，所以不惮只身漂流，尝尽辛苦，唯一希望是在你们读书有成……"还说："现在咬紧牙关，夜里也工作，维持子女学业。"父亲那时是怎么生活的，因为不在他身边，无法知道得具体了，但从父亲的信中可以充分感受到当时生活多么艰难，他对我们的爱又是多么的深沉。

父亲曾告诉我们，他本人天赋并不高，完全是靠用笨功夫靠专心致志来求得扎实的学问。他谆谆教导我们："求学的要诀，在实在恒。实，是认真，脚踏实地；恒，是持久，有始有终……"父亲认为一个人天赋有高有低，不能强求，在学生时代必须专心求学，有天赋而不用或误用，那就不可原谅了。

父亲为了维持家庭生活，负担是相当重的。不能没有工作，即使短期失业也会造成困难。但父亲又是非常有原则的，对上级和当权者的态度是合则留，不合则去，决不趋炎附势，苟且自保。他回国到浙江两级师范学堂任教务长，就有反对顽固监督夏震武之举。以后为了正义与真理，曾数次与当权者正面冲突，丢了饭碗也在所不惜。抗战起，父亲奔赴西北，曾被任命为西北联大教授兼法商学院院长。其时教育部立刻密电校方，谓院长的人选应该是接近中央的人。父亲闻讯，非常愤慨，立即辞去院长之职，并决定离校，自陕入川，另找工作，过了一段漂泊不定的生活。

时光流逝，留在记忆中的事物经过岁月的筛选有很多已经模糊不清了。父亲去世已经过了40多年。我作为他最小的女儿也已过了花甲之年。我们的下一代也都已成家立业。回忆起父亲一生的经历和他对我们的教导，感激和惭愧交相涌现，总觉得有负于他的殷切期望。

三

经过八年离乱，终于迎来了抗日战争的胜利，父亲是1946年1月26日返回上海的。记得他到家的时候已经是晚上了，团聚的欢乐非言语所能形容。我们看到父亲带回来的衣服质料都极粗糙而且已穿得相当破旧，显示出父亲生活的艰辛，而当父亲知道我们在上海的生活情况时也不禁唏嘘感叹。这次久别重逢真是又喜又心酸，一家人庆贺度过了最困难的时期，虽然不知今后的前途会是什么样子，但毕竟有了希望。

父亲询问了我的情况。当时我们中学生喜欢备一小小纪念册，请老师和同学题词留念。父亲看后也欣然命笔，一页写的是贺知章的《回乡偶书》："少小离家老大回，乡音无改鬓毛衰。儿童相见不相识，笑问客从何处来。"下款是："廿六年抗战起，余往西安与玮儿别，时玮仅十龄耳。今从重庆飞归，玮已毕业高中，相对欣喜，特录此诗以留纪念。卅五年一月廿八日寿裳。"另一页则写了："好学近乎智，力行近乎仁，知耻近乎勇。"以《礼记·中庸》上的这一名句来勉励我。

我告诉父亲，去年高中毕业，曾报考上海的私立复旦大学，并被录取。这所学校在沦陷的上海校风不好，相当乱。而且抗战胜利了，内迁的学校都将复校，我想考进一所较好的公立大学，所以决定停学一年。父亲问我喜欢什么，准备报考哪个系。其时大家还沉浸在反法西斯战争的胜利之中，国际形势错综复杂。我有意进政治系，研究国际问题。父亲听后沉思了片刻，对我说，政治是浮在上面的，很难学得好，还是学一门实用的自然科学，毕业后也容易找工作。我觉得父亲的话有道理。他叫我现在这段时间，安心复习功课，至于考哪个大学哪个专业，不妨以后再定。

父亲告诉我们，现台湾光复回归祖国，陈仪出任台湾省行政长官，有意邀他去台工作。陈仪和父亲既是同乡又是留日同学，虽然所学不同，经历也迥异，但一直书信往来，私交很好。父亲对南京官场那一套本极不满，素受排挤。他不想再待在南京了，有意去台湾。届时我可随他一起去，那边有台湾大学，设施很好，我可进入台大念书。

父亲在上海住了约一个月，便回南京考试院考选委员会。5月，他接到陈仪电报，正式邀他赴台。电报略谓："为促进台胞心理建设，拟专设编译机构，编印大量书报，盼兄来此主持。"之后，父亲便准备赴台的各项事宜。

此时，父亲开始写作《亡友鲁迅印象记》。此书在重庆时已酝酿成熟，但一直没有动笔。他在赴台前开始写，那就意味着他要以鲁迅精神来开创新的生活之路。

我的几个哥哥姐姐均已工作，只有我希望继续升学，决定随父亲去台湾。待那边一切安置妥帖后再接母亲去。大哥世瑛1936年毕业于清华大学研究院，专攻音韵学。毕业后一直执教鞭，抗战期间滞留北平，在辅仁等几所大学工作。他想换个环境，应台湾师范学院之聘，也决定去台湾。

1946年6月25日，父亲独自一人先飞台北。过了约一个多月，我接到父亲来信，告诉我台大今年招生，9月中旬举行入学考试，叫我赶快去。我在琪姐陪同下，9月4日乘海轮离沪，航程约36个小时，我第一次看到湛蓝的大海，非常兴奋，而且这次航行遇到好天气，可说风平浪静。6日上午抵达基隆，然后乘吉普车到台北。9月的台湾，骄阳似火，一路上罕有人影。台北很整洁，马路上行人也很少，与上海的拥挤形成强烈的反差。

父亲住在锦町59号，僻处小巷的深处，非常幽静。木结构的日本式住宅分两栋，正屋有大小房六七间，右侧另筑三间，父亲安排我住在这三间中。进门种着一排花木。整个院子树木繁密、枝叶扶疏，其中还有三株大桂树，开花时幽香扑鼻。在我屋前，推开隔扇，便是一个小池塘，可以养鱼，池塘边有小小的假山。缺点是树木虽多，显得有点乱。我从拥挤、狭窄、看不到绿色的上海里弄到达这样一个居住环境，觉得惬意舒适。父亲对这房子也很满意。

这所房子的原主人是个日本商人，已去世。他的夫人年过半百，有一女一子，都未成婚，女儿看来已年近三十，儿子也已二十多岁，正准备回国。他们让出房子后，三人挤住在一进门的一间八席铺房间内。父亲对他们很友善，而他们也彬彬有礼。我不懂日语，无法和他们交谈，父亲很喜欢和他们谈天，有时请他们来喝茶，来的总是那位小姐，谈什么我就听不懂了。只记得父亲请她诵读《红楼梦》日语版，还特意叫我坐在旁边听她的发音。我想父亲是利用一切机会来恢复已经荒废了几十年的日语听说能力吧！据小姐说，他们不想回国，因在台湾已经很多年，而对日本国内情况很陌生，回去后怎么生活还是个问题。到了12月中旬，他们一家终于回国了。

我到台湾后，忙于入学考试。10月5日台湾大学就开学了，我选修农业化学，实际我对化学并无兴趣。刚开学时由于教师来得不全，学生们空暇时间较多，老师来齐后，功课就日渐多起来。我忙于应付功课，对父亲关心很少。12月13日世瑛哥到达，因师院宿舍还没有安排好，暂时与我们住在一起。父亲、世瑛哥与我彼此都是多年未见，这次有机会住在一起，都很高兴。

父亲相当忙，除正常上班外，晚上也常出去访友商议工作。有时回家时气鼓鼓地，脸色也不好看，我便知道工作不顺利。他在家里有时还发些牢骚，说人手不够，工作难做，编译馆内大小事情都得由他自己动手，连贴邮票、发信都是自己干。办公室、宿舍、交通车等都要他去解决，所以特别累，而最伤脑筋的是请人这件事，答应来的人因种种原因迟迟未到，工作难以开展等等。事过境迁，今天回顾起来，对为什么要设立编译馆恐怕都会有疑问，但在当时，台湾在日本殖民统治50年之后刚刚回归祖国，有其特殊性。对此父亲有他的认识和设想。他认为："编译馆的要旨，不外一方面要使台胞普遍地获得精神食粮，充分地接受祖国文化的教养，因为台湾的教育虽称普及，可是过去所受的是日本本位的教育，尤其对于国语、国文和史地，少有学习机会，所以我们对于台胞有给以补充教育的义务和责任。本馆的使命就要供应这种需要的读物，另一方面要发扬台湾文化的特殊造诣，来开创我国学术研究的新局面……"为此父亲设想："根据上述的两项要旨，本馆的工作分为学校教材、社会读物、名著翻译、台湾研究四组。"

为了实现上述要旨，相应地刊行《光复文库》和由台湾研究组出版《台湾学报》。父亲还身体力行，亲自写了《怎样学习国语和国文》一书，约3万多字，作为《光复文库》第一种出版。父亲还为《台湾学报》撰写了发刊辞。

经过约半年的努力，编译馆的工作渐上正轨，所邀请的学者先后来台。全馆同人正准备以拓荒者的精神去耕耘，发生了"二二八"事件。此一事件的前因后果，已有不少著述和报道，大家都已清楚了，可以作出历史的结论。但在当时事件之初，我们身处当地旋涡之中，却反而惶惶然不知发生了什么事，闭目塞听，在不明真相中度过了难忘的一周。

台湾大学第一学期只上了四个月的课，2月份就放寒假了。2月28日那天，我一早就到台大去办理第二学期的注册，领到上一学期的成绩单后便回家了，当时在大学区没有任何异样。午后有同学来，告诉我市内街上因为烟摊事闹得很凶。下午，编译馆工人来取父亲的西装，说凡是穿长衫的人走在马路上要挨打，局势很乱。传说台湾本省人打外地人，我们听了惶惑不安。傍晚，又有人来说父亲今晚不回来了。我家女工便给父亲送去大衣。住在附近的李何林先生的夫人和孩子来打听消息，我们留他们在我家过夜，以便有个照应。

次日父亲回家，他说编译馆并没有受到冲击，旁边的中和公司和对面的永安堂却被砸。昨夜困守馆中不敢出来，现局势仍很紧张，千万不要外出。为了安全，我们把百叶窗都关上了，在半明半暗的屋内焦虑地等待消息。每天吃白薯粥充饥。实际我们住宅附近一带很平静，没有发生什么事。这样过了五六天，听说外面较平静了，父亲决定到长官公署去打听消息，但一无所获。我们枯坐在家，所听到的无非是一些不确切的传闻。记得3月8日夜里，听到密集的枪声，或近或远，或高或低，时间甚久，全家惊惶，起坐议论，莫衷一是。到次日听说有军队开到，再过一二日又听说军队来后，杀了不少台籍人。当时我们便很担心，这样暴力镇压，何能了结。3月12日父亲正式上班，过了两天，台大也开学了。

事变之后，台湾长官公署撤销，改为省政府，陈仪调走，由魏道明任省主席。5月16日省政府第一次会议就撤销了编译馆。父亲在5月17日的日记上说得很清楚："新生报及省政府公报载：编译馆经昨日第一次政务会议议决撤销，事前毫无闻知，可怪。在我个人从此得卸仔肩，是可感谢的，在全馆是一个文化事业机关，骤然撤废，于台湾文化不能不说是损失。"6月25日，父亲的日记这样写道："来台整整一年矣，筹备馆事，初以房屋狭窄，内地交通阻滞，邀者迟迟始到，工作难以展开。迄今年1月始得各项开始，而即有'二二八'之难，停顿一月，而5月16日即受省务会议议决裁撤，如此匆遽，莫解其由，使我表见未遑，曷胜悲愤！馆中工作专案移交者近三十件，现款专案移交者百五十余万。知我罪我，一切听之！"

父亲对编译馆是倾注了很大热情的，他真诚希望为台湾人民做些有益的事。他邀请程璟、邹谦、李霁野、杨云萍这样的著名学者担任各组组长，而且还请到了像李何林、谢似颜、戴君仁、林本、章锐初等老教授来共事，由他介绍来台工作的人还有马孝焱、乔大壮、袁圣时等，使台湾的文化教育界实力倍增，编译馆在短短不足一年的时间内工作已卓有成果，有目共睹，父亲的贡献是不能抹杀的。

撤销编译馆，事前既不和馆长打招呼，公布此消息后也不予理睬，把父亲撂在一边。过了些日子，省政府送来一张请父亲担任省政府参事的聘书。父亲对我说，参事一职不仅只是个空名，而且与自己在文教界的资历也不相称，是明显的怠慢。父亲决定不就，把聘书退回去了。

四

据父亲说，锦町的房子原是指定给海洋研究所的，蒙马雪峰先生慨然让用，但不宜长期占住，有了合适的房屋，便应搬出。1946年底，他告诉我们现在青田街有一屋即将空出来，是分给他的，可以去看一看。我去看后实在不满意。房屋也分两栋，中间并不连接，比锦町的小得多，间数也少。如果母亲与我三姐也来，就不敷使用了。院内倒是砌了几方花坛，但光秃秃并无花草，院中也没什么树木，比之此屋斜对面他老友李季谷先生的住所也差得多，显得简陋。唯一好处是离台大较近，我上学方便。父亲坚持搬，到了1947年3月底我们便迁入青田街6号居住。瑛哥则搬到他自己师院的宿舍去了。

在编译馆时，曾给父亲配备一辆小汽车代步。但这车实在太旧了，是真正的老爷车，徒有其表，用几次便要修理。父亲只好弃之不用，仍搭他人车上班。我当时就有一种看法，觉得欺父亲老实，与世无争，配给父亲的东西是最差的，房子如此，汽车也如此。而父亲却安之若素，对这种待遇问题毫不在乎，在家里连一句牢骚话也没有。

父亲卸下编译馆馆长职务后，应台大校长陆志鸿之聘，任文学院国文系主任。父亲在台大的时间很短，仅仅一个学期，给我印象较深的有两件事。

陆校长请父亲为校歌作词，请马思聪谱曲。父亲的词分三段各八句。而马思聪谱的曲却把三段连了起来，可能是他觉得八句太短了。父亲看后不太满意，认为马思聪未解他的原意。这歌印出来后，我们学生还学唱了。不久父亲被杀害，我也离开了台湾，此歌大概束之高阁，不予理会了。父亲的词显得古拙，有点难懂，所以曾有同学请父亲作解释。为此父亲写了一篇文章《新年展望和校歌歌词》，对歌词作了说明，登载在台湾大学校刊第7期上。

父亲到台大任教，与我同在一校，但在校内碰到的机会极少，我也不到他的办公室去。记得有一天他很兴奋又有点秘密地告诉我，现在从香港给他邮来了《华商报》，他都放在办公室的书桌抽屉内，我可以去看。我听后也颇高兴，曾去翻阅过一两次。但我没有详细问是何人寄给他的，也没问他与《华商报》是不是有联系。

住在锦町的时候，父亲忙于工作，很少有空闲时间，除星期日曾带我们到北投、草山去洗温泉浴外，还去参观过园艺所。在家的时候如有空，往往是写写字。他并不认为自己是书法家，但请他题词留字的事却并不少。我觉得他的字娟秀挺拔，自成一格，很值得保留，所以当他为友人题词时，我也请他抽空为我写点什么。大概是1946年11月份，他录了一首郑成功的诗赠我："破屋荒畦趁水湾，行人渐少鸟声闲。偶迷沙路曾来处，始踏苔岩常望山。樵户秋深知露冷，僧扉昼静任云关。霜林尤爱新红好，雾入风泉乱凿间。"诗意恬淡，和郑成功著名的爱国诗篇《出师讨满夷自瓜州至金陵》风格迥异，或许这反映了郑成功思想的另一面。

父亲到了台大后，请他题诗留字的事更多了。我又抓时机请他写一扇面。这次父亲录了陆放翁的三首诗，他写得很仔细，只是第三首诗的第四句"菊花天气近新霜"，他漏了"花"字，只好把它补在句尾了。下款是："民国卅六年八月季女诗慧求书便面，时同客台北，因录吾越放翁诗三首，皆言故乡风物也。许寿裳。"他写好后还建议我请堂兄世璂作画，因此我托人把此扇面带交璂哥。璂哥没有时间作画，而此扇面却幸运地保存下来，成为父亲留给我的一件珍贵纪念品。

父亲录放翁诗不是信手拈来，他热爱故乡，热爱剡曲稽山。我甚至觉得他偏爱故乡的学者文人。他在文章中提到过他曾送一部《越缦堂日记》给鲁迅。我对我国清代文学缺乏知识，开始不知李越缦是什么样人，后来才了解李越缦即李慈铭，也是绍兴人，为清末著名文学家，他的日记尤为著名。蔡元培先生在《鲁迅先生全集序》中谈到吾越人才辈出时有这样一段话："……历代有著名的文学家美术家，其中如王逸少的书，陆放翁的诗，尤为永久流行的作品。最近时期，为旧文学殿军的，有李越缦先生，为新文学开山的，有周豫才先生，即鲁迅先生。"我看到1940年父亲在自己日记中就有仔细阅读李慈铭作品的记载，并做了笔记。在台时父亲潜心研究他的《秋梦乐府》，颇有所得，写出的最后一篇文章就是《李慈铭〈秋梦〉乐府本事考》。

我在中学时，数理化的基础打得不扎实。现在学的是农业化学，感到相当吃力，在家的大部分时间不得不钻在自己房内做功课，不闻不问父亲在干什么。父亲也不过问我功课。在日常生活中，他往往是顺便点拨一下，或增进我的知识，或纠正我的错误。譬如他在写字时，如果我在旁边，他便一边写一边叫我注意字的笔顺，不可胡写。在锦町或到园艺所等地参观时，他会考问我那是什么树，属什么科，我才知道他对植物学颇有研究。我选修德语，从字母学起，他居然能纠正我读法，使我非常佩服他的记忆力。他曾请我们吃过一次西餐，吃什么我早忘了，但从入席开始，他仔细教我坐的姿势、刀叉排列、喝汤时匙的用法、切肉时如何下刀等，至今记忆犹新，使我也可以据此指点别人。他对东西很爱护，尤其是书籍，告诉我看书时应该怎样翻页，以避免书角起折损坏，书看到中间不要折页，可以夹一纸条。本来我做事大大咧咧，现经他随时指点，我就不敢马马虎虎了，对日常生活上的事也注意起来。

我们的生活很俭朴，就我记忆所及，既没有添置什么装饰品，也没有做什么新衣服。那时刚经历过很困难的抗战时期，觉得生活已经好多了，我也想不出需要什么。我刚到台北，父亲便乐滋滋地对我说，已替我买了一架缝纫机，可以学着用，我大感意外。原来房主要回国处理家什，父亲认为缝纫机有用，我应该学会，所以就买下来了。我考上台大后，父亲托友人为我选购一块手表。他又认为上学没有自行车太不方便，叫我学骑车，我学会后他为我买了一辆富士车。父亲的关怀使我感动，他设想真是周到。我和父亲在一起的时间虽然很短，还不到两年，但却是我一生中最愉快最难忘的两年。同时我又感到非常遗憾，父亲的丰富学识、曲折经历、高尚品德是非常宝贵的财富，我本可以向他请教很多很多，但就是没有抓住这个难得的机会，让这段时间在不知不觉中很快溜走了。

父亲到台湾时已经60多岁了，但他却"白头虽老赤心存"，精神矍铄，笔耕甚勤。他每日清晨4时起床，在他人尚酣睡之时静心写文章。除《亡友鲁迅印象记》外，他还接连写了好几篇宣传鲁迅的文章。这在过去还没有过，仿佛有一种无形的力量推动他这样做。他从一个老朋友的视角来写鲁迅，平直朴实，不事修饰，当然也有其局限性。但只要回顾一下当时国内的形势和台湾这样一个特殊的环境，便知这些文章非常之显眼，竟然招来了恶毒的谩骂。善良的友人劝父亲注意一点，删掉某些段落。我还记得父亲说这些事时那愤愤然的神色。他着重说，如果修改或删掉某些段落，那就失去了写作的原意，所以不能删改。

撤销编译馆，父亲当然很气愤，但他不以个人得失为重，照常按自己意愿写作。就在这5月份，台湾文化协进会拟哀集出版他所写有关鲁迅的文章，为此他写了自序。6月《鲁迅的思想与生活》就出版了。《亡友鲁迅印象记》也在同月写竟，在鲁迅诞辰的10月19日出版。书到之时，他马上拿出一本写上"持给玮儿"送我。对他来说，书终于能和读者见面乃最大快事，个人受点气算不了什么。

在他被杀害前不久，他与我在院子里闲聊，当谈及他的著作时，他忽然说："我有鲁迅、蔡元培先生这样两个知己，一生总算没有白过。"说这话时态度非常庄重，我听了不由得一愣。是啊，有这样两位中国现代文化史上的伟人为知己是光荣的，也值得自豪！他对这两位知友的敬佩是发自内心的，但我从他那庄严的表情中又深深感到还有一种更高的境界。他要以鲁迅精神来投入战斗。在那时险恶的环境里，他不是不知道自己的处境，而他并不畏惧退缩，作为鲁迅和蔡元培的知友，他是无愧的。

1992年5月

记叔父许寿裳的几件小事

许世琬

　　叔父许寿裳先生是一位和蔼可亲、平易近人的长者，他对我的谆谆教诲令我终生难忘，他的音容笑貌至今仍清晰地萦绕在我的脑际。今记下他几件小事，作为对他的怀念。

　　我小学毕业后，因为家中经济较为拮据，父亲就要我停学。我非常希望能够继续求学，心里很着急，但一下子又想不出什么办法，于是就跑去把此事告诉了叔父。叔父听后，摸着我的头，轻声安慰我："不要急，别难过。"叔父马上去同父亲商量，他说："世琬要读书，就让她去读书吧！钱由我来付。"父亲听叔父如此说，便打消了要我停学的念头，千方百计挤出钱来供我读书。事后，叔父不但准时寄钱过来，还经常来信，询问我的学习情况。所以说，我是在叔父的鼓励和支持下，读完定海女子中学的。从女子中学毕业后，我又考上杭州师范。在这期间，叔父依旧对我关怀备至。师范毕业从教后不久，父亲不幸病逝，我凡遇事总爱写信告诉叔父，叔父几乎每信必复。每次看到叔父的回信，我总觉得非常亲切。叔父经常在信中询问我的工作、学习情况，并经常告诫我要多看书，多学习，严要求，勤执教。对我信中用字要求极严，力求准确，一经他发现不妥，一一指正，毫不留情。

记得民国27年（1938年），我患病但仍坚持到学校给孩子们上课，由于体弱，一到晚上就盗汗，曾去信告叔诉父，但信中把盗汗的"盗"字，写成了"盗"。一点之差①，他立即在回信中予以指出。这足见他对晚辈的信看得很认真，并反映出他办事的一丝不苟与认真谨慎的一贯作风。此事，使我得益匪浅，留下很深刻的印象。

叔父不仅是一位慈祥的长辈，而且还是一位严谨的教育家、学者，他不但研究中国文学，而且对民歌、民谣也颇有研究。记得有一年的夏天，叔父回绍，傍晚，大家坐在天井里乘凉，其中有孩童唱民谣："摇呀摇，摇到外婆家，外婆留我吃碗茶，茶水茶缸别人家，水缸底里结莲花，莲花谢，姐姐卖，卖到山里山湾里湾，萝卜开花（结）牡丹……"叔父听后就向我们发问："这首民谣你们唱过吗？"大家齐声回答："唱过。"接着，叔父又问我们："你们想过没有'萝卜开花（结）牡丹'这一句的意思？"一下子，大家都愣住了，无人回答。当时我想，萝卜开花怎么结了牡丹，这意思肯定不对，要么是不是为了押韵，但又觉得押韵不可能如此生拼硬凑。看看周围几个兄弟姐妹，大家都答不上来。过了一会儿，叔父看大家实在答不出，便说："我想这个'结'字，应当是'即'字，是'当作'之意，说明把萝卜开花当成牡丹，你们看是不是？"经叔父这么一指点，我们才恍然大悟。

（施祖煌　整理）

1992年春

---

① 编者按：盗字繁体原作"盜"，写作"盗"就少了一点。

回忆四爷爷许寿裳

范　瑾（许勉文）　许慈文

　　许寿裳是爷爷的小弟。爷爷许寿昌，字铭伯，有弟兄四人，爷爷居长，寿裳最小，行四，我们都叫他"四爷爷"。

　　爷爷和四爷爷手足情深，异乎寻常。因为四爷爷出生的第二年（1884年），我们的太爷爷就猝然去世，四爷爷尚在襁褓。身为长子、长兄的爷爷，自然挑起了侍母尽孝、抚育幼弟的重任。许家原是经营南货店的，爷爷是清末的举人，熟读经书，热衷于课读，却不谙生意。太爷爷过世后，这爿南货店是如何不了了之的，如今我们这些重孙子辈的都不甚了了。俗话说："父母是孩子的第一任教师"，又说"长兄如父"，四爷爷幼年时，虽然太祖母尚在，但爷爷却可以说是四爷爷的启蒙教师。从5岁开蒙念书，读《三字经》《千字文》，以及后来的四书、五经，都是爷爷亲自教的。当时，家境尚可，但不富裕。爷爷和娘娘（我们对祖母的称呼）含辛茹苦，抚育幼弟，督勉他读书成人。四爷爷15岁那年，进了绍郡中西学堂，专攻英文和数学，以后，又进入杭州求是书院学习，认识了晚清启蒙思想家、求是书院汉文总教习宋平子。他天资聪颖，读书勤奋，学力胜人，深得教师赞许，爷爷和娘娘都极为欣慰。1902年，他考上了浙江官费赴日留学。从日本留学回国后，他成了亲。两家寓所相邻，日必相逢。四爷爷还将自己的挚友鲁迅介绍与爷爷相识，以后，他们也成为好朋友。爷爷生病也要四爷爷去问鲁迅，是看中医还是西医？他们间的往来，在《鲁迅日记》中多有记载。

20年代末，我们全家从北京搬到南京。四爷爷在当时蔡元培主持的中央研究院任秘书长，四娘娘住在嘉兴，琭叔在南京上中学，是住校生，四爷爷一个人住在办公室里，生活比较孤独。我们家自然成了四爷爷的家。那时，爷爷已去世，娘娘和我们住在一起。几乎每个星期天，四爷爷和琭叔都到我们家来。每次进门后，他总先向大嫂（即我们的娘娘）问好，送些水果糕点之类的东西，然后和子侄们聊天。我的母亲十分尊敬四爷爷，对四爷爷关心之至。四爷爷送来的需拆洗缝补的衣袜，母亲亲自为他缝补，她亲自下厨房烹调四爷爷爱吃的绍兴家乡菜，什么霉干菜烧肉，苋菜梗卤炖豆腐，荷叶包粉蒸肉，荷叶莲子粥等，她常对我们说："四爷爷就像我的爹爹，我要像对爹爹那样待他。"有时星期天，四爷爷还带我们全家去逛公园，游名胜古迹。南京的中山陵、明孝陵、玄武湖、莫愁湖、鸡鸣寺等地，他都带我们去过。他爱看碑文，也爱看花，春天看樱花，夏天看荷花，秋天看菊花。每年春天，明孝陵有一片浅红色的樱花，真美极了。有一次，他对着樱花动情地说："樱花是日本国的国花，日本的樱花比这里的还好看。"他为什么动情，他或许是想起了当年在日本的革命生活吧！他又为什么爱看这三种花，当时年幼的我们是不懂得的。

四爷爷对儿孙辈的学习十分关切。1930年，为提高琭叔的国文程度，四爷爷要给他补课，让勉文伴读。讲的是唐诗，每星期讲一首。每次先让两人背诵上周学的诗，背得好，他称赞，背不出来就批评，偶尔还要考一下，然后再讲一首新的。1988年，琭叔从台湾回来探亲，和勉文两人一同回忆起这段情景，都不禁哈哈大笑，又感慨系之。四爷爷办公室里有一排书架，上面放满了书。勉文从小就好读书，她得到四爷爷的允许，在他不办公的时候，可以去看书。她常常一个人去，坐在地毯上，看书看得入了迷，直到四爷爷来叫她去吃饭，她才起来。书架上还有许多鲁迅的书，那时，鲁迅每出一本书必送四爷爷。勉文从书本上认识鲁迅，还是从这间办公室开始的呢！

四爷爷是教育家、文学家，也是爱国民主人士。他为人正直、善良、厚道，性格温和。我们从不记得他大声说过话或发过脾气，但他内心是爱憎分明的。在南京，杨杏佛就住在四爷爷办公楼后面。那年，他被国民党暗杀了，四爷爷愤愤地说："他是被人害死的，是预谋的。"这件事给刚上中学的勉文留下了深刻的印象。1937年抗日战争爆发，勉文毅然奔赴延安参加革命。对这一举动，四爷爷始终是默默赞许的。他曾对我们的父母亲说："勉文是个有头脑的人，她走的路大概是不会错的。"而远在解放区的勉文，也深深地思念着四爷爷。由黄敬（勉文的丈夫）托当时中共重庆办事处给四爷爷捎去勉文的一封信。这封信是由一位姓徐的同志带去的，信的内容已记在1946年1月14日许寿裳的日记中："十四日，阴，得勉文侄孙信，由徐君转来。谓现名范瑾，已得子三人，身体康健，彼地亦颇丰足，并非如传说之苦。仲沄亦好。徐君并告回信可由曾家岩五十号转。"仲沄是范文澜的字，他是我们的舅舅。四爷爷接信后，即将信转寄给我们的母亲。

四爷爷永远是我们敬重的长辈，永远是我们的好爷爷。他的音容笑貌，那身灰色的长袍，一副黑边眼镜，头戴礼帽，手持拐杖的身影，永远留在我们的记忆里。

1948年初，那个寒冷的初春，我们全家人戴上黑纱，慈文头上插了朵白花，聚集在家中，默念哀悼远在台北被暗杀的四爷爷。我们的心在痛，我们不明白这样一个正直善良的好人，竟然会死于非命。今天怀念他，是对亲人的眷念，对长者的哀思，也是对一个正直的、进步的知识分子的崇敬。

1992年春于北京

怀念许寿裳伯伯

蔡晬盎

　　许寿裳伯伯与先父蔡元培先生长期共事，谊属至交。他们同在大学院工作时，我们全家住在南京，应是时常见面的。但那时因我年龄幼小，至今已不复记忆。父亲专任中央研究院院长后，定居上海，许伯伯在南京总办事处工作。他们虽不在一地，但书信往来十分频繁。父亲极器重许伯伯。我看到他写信时总是以字相称，写"季茀先生"。

　　1934年初，我正上小学二年级。父亲赴南京开会，偕母亲携我同行。刚在南京火车站下车，就见到许伯伯和父亲的几位老同事、老朋友在车站相候。在我印象中，许伯伯是一位待人诚挚、蔼然可亲的长者。记得他送给我一件玩具，有一个小球在绘有彩色图画的盒子里滚动，是我非常喜欢的，令人爱不释手。许伯伯和我们一家人冒寒同去中山陵园探梅，因时节尚早，梅花犹未开放。又去明孝陵，见有数枝梅花半放，就在那梅树前摄影。以后又去访问林森老先生居住的四方城，他的住宅是依南京城墙而筑的。我们在天竹子前摄影。再同去访问张继先生居住的陵园小筑，并摄影留念。当日午后，许伯伯等又和我们一同登上紫金山天文台。气象研究所所长竺可桢伯伯很热心地让我们观察金星，只因当时天上有云而不可见，但是我们从望远镜中见到了月球上的山，我高兴极了。

在南京期间，正值父亲67岁寿辰，亲戚、朋友有为父亲祝寿的。可能因食脂肪过多，父亲病了。医生开了一种德国药，南京的药房里买不到。许伯伯很焦急，特地赶到中央医院去求药，可是也没有这种药。幸而父亲用热水袋熨后，痛已渐止。在南京停留10天以后，我们返回上海。许伯伯等又送我们到火车站。这是我和许伯伯接触印象最深的一次。我虽然尚在童年，但也深感他对父亲和我们全家的关切。当时，我写了一篇关于南京之行的日记，配上插图，刊登在学校班级的墙报上。

当我渐渐成长时，从先父母处得知许寿裳伯伯的道德、学问与对文化、教育事业的卓越贡献，更加深了对他的敬仰。此处仅能提及他与先父之间交往的一些事例。

许伯伯与父亲是浙江绍兴同乡。许伯伯早年在杭州求是书院肄业时，通过其师宋平子先生介绍与先父相识。先父与先母黄仲玉夫人结婚。婚礼上举行演说会，父亲与宋平子等先生畅谈男女平权理论，许伯伯应邀出席了这一新式婚礼。

辛亥革命成功，父亲任教育总长，邀请许伯伯到教育部襄助工作。许伯伯向父亲推荐同乡同学鲁迅先生（当时名周树人），父亲久慕其名，就委托许伯伯写信，邀请鲁迅先生到教育部共同工作。同一年，孙中山先生辞临时大总统之职，由袁世凯继任，唐绍仪任国务总理。父亲力辞未果，续任教育总长，即发出电报，催请许伯伯和鲁迅先生等同事赴北京教育部工作。许伯伯赴京后，任普通教育司第一科科长，曾受父亲委托起草《中华民国教育宗旨》。鲁迅先生任社会教育司第一科科长。父亲还曾发起在部内举行夏季讲演会，请许伯伯讲授"教育学"，鲁迅先生讲授"美术略论"。父亲愤袁世凯之专权，坚决辞去教育总长之职。当时发表的《蔡元培答客问》提到"部中僚友，实有和衷共济之乐，猝然舍去，良用歉然"，可见教育部内部的亲密合作关系。许伯伯、鲁迅先生曾约三五知友，专为父亲钱别。

1917年父亲任北京大学校长，许伯伯和鲁迅先生此时仍在教育部任职，都被父亲聘任为北京大学兼职讲师，与父亲过从甚密。

1927年父亲任大学院院长，大学院为全国最高学术教育机关。父亲先后请许伯伯任秘书、参事、秘书长，并聘任鲁迅先生为特约著作员。根据孙中山先生的规划，建立中央研究院，为全国最高科学研究机关，父亲兼任院长。大学院还决定设立国立音乐学院、西湖艺术院、劳动大学等。这些重要工作都得到许伯伯切实有力的支持。例如刘海粟、刘开渠二位先生先后向父亲提出希望去欧洲考察，研究艺术与学习雕塑。父亲决定聘请他们为特约著作员，支持他们出国。据两位刘先生回忆，正是许寿裳先生和他们联系，帮助他们办妥出国手续，使他们能够顺利成行的。

父亲在1927年后写了《追怀不嗜杀人的总理》一文，以孙中山先生的磊落胸怀，讽劝国民党当局停止屠杀。这篇文稿就保存在许伯伯处。父亲坚决辞去国民党政府监察院长的任命。许伯伯认为："先生坚辞甚善，此时实不能行使职权。"

父亲辞去大学院院长后，专任中央研究院院长。许伯伯亦辞去大学院的职务，中央研究院聘任他为文书干事、文书处主任。许伯伯不但协助父亲发展文化、教育、科学事业，而且对于父亲保护进步力量，营救革命者与爱国人士的正义活动，也全力支持与推动。父亲署名的许多文件、信函是由许伯伯起草、拟稿的，有些事是通过许伯伯向父亲提出的。如有人拟刊印李大钊烈士的遗文，周作人通过许伯伯要求父亲写序言。1933年中央研究院总干事、中国民权保障同盟总干事杨杏佛先生被军统特务暗杀。父亲悲愤交集，立即发电报给当时的国民政府主席林森与行政院长汪精卫，要求严缉凶犯。同时电召许伯伯等来沪会商善后。许伯伯提出："恐捕房与阴谋者暗中妥协，因中国事大抵如此也。"在万国殡仪馆公祭杨先生之际，特务们扬言还将在当天暗杀宋庆龄、鲁迅先生和我父亲等人，但他们几位置生死于度外，毅然前往吊唁。父亲代表中央研究院主祭，许伯伯也与鲁迅先生同去。据冯雪峰同志回忆，鲁迅先生当天告诉他说："今天蔡先生是去的，他很悲哀。打死杨杏佛，原是对于孙夫人和蔡先生的警告，但他们两人是坚决的。"接着又带着赞许的口气提到他的老友许寿裳先生，说"季茀也去的"。

1934年夏，由于中央研究院执行紧缩计划，调整机构，虽然父亲极不愿接受许伯伯的辞职，但由于他素来尊重集体决定，此时已无法挽回。他尽力向各方推荐。许伯伯根据父亲的建议，就任北平大学女子文理学院院长。他们虽然相隔千里之遥，由于志同道合，仍然相互支持，一如既往。

范文澜先生于1934年9月在北平被国民党宪警逮捕。其时，父亲正在青岛避暑，许伯伯和几位先生即函告父亲，请设法营救。父亲连发函电致汪精卫。经过父亲与北平各大学校长、教授多人联名营救，范文澜先生终于1935年1月获释。

1936年1月，父亲七十寿辰，许伯伯在寿宴上遇到刘海粟先生，讲述了："汪精卫在南京宴请蔡先生，蔡先生激昂慷慨地说：'关于中日的事情，我们应该坚定，应该以大无畏精神抵抗，只要我们抵抗，中国一定有出路。'言未毕而热泪滴到杯中，满座动容，肃然起敬，主人如坐针毡。"不久，刘先生又发起为父亲祝寿，许伯伯参加祝寿，并和许多位知名人士共同提出创办孑民美育研究院。大家曾捐款作为筹建经费，由于抗战开始，研究院未能建成，所捐款项新中国成立后已交给国家。

1936年10月19日，鲁迅先生逝世。许伯伯与父亲同鲁迅先生均属至交。父亲与宋庆龄先生等组织治丧委员会，任主席，并不顾个人安危，亲为执绋送殡，发表讲话。又发起建立纪念委员会，与宋庆龄先生分任正副主席。许伯伯为鲁迅先生纪念委员会的组建、遗著的出版、纪念文学奖金的设立，殚精竭虑，多方奔走，不辞辛劳。这期间，他与父亲之间鱼雁往返，多涉及鲁迅先生纪念事业。他们也都写出了深情悼念鲁迅先生的文章。父亲推重鲁迅先生为："新文学开山""一代文宗"。许伯伯称颂鲁迅先生："其学问文章，气节德行，吾无间焉。其知我之深，爱我之切，并世亦无第二人。"

1937年1月，父亲71岁寿辰，许伯伯自北平来沪，赠以七律四首。原作如下：

> 孑民先生今岁七十有一，病后癯铄，
>
> 长寿之征，喜赋四章，敬求指正。
>
> 宗师首出浙江东，举国咸尊德业崇。纯孝疗亲曾割臂，因材施教始澄衷。太平义阐公羊说，博爱功追墨翟风。并作热怀行革命，手援天下万夫雄。
>
> 欧洲游历快衡宇，贯彻中西觅坦途。公德独标仁义恕，清儒最爱戴黄俞。深研哲理通天地，旁叩民风溯觋巫。学海昔时感沉寂，归来朝气为嘘枯。
>
> 教政方针意独长，莘莘童子露晨光。发皇美育更宗教，神圣劳工戒逸荒。大学原来先格物，真才罗致毕登堂。护持思想自由者，共拜先生德泽章。
>
> 海外闻名潞国豪，院成研究仰贤劳。物心十所穷探理，虚实兼赅细察毫。梅萼回春开八秭，松乔侍笔计三遭。赋诗聊祝南山寿，寄意还瞻北斗高。

父亲阅毕，称"诗工稳，但不敢当"。许伯伯却说："初学作诗，却句句是实话。"父亲手录此诗，并赞此诗"对于我个人一生大事几乎列举无遗，洵佳作也"。

根据我对此诗的肤浅理解，试作一些说明，敬求指正。

第一首：先父自幼孝敬父母。19岁时，先祖母病重，父亲割下左臂上一小片肉，和药以进，以为可以延寿。先祖母不幸仍于下一年去世。康梁戊戌政变失败，父亲离开清朝的翰林院，而委身教育。曾在叶澄衷先生创办之澄衷学堂代理监督。父亲重视孔子的"因材施教"思想，认为有利于发展个性。父亲早年曾根据儒家公羊学派的春秋三世义，认为政体从"据乱世"即专制，进到"升平世"即立宪，再进到"太平世"即共和，为社会进化之道。父亲赞扬墨子的兼爱主义"无可非者"，称墨子为"持兼爱之说而实行之者"。墨子认为："若使天下兼相爱，则国与国不相攻，家与家不相乱，盗贼无有，君臣父子皆能孝慈。若此则天下治。"末二句叙述父亲从事反清民主革命，培养革命人才，宣传革命思想，创立光复会，主持同盟会上海分会等经历。

　　第二首：父亲曾五次赴欧洲，在德、法等国留学、研究，并考察、访问10余国。他主张吸取西方文化之精华，结合中国优秀的文化传统，以发展中国文化达到新境界，对世界作出贡献。父亲任教育总长时，提出法国革命时代所标举的自由、平等、友爱三项，作为公民道德的纲领。并用古义证明说："自由者，'富贵不能淫，贫贱不能移，威武不能屈'是也，古者盖谓之义。平等者，'己所不欲，勿施于人'是也，古者盖谓之恕。友爱者，'己欲立而立人，己欲达而达人'是也，古者、盖谓之仁。"父亲对于清代学者最钦佩黄宗羲（梨洲）、戴震（东原）、俞正燮（理初）三氏，认为他们的思想合于民权、女权之新说，为自由思想之先声。父亲长期致力专攻哲学，研究了我国的诸家学说，又学习了西方各学派的哲学理论，编写、翻译了哲学、伦理学著作，并运用其哲学思想于教育、科学工作之中。父亲晚年重视民族学，在国内外均曾从事民族学研究。比较民族学包括物质的文化、精神的文化（语言、文字、美术、宗教……）等。"旁叩民风溯觋巫"一句，许伯伯自注："指民族学"。

第三首：民国元年，父亲任教育总长时，教育部公布《教育宗旨令》如下："注重道德教育，以实利教育、军国民教育辅之，更以美感教育完成其德。"父亲认为美育"既有普遍性以打破人我的成见，又有超脱性以透出利害的关系"；甚且有杀身以成仁的勇敢。他一贯提倡美育，不遗余力，并曾提出"以美育代宗教"的主张。1918年父亲在天安门前发表"劳工神圣"的讲演，说"此后的世界，是劳工的世界呵！"父亲认为大学是研究学理的机关，宜特别注重文理两科，不设文科或理科者，不得为大学。许伯伯自注："先生向主张大学文理两院沟通，并以理院居首位。"从教育部、北京大学、大学院至中央研究院，人才荟萃，极一时之盛。末二句"护持思想自由"，指民国初年因尊孔与信仰自由相违而删去之。北京大学时期主张循思想自由原则，兼容并包，支持"五四"运动，希望以新思潮之洪水，冲击猛兽似的军阀。30年代组织民权保障同盟，主张为结社、集会、言论、出版自由而奋斗，尽力营救革命者与爱国志士。

第四首：宋朝文彦博，封潞国公。契丹、西羌诸国之人深为敬仰。当时认为其道德、威望足以抵御外侮于千里之外。父亲在大学院任职时负责筹备与建立中央研究院，自1928年至1940年逝世任院长。中央研究院设立10个研究所：物理、化学、工程、地质、天文、气象、历史语言、社会科学、心理、动植物，包括自然科学和社会科学范围内的研究工作。父亲的诞辰正值寒梅待放之时。赤松子、王乔，长寿之人。父亲注此诗："余长北大时请季芾任讲师，在大学院及研究院均请任秘书长。"许伯伯在悼念父亲的文章中说："第一次在教育部，由南京而北京。第二次，民六在北京大学。第三次，民六至二十三，在大学院及中央研究院，前后合计十年。"总之，都可算有三次共事之缘。

从这高度概括父亲生平事迹的诗篇，也足见许伯伯与父亲相知之深。

1940年3月5日，我们敬爱的父亲在香港与世长辞，不及见到他所盼望的抗战胜利。此时许伯伯远在成都，执教于华西大学。他写出了沉痛悼念先父的文章《纪念蔡子民先生》。其中末段为："噩耗骤闻，悲痛无极。旋知先生弥留之际，虽不能手书遗言，犹殷殷以抗战建国大业为念，连呼'学术救国''道德救国'二句，用意何等深远！余于涕泪之余，率成一联：'先生之风，清任和时，兼四圣高行；后死有责，学术道德，懔两名遗言。'"许伯伯此处引用《孟子》："伯夷，圣之清者也；伊尹，圣之任者也；柳下惠，圣之和者也；孔子，圣之时者也。"父亲逝世一周年时，许伯伯又到青年会作了题为《蔡子民先生的生活》的讲演。

父亲逝世之后，许伯伯对我们全家仍十分关切。抗战胜利，他由重庆来上海，特来探望母亲。当时母亲希望我能出国留学，曾请教许伯伯。他向友人询问详情后，函告母亲。以后我参加了进步的学生运动，不再考虑出国留学。对于许伯伯的古道热肠，我们始终是很感激的。

1948年2月18日，许伯伯在台北不幸遇害。噩耗传来，我们全家悲愤异常，震悼不已。如今许伯伯逝世已44年有余，明年适逢110周年诞辰。在故乡绍兴，将举行隆重纪念。以上略述梗概，以表示对许伯伯敬仰之忱，并缅怀他与先父之间没世不渝的友谊。

1992年夏

关于许寿裳先生给先祖父蔡元培的几封信

蔡朝晖

　　1993年是许寿裳先生诞辰110周年。许先生与先祖父蔡元培先生交往近40年，往来书信很多。仅保存在上海先祖父故居的许先生信札就有数十封之多。这对于研究许先生的生平行谊，了解他与先祖父以及鲁迅等的友谊，都是很有意义的。

　　许先生生于1883年，晚先祖父14年。他们是绍兴同乡。但他与先祖父的相识却始于1901年在杭州求是书院求学时。当时具有维新思想的宋恕民（字燕生，后改名衡，字平子）来院任总教习，许先生经宋的介绍，与先祖父相识，并几次与同学去看他，与他通信，惜原信已无存。1902年许先生赴日留学。以后几年他和先祖父间是否仍有通信联系，还没有资料可证。许先生与先祖父早年交往的20余年间，他们的联系合作很多。有些信札，可能没有留存，现存的书信中，仅有一封是他在江西时介绍一位过去的学生袁兴产来见先祖父，请对袁所著《王学要领》一书提意见。信上只署4月25日，而无年份，信封上写面呈，无邮戳可据，但信封是江西省政府教育厅的，可以知道是在1917年秋至1920年冬之间他任江西教育厅长期间。

　　除了上述这一封介绍信外，这批信件集中在三段时间里，即1927—1928

年许先生与先祖父同在大学院的前后，1928—1934年同在中央研究院时以及1934年许先生离研究院后。

1927年祖父任大学院院长，这年7月许先生与鲁迅一起辞去广州中山大学教职。在他回浙江时，经过杭州，刚好先祖父也在杭州，就写信约一时间往访，这就是1927年7月6日的一封信。不久许先生去北京一行，看到他原来所在的北京教育部已无事可做，10月12日给先祖父的信就希望为他留意工作。这时先祖父正在筹组大学院，就邀他来院，先任秘书，后来任参事、秘书长，与先祖父以及副院长杨铨（杏佛）一起工作。因为是朝夕相处，所以信件并不很多。

大学院成立不久，试办北平等大学区，受到不少反对。1928年8月先祖父自动辞职，离南京迁居上海，当时政府又把大学院改为教育部。许先生8月20、29日两函，有"车站拜别尊颜，倍深依恋……同人金以先生去职，为教育界之不幸，惋惜无似……""现在处境困难，先生辞意坚决，为计至善"等语，既表达了惋惜的心情，也表示了对先祖父辞职的支持。同时许先生也提出辞呈，辞去秘书长职，与先祖父和杨杏佛一同离开大学院，转而致力于中央研究院的建立。

还在大学院时，先祖父已在院内筹备中央研究院，1928年11月正式辞去大学院院长职后，即专任研究院院长。许先生来院担任文书主任，为时三年又半。这时先祖父已定居上海，总干事杨杏佛也常往来沪宁之间，研究院总办事处设在南京，联系工作的函电一般都送南京。许先生常驻南京办公，外间给先祖父的信常由他拆阅，提要函告先祖父，并拟出处理办法，征得先祖父意见后处理、回复。有些庆吊文字也请许先生代作，再加上院内、外工作的商议，每隔几天就有信件来往。许先生担负的工作实际仍相当于秘书长。当时先祖父给许先生的信也不少，多由许先生保存着，直到他在台去世后，仍由他的哲嗣世琭先生等珍藏至今。

在这期间中央研究院的一件大事是1933年总干事杨杏佛先生在沪被刺逝世，许先生于接到噩耗后，即赶往上海，与鲁迅同去参加追悼会。当时社会上都推测刺杨的目的是意在先祖父和宋庆龄，因此许先生在给先祖父的信上特别关心先祖父的安全。早在1932年先祖父和杨杏佛发电要求将陈独秀案交法院公开审判，国民党南京市党部就已大肆指责，发出"警告"，说他们二位"前曾请保牛兰，已为清议所不直。今再电中央，请宽释陈独秀，徇于私情，曲加庇护，为反动张目，特予警告。"许先生获悉后，即以"略有误会"的婉转语气，写信（11月3日）告诉先祖父。在杨杏佛遇刺后（1933年6月21日）的信中，许先生说道："院中遭此变故，是一大损失，先生连日辛勤，宜避嚣离沪，善自静养。"这当然不仅仅是对先祖父健康的关切，信中还对流传的谣传和假冒先祖父推荐以向政府钻营的事特别注意，认为不能等闲视之，实际上都是关心先祖父的安全。

当然，平时许先生对先祖父的健康也是很关心的，这在不少信上都可以看到。在有的信中许先生还表达了对先祖父在当时政局中一些表态的支持，特别是1928年后先祖父对一些职务，如监察院长的坚辞。先祖父也很重视许先生的意见，例如，1932年"一·二八"事变后，当时军政首脑都避往洛阳，先祖父给许先生信中说："前得傅孟真兄电，劝弟赴洛。弟以此种走马灯之政局，赴洛殊无聊，不如在京沪间视本院能力所及，随时自效为切实。"（按当时研究院正联合院外专家准备配合抵抗日本的军事需要）并说"想先生亦所赞同"。可以想见，他们对大局也有相似的看法。

许先生对鲁迅的爱护关切是人所共知的，他和先祖父的通信中有不少关于鲁迅的内容。1932年1月26日的一封有关于鲁迅特约著作员的事。大学院成立时，先祖父倡议设特约著作员，"聘国内在学术上有贡献而不兼有给职者充之，听其自由著作，每月酌送补助费"。鲁迅也是被聘请的一位。大学院改为教育部后，起先继续聘请。1932年初教育部却有将裁去鲁迅著作员的消息。许先生给先祖父的信说："豫才教部之薪闻将被裁。裳以先生名义致段书贻君（段锡朋，时任教育部次长）请量予维持，函已发，特奉闻。"从这段话可以看出，当时是许先生得到消息后，即先用先祖父名义发信，请教育部设法维持，然后再告诉先祖父的。这也说明，许先生平时很了解先祖父对维持这一席位的意愿，所以不待直接征求他的意见，就先发信了。果然，先祖父在回信（1月29日）中说："来示为豫才先生函告教育部，甚善。"但这事虽经许先生和先祖父设法，教育部仍不愿维持，鲁迅的著作员名义终于还是被裁。鲁迅给许先生的信上说："被裁之事，先已得教部通知。蔡先生如是为之设法，实深感激。"在这中间，也反映了他们三位之间诚挚的友情。

许先生在中央研究院与先祖父合作共事，始终契合无间，到1934年丁文江氏来院任总干事，提出紧缩计划，改组总办事处，许先生的职务即在被裁之列。先祖父虽然很不愿意，但是也未能挽回。许先生4月30日至6月25日间与先祖父反复商量辞职和希望推荐去其他方面，有关信函有7封之多。当时北平大学徐诵明（轶游）校长很想请许先生去担任女子文理学院院长。但许先生觉得"年来教育机关深受政治影响，派别对峙，倾轧时闻，自知挽救乏术"，所以不愿担任，而与先祖父商量过多种其他工作。先祖父也作了一些推荐，并提出过请他来上海院机关。但当时在上海先祖父处已有马孝焱担任秘书，许先生与他是挚交，所以表示"为友谊关系，决不愿接替"。最后，经先祖父和其他友人的敦劝，许先生才决定到平大女子文理学院就职。

这时候的平大女院经费不足，条件很差。许先生到院后方加整顿，延聘名师，扩充设备，使学院得到很大进展。先祖父对他整顿学院的计划也很支持，说"二年后可谋发展，并不嫌晚"。劝他"断然行之可也"。在他给先祖父的信中曾提到争取音乐系主任杨仲子教授留任一事。杨仲子在女院多年，培养人才，有很多成绩。但当时的教育部却以学历问题为由，不让他任教职。许先生据理力争，为继续延聘他设法，虽然最后还是没有成效，但也可以充分看到许先生珍惜人才，保护人才的苦心了。

　　许先生到平后不久与先祖父的通信，还有营救范文澜事。当时的信件在故居已没有保存，幸而先祖父记事手稿和许世瑮先生所藏先祖父信札中还有有关的记载。1934年9月范文澜先生在北平被捕。9日，先祖父在青岛接到许先生和马裕藻、沈兼士、郑介石的联名信，请先祖父设法营救。次日先祖父即给汪精卫去快信营救，并给许先生回信（9月24日）说，已"致一快函于精卫先生，并附入先生等原函，以原函答辩甚详尽也。此案既由中央党部主动，精卫为执委会常务委员，必可提出办法，故以此托之。然至今尚无复函（弟函于本月10日寄出）"。10月1日先祖父又为此给许先生和他的侄子世璿分别去信，并附去党部文件二份（内容可以想见是他们罗织的罪名）。9日，先祖父又收到许先生等四人来信，说："党部报告有不符合事实处"，还收到许先生的电报"属电商范案付法院"。接着，11日先祖父再电汪精卫，请将范案付法院。另致汪一快函，并把许、马、沈、郑的信附去。汪精卫找不到推托的借口，只给先祖父回电说"司法行政已改隶司法院"，以暗示此事不属他管，作为搪塞。先祖父说他是"答非所问"。这些信件反映了营救范文澜整个过程的一部分。从中已可想见许先生和马、沈、郑三位与先祖父当时合力营救、伸张正义的热忱。

　　许先生去北平后，1936年秋鲁迅先生在沪逝世，先祖父主持治丧委员会和吊祭、安葬的仪式和活动。许先生于1937年2月到上海谒鲁迅墓，回平后还把吊鲁迅墓的一首七绝寄给先祖父征求意见。先祖父在鲁迅逝世后不久生了一场重病。养病期间，与许先生一起，为成立鲁迅纪念委员会和编印《鲁迅全集》做了筹划。许先生这一阶段给先祖父的信几乎都有这方面的内容，从中可以看出他在其中所起的重要作用。

　　关于纪念委员会事，在1937年5月27日的信中就提到了"鲁迅纪念委员会宜正式成立"，并介绍了北平征得委员情况以及"沪上筹备经过情形，想许夫人（许广平）日内必奉谒，面陈一切也"。7月1日的信中又提及宋庆龄以及李石曾、张溥泉等国民党政界名人处"已蒙致函征求否？"这自然是为趁当时抗日爱国统一战线正在形成的形势，希望由先祖父出面征得这些政界人士参加委员会，以减少阻力、扩大影响。据先祖父7月16日致周建人的信："纪念鲁迅先生各事，已由季茀先生详告。致宋庆龄、孙哲生、顾梦余、于右任、张溥泉、朱骝先诸先生函，请其参加纪念委员会（惟宋先生函中不提此事。因渠已承认为委员也）并筹集基金（按指鲁迅文学奖金基金），已陆续发寄。"这也是当时他们为纪念鲁迅所尽的努力。

《鲁迅全集》的编辑出版，许先生与先祖父的通信中也有多方面的商议。

鲁迅逝世时，当局对进步书刊的流通还有禁令限制。《鲁迅全集》的出版，先由先祖父向当时国民党中宣部邵力子部长疏通。许先生1937年5月27日的信中说："鲁迅遗著事，承先生亲与力子部长一谈，部中必能知所注意，免除误解，使一代文豪，荣于身后，亦全国文化之幸也。"

6月26日许先生到上海，与鲁迅夫人许广平同访先祖父，商议《鲁迅全集》的印行出版事。7月1日许先生给先祖父的信中说："鲁迅全集编印委员会及募集鲁迅文学奖金基金事均承慨允提倡，领导群伦，欣幸何似。"7月5日的信中又提到"又全集总目现正由景宋夫人准备初稿。将来脱稿后，当呈尊核，并求赐序，以增全集身价。"鲁迅全集由先祖父作序，最先当是在这里提出的。

关于《鲁迅全集》的出版，最初考虑由商务印书馆出版。许先生7月5日的信，首先是说全集的印行日内即将与商务订约，而商务对于版税，曾表示最多只15%。鲁迅夫人许广平又托许先生转请先祖父写信与商务磋商，最低限度争取版税率为20%，"因鲁迅先生之地位，著作之精到，读者之信用，俱有可以优待之价值"。许先生还以为"版税为其上赡老母，下恤茕孤之惟一收入，关系至重"，所以希望先祖父在订约前给商务去信商洽。先祖父接到信后，即给商务王云五总经理写信磋商。7月10日得到回信说，增加版税事"本当如命，惟馆中版税户多至数千，偶有破例，恐引起他人之援例。今晨许广平女士来此，径以此间为难情形报告，已荷谅解，并将契约订定矣"。但不久抗日战争爆发，《鲁迅全集》改由纪念委员会另行出版。关于与商务的一段接洽，许广平在"《鲁迅全集》编后记"中有说明："蔡先生对全集出版方面，曾再三赐予援助，计划久远，费去不少精神，且曾向商务印书馆订立契约"，只是后来战事发生，商务停顿，而全集出版又众望殊殷，不宜推迟，终于取得商务谅解，同意先行出版。

许先生视鲁迅为最知己的朋友。鲁迅逝世后，他写的介绍鲁迅的文章，早已脍炙人口，对于传播鲁迅伟大的形象，起了重要的作用，在上面所说的通信中所反映的，他在当时困难的条件下，为出版鲁迅遗著而竭尽心力作出的贡献，同样也是不可磨灭的。

在这批信件中还有一封与编印李大钊同志遗著有关。这是周作人为编集李大钊早年著作，希望能在当时条件下得到出版，通过许先生想请先祖父写序言。这一计划后来未能实现，但是它反映了李大钊就义后故友对他的怀念，希望他的遗著得以流传，以至想以之赡养遗孤的想法，仍然是值得纪念的。

许寿裳先生的这一批信件，涉及不少重要的事情，像纪念鲁迅、营救范文澜等自然都是最使后人敬仰的，就是他与先祖父平时来往商讨工作的信，也处处显现了他处事一丝不苟、对人敦厚真挚的品格，使我们怀念不已。他对先祖父和鲁迅深切的关怀和诚笃的友情，更是随处流露，十分感人。即使在时隔半个多世纪之后读到这些信件，还能亲切地感受到这位尊长的风范而更加深景仰的心情。

1992年夏

朴实淡雅　勤慎恒学

——回忆姨夫许寿裳先生

张启宗

　　1993年是姨夫许寿裳先生诞生110周年，也是他在台北遇害45周年。他66年的生活，朴实淡雅，勤慎恒学，为中国新文化事业作出毕生的努力和贡献。

　　姨夫与我家有双重亲戚关系，这是我年幼时已知道的。他的原配和继配两位沈氏夫人，是我祖母沈家侄女；而沈氏四妹又适于我父，因而父亲与姨夫之间又为连襟。亲戚关系虽甚近，可我与姨夫相见则甚晚，许多事是听人相告的。我童年在家课读，祖父常以姨夫勤慎好学对我进行教育。回忆在7岁至10岁那几年，祖父勉我以姨夫为榜样："读书在乎有自觉。"他对我说："你姨夫比你父亲会有成就。为人聪敏固然重要，但在做学问上则取决于自觉，要肯下苦功夫，学而不倦。季茀治学，博而求精，故非泛然而无所获也。"正是因为从幼听得祖父启示，所以我对姨夫仰慕之心，幼年即已有之。后来我在青年时期，在抗日救亡运动的年代里，从报章上知道姨夫为鲁迅之挚友。他与鲁迅爱祖国、爱民族的主张相一致，他也就成为众多的亲戚中为我所尊敬的导师。

我读过他1933年《赤足游九溪十八涧》诗。当时冯玉祥、吉鸿昌、方振武张家口抗日，受日军与顽固派两面夹击。姨夫身游杭州，心为忧国。此诗前四句曰：“南涧幽深挈子寻，屏山如画鹧鸪吟。高山低茗千重翠，乱石清泉万古音。”朴实淡雅，写出了当地景点的一种自然之美。后四句却衬托了他爱国忧民的政治思想：“赤足踏通春水底，白头雄起少年心。长城近日烽烟急，翻对潺湲怨陆沉。”

在抗日救亡运动中接近了姨夫

姨夫家在辛亥革命后，已不居绍兴。我们亲戚间，虽有书信往来，却少家庭间过从。我在幼时，只见过姨夫在江西时的半身照相。1928—1930年间，我祖父和父亲相继病逝，家道中落。所以，我在绍兴只从小学三年级读到高小毕业。1931年“九一八”事变，东北沦陷，民族危急，我抱着抗日救亡的愿望到上海，当照相馆徒工，后又当工厂徒工，并利用夜间努力求学。上海有个《申报》流通图书馆可以看书，我几乎每晚必去，因而认识了馆长李公朴先生，逐渐投身到抗日救国运动中去了。

我从当时报刊上以及公朴先生的言谈中知道姨夫与鲁迅为好友，而鲁迅在青年中则是一面火红的旗帜，因此使我对姨夫更有敬仰之心。1933年6月，杨杏佛被暗杀，姨夫到上海与鲁迅等人为杨先生送殡，我曾想去见姨夫，但又感到自己太冒失唐突，而没有勇气去闯见。

当1934年1月我在工厂学徒工满师后，由厂长推荐我跟他同学去了福州，在一个工厂当技术员。其时，公朴先生介绍我在福州找郁达夫，协助他去推动抗日救国读书会，要我同上海的《申报》流通图书馆建立邮寄借书的关系。1936年我加入了职业界救国会，得有阅读上海《救亡情报》机会，有时则还看到巴黎的《救国时报》。从而使我提高了政治认识。那时，我也知道平津1935年的"一二·九"学生运动，姨夫是同情抗日救亡运动的。看到1936年2月的《北平文化界救国会第一次宣言》，姨夫与陈豹隐、马叙伦、齐燕铭、谢似颜等，都在《宣言》上与126位名流一同署名，参加了北平的这一救国会。1936年11月24日，姨夫又与李达、邢西萍、李季谷等109人署名，通电国民政府要求释放全国各界救国联合会沈钧儒等7位领袖，责以"国难严重，端赖合作御侮，不容再事其豆之争"。从而使我在政治上认识了我的姨夫。

1937年春，我在浙江的一个青年刊物上，看到姨夫写的《青年期的读书》一文，内容与他当年6月在《中学生》月刊发表的文章大体一致。我读后即第一次向姨夫写信了。虽然我想去北方参加学生运动，但信里我只说：希望在北方的大学里当图书管理员，便于能在大学旁听，以求上进。他很快给了我回信，鼓励我自学，也表示如有机会，愿为相助。其实，我第一次给他写信的勇气，却来自他参加救国会的《宣言》。

抗战期间姨夫的流离生活

我收到姨夫回信不久，卢沟桥"七七"事变随即发生。我已去不了北方，而且在战乱中也同姨夫失去了联系。直到1938年初夏，我到了武汉，经多方打听，得知他已到了陕西城固，并又继续通信了。

我知道姨夫在青年时代，从事民主革命活动已很活跃。在日本东京参加了光复会，1907年冬，由黄兴介绍加入中国同盟会。辛亥革命以后，姨夫一直从事教育工作，又支持鲁迅的中华民族解放斗争，我对他有了更多的认识了。

1936年10月，鲁迅病逝，姨夫函商蔡元培，并得宋庆龄支持，筹集资金出版《鲁迅全集》，弘扬鲁迅精神。"七七"事变前后，姨夫担任北平大学女子文理学院院长和西北联合大学教授兼法商学院院长，但后来受国民党的歧视和排斥，以至于剥夺他担任行政领导的权利。

1938年10月，国民党到重庆后，整顿教育系统人事，密电西北联合大学，指出法商学院人选必须"超然"，他们指定一个姓张的人为过渡人选，明确指明要他整顿法商学院。其实，是不让许寿裳担任院长。姨夫闻讯，立即辞去行政职务，乃担任史学系的教授。1939年8月，教育部又将西北联合大学改为西北大学，委任胡庶华为校长。姨夫感到西北不是久留之地，乃决意辞职离陕。他历尽旅途艰辛，9月间抵渝，10月间应"国立"中山大学之聘，又由渝到云南昆明，去了澄江的中山大学。这几年，姨夫在旅途奔波之中，而进步文化界也在动迁之间，无暇纪念鲁迅逝世，但姨夫亦从内心悼念老友。他在中山大学时间不长，又应成都华西协合大学邀请，于1940年2月离滇入川，进了这所非国立的大学，讲授《传记研究》和《中国小说史》，从此乃有稍安。

姨夫经历了这多年颠沛流离生活，感到家属留在上海，长女则在重庆，甚望能安定下来从事学术研究与写作。于是，他应重庆国民党政府考试院考选委员会沈士远以及陈大齐之请，于1941年4月辞去华西协合大学聘约，于8月间到了考选委员会担任秘书，后又为专门委员。

这些年，他为抗战的一片赤忱与爱国愿望，却受到教育行政当局的一再排斥，只好退居重庆歌乐山，深居简出。即使这样，大后方的种种政治干扰，也仍难使老人完全安下心来。

在颠沛流离中追念鲁迅

八年抗战的头三年，姨夫是在颠沛流离之中。虽然无暇开始他的写作生活，但仍勤于讲学。1938年11月，他在西北联合大学学生集训时讲了《勾践的精神》，指出对日本侵略军的抵抗，要卧薪尝胆，"一口咬住不放"。在离开西北去西南途中，他吟有《从成都飞昆明口占八首》诗，讲了他这几年的生活遭遇和感想：

万重云岭脚跟迎，一碧天光分外明。愧我劳人过五十，而今才始御风行。

飘泊生涯亦自耽，忽从西北到西南。长安城固名何好，都是匆匆暂驻骖。

细雨敞车登剑阁，怒涛小艇访离堆。蜀中名胜多焦土，血债何曾偿得来。

新桥（指在重庆小住）清丽近行都，兄子从公伯嫂娱。小住匝旬乡味美，潇潇风雨又征途。

孔怀兄弟脊令飞，恸绝今朝五七期。更念同胞长抗战，山丘华屋景全非。

去年九一八何如，万里丧音哭外姑。国难家忧谁共诉，长教冷月照鸳湖（指嘉兴）。

家寄鸳湖劫火空（指嘉兴陶宅遭火，损失大），流离妻子各西东。无端唱出香山句，一夜乡心五处同。

有美同机吐若泉，晕官特敏亦堪怜。顽躯偏自宜茶果，俯视尘寰瞬刻仙。

这八首诗，是姨夫自1937年抗战至1939年底颠沛流离生活的写照。在此期间，其陶氏岳家，在嘉兴遭劫火，陶家外婆病逝，陶夫人和几位表妹和大表哥世瑛均在沦陷区。姨夫在心情苦闷中，又怀念国家有难，并强自安慰。

1940年中秋，姨夫在成都讲学，他在9月16日的日记中写道："近年来南北东西，未遑宁处。民国25年（1936年）此夕在北平。26年（1937年）在嘉兴，时正为安顿眷属，收拾行装，终日碌碌，对月黯然，数日后即冒险赴西北。27年（1938年）在城固。28年（1939年）在岷江舟中，同行八人，泊傅家场，不久飞滇。今年在此（成都），极感萧寥，妻子流离，相隔万里，在蓉者唯琭儿一人而已。"这里他历数了五年的生活。是年10月19日，姨夫日记云："鲁迅逝世四周年。追念故人，弥深怆恸，其学问文章，气节德行，吾无间然。其知我之深，爱我之切，并世亦无第二人。曩年匆促间成其年谱，过于简略，不慊于怀。思为作传，则苦于无暇。其全集又不在行箧，未能着手，只好俟诸异日耳。"可见他有计划要为鲁迅写传记。

1940年至1944年间，虽然每年鲁迅逝世之日，姨夫年年心伤，但他都未能参加鲁迅逝世纪念会。因为1940年和1941年，纪念鲁迅逝世四周年和五周年会议，虽由冯玉祥主持，也受骚扰；1942年纪念鲁迅逝世六周年会议，也被闹散，即在以后纪念七周年和八周年会议，也因特务闹事而未能终场。所以在上述情况下，有关方面和爱护许寿裳先生的友好，都力劝他不抛头露面。1943年2月，"鲁迅纪念委员会"在宋庆龄寓所召开，则请许老参加了。

俭以节己　厚以待人

抗日战争经历了四年后，重庆物价飞涨，城市里的工人、知识分子和公教人员生活维艰，而川北农村则闹饥荒。姨夫在重庆山居，也在清苦生活之中。但他对自己节俭较严，而待人甚厚，也很体贴别人的清苦生活。虽然他在重庆比以往三年或四年的生活相对安定，大表姐许世瑄夫妇在市区，二表妹许世琠也从上海沦陷区到了大后方。她们经常照顾姨夫生活，但他不想劳人，仍只身居住在歌乐山。同事们的家属常有以菜肴相敬，而姨夫则回敬甚厚。

姨夫厚以待人的美德，我在童年和少年时期已听家人所传。如沈家有位小外婆，原为沈氏姨妈之庶母，因姨妈亡故，子女照料困难，小外婆曾在江西和北平为姨夫照料子女。后来回绍兴养老，姨夫仍每月接济其生活费，直至老人寿终。另有一位，是姨夫在沈家的堂舅弟沈仁山，为人诚恳忠厚，历来受姨夫提携照拂。抗战时他也到重庆，常去歌乐山，姨夫待之甚厚，我深感姨夫在处理各种关系上也是憎爱分明的。

1942年春节前，姨夫六十初度，其侄许世璿等家人，到歌乐山为他祝寿。老人在寂寞中甚感欢欣，但仍不忘川北在闹饥荒。其时，重庆适逢大雪，这是当地所少见的。姨夫赋诗寄意，切盼丰年。诗曰："我生甲子平头日，人世玄黄战血场。八口支离音信少，十年飘泊感怀长。所欣犹子皆兰玉，会看新邦作栋梁。更喜昨来重庆雪，花飞六出兆丰穰。"他期望农村有个好收成，大家都能度过艰苦的岁月。

姨夫虽生活清苦，但读书与写作不辍。自琠妹于1943年夏到达重庆后，曾一度帮助姨夫从事学术研究和写作，有些文稿是琠妹帮他誊抄的。1940至1946年期间，他共写作了17篇。写序跋6篇，诗25首，题词4次，这是我从整理姨夫日记中大略统计的。其中有《章炳麟》评传、《周官和古制度古文字》、《蔡孑民先生的生活》、《回忆鲁迅》、《鲁迅与民族性研究》、《历代考试制度述要》等，其时也已开始初写《李慈铭〈秋梦〉乐府本事考》了。他以清苦节俭的生活，写出了朴实淡雅而又感情深沉的文章，使人百读不厌。

弘扬鲁迅精神　慎于观察时局

　　自鲁迅逝世以后，直到姨夫在台北遇害，前后12年，他始终为研究和弘扬鲁迅精神，作了经久不辍的努力。1937年7月在宋庆龄的上海寓所成立的"鲁迅纪念委员会"，其成员有70多人，以宋庆龄为主席，蔡元培、许寿裳、胡风、叶圣陶等均为常委。抗战开始后，大部分的成员在抗战大后方。所以，姨夫在重庆与老舍、胡风、曹靖华常有来往。宋庆龄在重庆时，亦请姨夫往访。胡风和曹靖华在重庆，也经常与许寿裳先生联系，尊重其学术思想，保持友善团结，并保护他。

　　国民党中央党部曾由潘公展、徐道邻等人来拉拢姨夫，要他为正中书局写书，要他到中央训练团讲课。徐道邻素为姨夫所厌恶，鲜有往来。潘公展是坐守"中央"不动，从不礼贤下士到歌乐山去访问，虽常有书信相通，但亦非莫逆。

　　考选委员会虽为闲散机关，姨夫有时亦仍受干扰。例如，这个委员会内的签到制度，原不包括专门委员在内，但有人无理取闹，偏要姨夫签到。但姨夫也就顺之不悖，以避开矛盾。当蒋介石《中国之命运》一书出版时，考选委内有人要他作"学习报告"，姨夫亦为之应付，乃以孙中山遗嘱中讲革命目的，讲了"深知欲达到此目的，必须唤起民众，及联合世界上以平等待我之民族，共同奋斗"。这些人听了，也难于指责。

　　1943年1月，国民党中央党部又出了一个主意，要考选委员会让寿裳先生到中央训练团党政军人事管理人员训练班去讲课。姨夫慎于处理政治关系，以"知人善任"为内容，去讲了《历代人事制度述要》。其间涉及"周官制度"，被传到了考试院，为戴传贤所知。戴要考选委员会传话，说戴院长要同寿裳先生谈谈"周官"问题的学术研究。对此，姨夫执礼甚恭，于是写了《周官和古制度古文字》的讲稿，曾三次联系去见，却都被拒绝。姨夫在1943年5月1日的日记上写道，既然已三次通报求见，却被其官邸的人所拒绝，说没有时间或不在，故"以后毋庸再去矣"。

抗战期间，大后方政治空气低沉，姨夫心境不畅，1944年1月，写诗遣怀："夜深岁晚听鸡啼，独客山居斗室低。寂寞图书成友好，乱离妻子自东西。冰霜励操中藏乐，桃李无言下有蹊。阮籍阳狂因纵酒，浪浪至性岂为迷。"

姨夫也经常关心时局，他主张对日本要"一口咬住不放"。他在大是大非面前是毫不含糊的。他认为，宁可忍痛，也必须取得抗战最后胜利。

抗战胜利前后的忧虑和喜悦

1944年春，在昆明方面有过民主活跃空气，也带动了四川成都和重庆。姨夫看了《新华日报》发表的郭沫若的《甲申三百年祭》，由此感到腐败必然导致失败。他对抗战大后方的腐败，甚感忧虑。

这年5月26日，马寅初在重庆水利委员会礼堂演讲财政问题，姨夫闻讯冒雨进城听讲。其中，马老谈到"现今法币之趋势可虑"，他认为"政府不采用我三四年前所主张的货币收缩方法，现仍滥发纸币，估计已达30万万了"。这次马老畅所欲言的演讲，姨夫听后作了认真思考。他对我说："纸币滥发，腐败蔓延，即便抗战胜利，又何以建国呢？"他回忆鲁迅生前的主张，认为"抗战要有彻底的胜利，才能建设好新的国家"是对的。

这年夏，因考试院铨叙部（即人事部）邀请讲"周官"，姨夫修订了《周官和古制度古文字》原稿，出席讲演。在该部遇见了熟人，向他讲了政风腐败，并认为"要为政清廉，于今尚远"！默然久之，好似言犹未尽，而又不宜于言者。

11月24日，胡风给姨夫写了信，说要到歌乐山来访，他即复函表示欢迎。12月8日，胡风偕同妻儿来到了歌乐山，与姨夫晤谈抗战时局，讲了日军向贵州独山方向进攻，还讲了国共和谈困难，以及成都方面镇压学生运动等。姨夫只听无答，只讲未能开展纪念鲁迅逝世八周年为憾。胡风临走时，将其著作《文艺笔谈》赠送给了姨夫，以示友好。

这年冬，潘公展叫他们的"胜利出版社"，持潘信请姨夫写《章炳麟》传记，姨夫当即应允。翌年3月29日，他就将《章炳麟》书稿送去。潘公展又来信买下版权，仅付法币7万元。但姨夫亦忍之，也就把版权卖给了他们。

1945年8月，日本天皇裕仁发表《停战诏书》，宣布无条件投降。正在这个时候，姨夫之次子即二表哥许世瑛已去美考察，并来信告知安抵华盛顿。姨夫抑郁已久的心情，豁然开朗，写了《八月十日晚闻日本向盟同乞降，翌日得瑛儿安抵华府信，喜而有作》诗两首，其一，"居然喜讯联翩至，黩武倭夷竟乞降。难得八年摧劲虏，从今一德建新邦。陷区妻子狂歌舞，盟国经纶足骏庞。归路反愁何所见，创痍满地下长江。"他在喜悦中也有担忧；其二，"儿书万里慰亲情，喜报安然抵美京。科学发明原子弹，和平领导国联盟。厚生能泯贫和富，进德端由爱与诚。羡尔观光时会好，相期无负此长征。"他寄希望于后代努力，把抗战后的祖国建设好。

民主气氛中的一次鲁迅逝世纪念活动

抗战胜利后不久，国共和谈，签订了《双十协定》，重庆的政治空气有了点短期的宽松，姨夫为《新华日报》整理出《鲁迅的几封信》，还写了《鲁迅与民族性研究》。他积极筹备并参加了鲁迅逝世九周年纪念大会。

10月19日，重庆文化界人士在白象街西南实业大厦举行鲁迅先生逝世九周年纪念大会。周恩来、冯玉祥、邵力子、郭沫若、柳亚子、沈钧儒、许寿裳、叶圣陶、茅盾、巴金、曹靖华、冯雪峰、胡风等500余人到会。20日《新华日报》刊发了特写，登载了许寿裳署名的《鲁迅的几封信》。这次，是姨夫第一次与周恩来见面，也是第一次署名在《新华日报》上刊登文章。这次大会是10月19日下午举行的。午后2时，西南实业大厦餐厅内外挤满人群，场内已无隙地，楼梯上也都簇拥着密密的人群。会前主席团商定，由许寿裳主持大会，为求散会时的安全，在宣布散会时，把群众留一下，让许老先出会场。1945年10月20日《新华日报》的特写中说："快到三点钟的时候，纪念会在白发苍苍的许寿裳先生主持下开始了。许先生，这位鲁迅先生三十五年相交的老友，以低沉的音调开始讲话。他的话朴素而简短。他说，鲁迅先生逝世已九年，他的精神，是愈来愈伟大，绝非几句话说得完的。他为到会而无座位的参加者，表示抱歉。"冯玉祥、郭沫若、叶圣陶等相继讲了话，最后一个讲话的是周恩来。他说："抗战胜利了，民主革命的任务尚未完成，每个文化工作者，在这大时代中。跟政治跟革命的进展是息息相关，无法分开的。"他号召文化工作者用愚公移山的精神去动员广大民众为新民主主义的文化而奋斗。会后姨夫对我说："这话给我印象很深。"当姨夫宣布散会时，柳亚子站到坐凳上招呼："大家慢走！"他朗诵了即席所赋的诗句。这时，姨夫则已由曹靖华陪同出场了。所以大会主席团在散会时的合影中，姨夫和曹靖华都没有参加。

姨夫从大会回到琯姐家时，我问他：曹靖华抗战前是否在北平大学女子文理学院讲过课？他没有回答，既不肯定，也不否定。其实我从中苏文化协会的同志中已有所闻了。

这次纪念会开得很成功，是抗战以来纪念鲁迅逝世的第一次隆重大会，也是姨夫生前参加纪念鲁迅逝世的最后一次大会。

研究鲁迅学术思想中的勤慎恒学

姨夫对周恩来在鲁迅逝世九周年纪念大会上的发言，有较深的理解。他同我讲过，国内和平有很大困难，"周恩来说'五四'以来新文化运动尚未完成，还需要持久战斗下去，并说旧的封建势力是大的，这是说抗战胜利以后，道路还很艰难。所以，培养青年，还应懂得政治上的谨慎。年轻人，前途还远着。要学习鲁迅的人格和思想，深刻地观察社会和读历史"。姨夫还同我讲了鲁迅的人格和思想：一是真诚，二是挚爱，三是坚贞，四是勤劳。要像鲁迅那样有优越的政治见识，当仁不让，见义勇为，为民请命。他说鲁迅思想是"由进化论而至唯物论，由个人而至于集体主义，有一口咬住不放的韧战精神"。这是说要持之以恒，认真为学。他说要像鲁迅那样有浓厚的趣味去读书。他劝我多读历史，正视社会的各个方面，反对是非不明和善恶颠倒。回忆他这次对我谈话，既是他参加纪念会后之所感，是对周恩来讲话的体会，也是他即将离开重庆，对我的一番临别赠言。他很透彻地讲了鲁迅与青年，以及鲁迅之为人"勤慎恒学"。他的这些话，我也从姨夫身上有了深刻的感受。姨夫的这些讲话精神，后来他在台北时写的《鲁迅精神》《鲁迅和青年》《鲁迅的人格和思想》几篇文章中，都有了系统的更好的阐发。

我读过姨夫写的《鲁迅和青年》。他在文中讲到了爱护青年：一要生存，二要温饱，三要发展。当生存受到威胁时，要坚强地生存下来。他的这些谈话，又使我回想到1937年我在福州时，听郁达夫同我谈过，鲁迅营救被捕青年，每多托许寿裳为之进行。他举例说，1933年3月，陈赓在上海秘密治病而遭逮捕，由宋庆龄去营救。事先是由鲁迅请许寿裳通过陈仪等关系，探听到了陈被关押在南京卫戍司令部，才由宋庆龄先去南京探监，并得到了营救的。这些，姨夫自己从来不说，而社会上亦多不知道。

姨夫用鲁迅精神教育感染我

姨夫与鲁迅为35年之深交，而在鲁迅病逝到姨夫遇害的12年中，他对鲁迅学术思想和革命精神，做了极为深刻的研究。特别是在抗战胜利后，他以极大的努力，做了大量的工作。他不仅研究鲁迅，还在台湾一隅关切全国大事。香港办有一份《华商报》，他非常爱看。在李何林的文章中，也讲到他曾向一些进步人士索取过《华商报》。其实，据后来许涤新讲，此报是经常从香港向他投寄的，但也不是每一期都能收到；而他主动要看此报，则与他研究鲁迅的革命精神有关。

姨夫离开重庆东下宁沪，以至于台湾后，我一直没有再见到过他。但他写的文章，我在南京时，也还能看到。他对我，以我好学而加爱护。他经常告诫我：要持之以恒。回忆1944年春，浙江大学还在贵州遵义时，因为要出刊《校刊》，有吴文械教授，以后辈校友名义，托我转请他赐稿。当我向姨夫转达时，他就立即应允，并很快写出了《宋师平子先生留别求是书院诸生的八首诗》，由我转给浙大《校刊》登载；而他所写的手稿，我则要了回来，留作纪念了。这篇文章是赞佩宋平子先生讲学和治学的主张的："重个性，主自由，循循善诱"，"注重逻辑，沟通文理"，排斥空疏，摒弃烦琐，"务必实事求是，勿拘拘于新旧之别"。姨夫也是主张从孔子到孙中山的历史遗产要有选择地吸收的。

姨夫要求我"勤、慎、恒、学"，也指出了我的缺陷是勤奋不足，谨慎宜严，耐心欠够，所以学习的功底也较差。我在他引述宋平子先生的八首诗中更有感受，我对其中的"夜夜共谈心物理，朝朝同对质文书"两句，深感师道朴质诚恳，如同姨夫对我进行教育一样，我为之折服，并深深地感激他。今重读姨夫此文，他讲的是宋平子先生，却使我仿佛又见到了我的这位慈祥的姨夫和导师了。

姨夫爱护青年，诲人不倦。在我和他接触期间，我还不到30岁，感受还不甚深；而后来回想，则更深了。回忆1945年8月，姨夫有个侄女许世玮，从军由重庆东下，接管日军投降事宜，姨夫赠诗为别。其中有两句："须知善后多艰巨，莫自骄矜莫自轻。"告诫她妥善处理日本投降后复杂的善后事宜，防止和克服平素自以为是和态度轻率等缺点。这同样也是对我的教育，我也深有感受。

现在我虽已七十有六，进入了老年。但我还应当以"勤、慎、恒、学"，作为我此生的座右铭。

何期泪湿江南雨　又为斯民哭老翁

抗战胜利后，姨夫也曾想摆脱一些人对他的歧视和排斥，打算在南京觅屋安度晚年。我曾为他找了南京英威街一所四合院旧屋，但以破旧过甚，修理花费太大而未定租。

我同姨夫于1946年1月告别。当时我尚留重庆，到了6月才东下；而姨夫则于1月下旬偕同考选委员会首批人员还都。他到南京后即回上海与家人团聚，初无去台湾之打算。当年2月下旬，姨夫又从上海回到南京，仍在考选委员会供职。姨夫去台湾起因，是受陈仪之所请。陈仪早年留学日本，他与姨夫为同学、同乡和亲戚，并且友善。自从陈仪出任台湾行政长官后，深知台湾被日本侵占统治50多年，其"武士道"流毒较深，故陈仪主台，重教化、兴学校，从心理学上积极建设中国文化。他起初想聘请寿裳先生担任台湾大学校长，但这项任命须通过南京的教育部，未能通过，乃决心由台湾行政长官公署自办"台湾省编译馆"，由陈仪通过其驻南京办事处，以密电转告寿裳先生。1946年5月，姨夫先向考选委员会请了假回上海，于1946年6月下旬从上海飞抵台北。

许寿裳先生抵台后，积极延揽名家学者，成立了"台湾省编译馆"，展开文化拓荒的工作，深得台湾民心。即在台湾"二二八"事件中，亦不波及。寿裳先生亲自主持台湾的教科书编辑委员会，约请馆内外学者，展开了新教科书编纂工作。寿裳先生对此力主"要进化的，有互助精神的，又要为人民大众的"。他主张宣扬台湾、澎湖在中国历史上地理上是一个整体，并要突出海峡两岸应在政治、经济、文化上的统一性。他在推动台湾省文化拓荒工作的前进中，虽有许多困难，但也深感得心应手。他得到陈仪的大力支持，故亦以进展顺利和迅速而引以自慰。

在编译馆工作展开的同时，姨夫仍坚持了对于鲁迅革命精神的宣扬和学术研究。当他从上海飞抵台北时，已在宁沪写成《亡友鲁迅印象记》中的三则。全书共25则，大部分在台北陆续写成，于1947年秋由上海峨眉出版社印行。当他还在重庆的时候，曾经同我讲过，打算在晚年，一要写《鲁迅传》，二要写《蔡孑民传》。但后来去了台湾，大部分精力用在文化拓荒，蔡先生传记则无从着手。幸好1947年5月以后，卸任编译馆职务，乃有了时间撰写纪念鲁迅的多篇文章，而《亡友鲁迅印象记》，原是为撰写传记而形成基础资料的。所以，除了出版《印象记》之外，还先后撰写了《鲁迅的精神》《鲁迅和青年》《鲁迅的人格和思想》《鲁迅的避难生活》《鲁迅的游戏文章》等，并先后在台湾的刊物上发表。这些文章，连同过去在台湾以前写的作品，后由人民文学出版社结集为《我所认识的鲁迅》，于1952年6月出版发行。这两本著作算是《鲁迅传》的雏形吧！陈仪因"二二八"事件被指责治理台湾无能而丢了官，魏道明继任台湾省府主席后，即改组了行政公署。许老主持的台湾省编译馆，也就在裁撤之列。

令人特别注目的是，首先要裁撤的是编译馆这个机构。魏道明是1947年

5月15日飞抵台北的。他来自南京，5月16日即召开省府第一次政务会议，首先宣布裁掉台湾省编译馆。这说明魏道明还在南京的时候，其事已经为"中央"所确定了的。所以，在裁撤之前，并未告知馆长许寿裳。因而在许老的5月17日的日记中，记载了以下一段：

> 《新生报》及省府《公报》载：编译馆经昨日第一次政务会议议决撤销，事前毫无闻知，可怪。在我个人从此得卸仔肩，是可感谢的，在全馆是一个文化事业机关，骤然撤废，于台湾文化不能不说是损失。

从姨夫日记中也证实：裁撤编译馆事出突然。虽然他对此泰然处之，但从文化事业上考虑，突然撤废，也不无气愤。当时，有两位经他邀请来馆工作的章锐初、马孝炎先生，也感不平，他们赠诗寄意，向姨夫慰勉。姨夫随即答谢，赋怀四首：

一、难得陈公政见高，教从心理饷同胞。
　　只身孤箧飞蓬岛，故土新临气自豪。
二、外露为山才一篑，内潜掘井已多寻。
　　岂知江海横流日，坐看前功付陆沉。
三、去官唯觉一身轻，补读还期炳烛明。
　　自有胸中真乐在，浮云何碍太圜清。
四、二君词笔冠南州，况复公文智虑周。
　　毕竟交情真道义，不辞千里肯来游。

从这四首诗中的"岂知江海横流日"句，已可推揣姨夫在当时已看透了国民党政府的败局已定，至于他面向真理而坚持宣扬鲁迅精神和研究其学术思想的决心是要坚持到底的，所以他对一些人妄图要限制、拉拢和利用他的拙劣手段，只看作为"浮云"而已，无碍于既定决心。

魏道明在裁撤了编译馆之后，台湾大学聘姨夫为教授兼中文系主任，一是因为姨夫在知识界威望甚高，怕有震动；二是仍尽其拉拢之伎俩。姨夫却是一不离开台湾，二不改变主旨，我行我素，坚持真理，更积极地宣扬鲁迅的革命思想。

姨夫到台湾至遇害，先后也不过一年零八个月。但他在此短暂的时间内，做了大量工作，筹办并展开了编译馆的对台文化工作，写出了纪念鲁迅的许多篇文稿，先在杂志刊发，后集中出版著作，可以看出老人已经在与时间赛跑了，按他既定的主旨，努力实施。

姨夫许寿裳先生，一生宁静淡泊，为教育事业和学术研究，做出了巨大贡献。他为宣扬鲁迅精神，奋斗了12年。鲁迅和寿裳先生坚持真理的精神，永垂不朽！

1992年6月4日写于北京

许寿裳先生杂忆

沈家骏

许寿裳先生世居绍兴之甘溪。祖辈耕樵为业。封翁东辉公（讳栋），继其家业又另辟蹊径，以山区毛料、笋脯、茶叶远销西藏、青海等地，又从西北购得皮裘、药材到东南经销。东辉公持筹握算，极富才能，遂积有资财。东辉公自奉甚俭，而子女教育则不惜重金。为解决膝下求读有个好去处，从盛塘迁至绍兴县城内水澄巷，后又分居龙尾山。两处住宅皆系租赁。赵家畈住宅为铭伯、仲南、季茀三先生集资兴建。我最后一次去赵家畈是随先父母去容山襄坟顺道往访仲南伯。赵家畈住宅门前碧水交横，青山迤逦，身临其境，绿然盈眼，令人心旷神怡。时值清明，春意盎然，至今尚不淡忘。许宅为砖木结构，三进三间，有前庭中庭，花木扶疏，幽情恬适，三进南屋为当年先生所居。

东辉公自盛塘迁至城内水澄巷，后来与友人集资在水澄桥桥上坐东朝西开设怡升南货店，店址居高临下。怡升字号以后虽屡易其主，一直沿用。该店出售醉瓜鲞、醉刁鳜色香味俱佳，为绍兴人士所称道。

东辉公与吾祖鸿笙公交称莫逆，鸿笙公自闽辞篆归里，家住鲍家桥，彼此过从更密。

与沈氏姐妹联姻

40余年前检看先父仁山公遗物，发现大量先生致其岳祖荫亭公、岳父鸿笙公的书信并唱酬之作，知先生未成为东床快婿前，与沈氏祖辈已有文字交往。

先生于1900年10月18日与原配沈夫人淑晖结婚。淑晖姑母与先生同庚。是年夏，先生由绍郡中西学堂转学杭州求是书院肄业，未几，原配沈夫人病，先生数度返绍探望，返校后由淑晖姑母之妹慈晖姑母为之亲理汤药，精心看护，姊妹至爱。次年淑晖姑母逝世。

先生自1902年考取官费留日，常有信致岳家，并与慈晖姑母来鸿去雁，音问不绝。慈晖姑母生于闽之南平，初由鸿笙公课读，又入南平女校。娴雅温淑，通文翰，善治馔，正待字闺中。1909年4月，先生自日回国，在绍兴小憩。初夏，先生来岳家，着哆啰麻长衫，并已剪辫，就坐于祖母卧室闲谈，时慈晖姑母也在侧。8月，祖母七旬寿庆，先生来贺。寿庆以后，祖母在他俩在场时发问："倷俩愿结丝萝？"两人相对而笑，这实际也是喜中作乐的打趣话。夏历十月初三在绍兴完婚。先生与慈晖姑母相恋八年光景，两情缱绻，终成眷属。

为失书而嗟惜

先生与鲁迅先生一样都有书癖。鲁迅先生有书账可查，而且全部留存下来。然而，鲁迅先生藏书也不是平安无事，1944年作人先生有出卖鲁迅先生藏书之举，经许广平先生托人买下，才得保全。先生知有售书一举，也请宋紫佩先生转告作人先生"豫才与书生前相依为命，不宜出让"等语。先生所有的书籍，散佚居多。一次，我因收集先生生平事迹，去信问了世瑾兄（时为上海医学院卫生系教授），他回信说："四叔父赴日留学的情况，我均未详，我晚出生二十年，亲见过他在家中（指水澄巷与赵家畈两处）藏有历史、地理的日文书籍很多，其他英文著作也不少。"先生青年时期因为家中经济宽绰，长兄铭伯先生在晚清的度支部和北洋政府的盐务署工作，二兄仲南先生在山东的博山、莱阳、高苑等县任知事，作为兄长很关心幼弟的成长，毋须先生启齿，必以廉俸所得资助。又以原配淑晖姑母、继配慈晖姑母一是鸿笙公长女，一是幼女，妆奁颇丰，又有私蓄，足可应付。所藏既有善本，又有珍本，由于爱书成癖，以后独立工作，购书所费是日常主要支出之一。1927年移家嘉兴报忠埭与南门大街66号陶宅，两处所存书物，为日寇滥炸大火，化为灰烬。

先生所有的书籍，论数量不少于鲁迅先生。先生日记载："近年来东西南北，不遑宁处……"，曾有诗"……长安城固名何好，都是匆匆曾驻骖。"其书大都走一处，扃封一处，寄存一处，人事播迁，年久无着。先生晚年多一人行旅，全家人分散在五六处地方。曾有"无端唱出香山句，一夜乡心五处同"的诗句。乱离之世，亲人各处一方，一人的精力毕竟有限，特别是日寇侵华这几年损失巨大。1945年4月与世瑄姐去静石湾，时先生撰《章炳麟传》已完稿，喜形于色。但又说："先师章先生生平，自从在日本学《说文解字》开始，积有大量文字记载，可惜尽毁于战火，此书殚精竭虑写成。"言下对失书不胜嗟惜。类此的感叹是很多的。

在集邮的天地遨游

先生有集邮的爱好。藏邮耐人玩索。金属、木、纸，质地不同的邮品都有，范围广泛，遍及国内国外。他的邮品很多得之于鲁迅、沈钧儒（沈赠邮于许，许以奇石回赠于沈）、蔡元培、苏曼殊、郁达夫等朋友的馈赠。有的亲友有约在先，有邮票择优寄来。如范文澜在河北道尹公署工作，一次信中说："友人姜梅坞为西北筹边局科员，常自库伦来信，其邮票颇新，谨邮上数枚，或可备一格……"鲁迅在书信、日记中也多次记了赠邮票于先生。如1932年10月25日鲁迅先生致先生的信中载有："日耳曼邮票三枚附呈"，1932年11月3日，则载有："邮票已托内山夫人再存下，便中寄呈。顷得满邮一枚，便以附上。"在见面交付的为数更多。许广平先生说过："对于爱好集邮的人，他是尽力给予方便的，如对许寿裳先生就是一个很好的例子。"陈衡恪、寅恪兄弟也大力赞助。寅恪先生留欧时几乎每信必有邮票附来。赠邮票的还有不少及门俊彦，所以邮品宏富。这个高尚的情趣也影响先生的侄子世璿，世璿兄邮品见了也令人倾倒。不仅如此，世璿兄又影响其长女范瑾，范瑾原名勉文。30年代中期勉文在南京中央大学实验学校读高中，那时我读初中。在一次学校举办的学生成绩作业展览会中，勉文在雪耻楼（教学楼走廊）展出所藏部分邮票，观者途塞。当时中央大学校长罗家伦先生、教务长陈剑脩先生和我们实验学校的许本震主任，还有勉文的级任老师常任侠先生等看了以后，称赏不已。当先生发现我们也在集邮，偶尔以多余的邮票分赠与我们，但语重心长地说："不要在集邮活动中太花工夫，妨碍正经事体。"这是教育我们不要兴趣至上，成为畸趣，不然，势必影响学业。这话至今回忆，也值得今天集邮队伍中广大青年作为箴言。

铁划银钩　自出机杼

先生的启蒙者是长兄铭伯先生，初学写描红字，是日课之一。是铭伯先生亲自以朱笔写来。笔画由少到多，字体由简而复，从来不购买市肆中出售的现成木印单页描红纸。无间寒暑勤学苦练。铭伯先生本人也写得一手好字，时常面授学书心得。先生稍长，习颜、柳、欧、褚各家法帖，潜心潜意临摹，因此书学根底扎实。先生青年以后广搜墓志、阙铭、残石、拓片、封泥、碑帖。业余观察，乐此不疲。日久得其精髓，但不执着于一家一体求其形似，所谓"不甘俯仰古人"。在运笔、结体、笔势融会各家，自出新意，自有风貌，体现书艺上的个性。

一次，我将三希堂法帖的一册请益，先生即予指点，从三希堂的由来到帖中词义，如《石渠宝笈》是书名，类似一种图书目录，它是专门著录内府收藏的名迹，又如帖中有"张都大""鲍提举""吕提仓"……一一解说清楚；"都大"是官名，宋制有都大提举车马，是管理茶马贸易的事。"提举"是官职名，管理之意，宋时有提举常平仓。"左藏"是国库，宋初各州所贡赋，纳入左藏等等。对于学书时的身态，如头正、身直、臂开、肘起讲了许多要领。执笔讲了先生老友大书家沈尹默先生的"执笔五字法"，剖述"永"字八法和颜真卿八法颂，当场演示，极为生动。先生童年时受其两位兄长的影响，不令学作八股，长大轻功名利禄，因此对书坛中的清代读书人的主要书风馆阁体，也鄙弃之，说"不要追求呆滞刻板的书体"。

先生一生凡亲友门生求墨宝，必允其请。如公务、教学、著述忙时，积压书件，往往安排时间，宁可放弃休息。溽暑中午，操管立就，数幅之出，已大汗淋漓。生平喜庆婚丧的酬应，自撰诗文联句，然后执笔挥就，一气呵成。

1947年秋为世琯姊并为我赐书横批各一幅，又为张维教授以小楷书泥金扇面，字体篆隶同参，笔势刚柔相济，墨香纸润，令人爱不释手，我至今拱璧视之。

与鲁瑞太夫人

先生待鲁瑞太夫人如生母，太夫人也视同己出。1982年我与俞芳二姐闲谈，也谈到先生与太夫人的往事。俞二姐说："许先生砖塔胡同经常去的，与老太太（鲁瑞太夫人）聊天。我也见过许先生多次，即使有时候鲁迅先生不在家，许先生也要到老太太房内相见，闲谈一阵辞别。那时候我们见到许先生等长辈来了，我们小孩总是自觉地到外边院子里去玩。当鲁迅先生不在时，老太太有什么事都要我和许先生商量，即使事后的情况也要推心置腹地和许先生谈个仔细。有时有什么特殊的事情，或重要的事情，也要通知许先生来砖塔胡同，许先生对于老太太的嘱托，也是唯命是从，尽力办好托付的事。老太太总不止一次地和我们姐妹讲：'许先生是鲁迅先生的好朋友，情谊如同亲兄弟一样。'当时我们人还小，但听了至今还有很深的印象。"接着俞二姐沉痛而感慨地说："当许先生在台湾惨遭杀害，我得知后很震惊，感到这样的好人，死于非命，是很大的不幸。"

先生素来尊长爱幼。举个例子，1933年铭伯先生的夫人范漱卿老太太，我们称呼大伯母，时世璿兄侍母住于南京荷叶巷4号，例假先生来访，进门首先进入大伯母房内，笑容可掬地叫一声"大嫂"，然后闲话家常。于兄弟尤为肫笃，例假仲南伯也来欢聚，先生一见面即呼"二哥"，再问起居诸事，洋溢着手足深情。由于先生的榜样在先，影响了子侄辈、孙辈，对于长辈都极尽孝道，一堂怡怡，内外无间，可以说是继承了我们民族的传统美德。

爱读李慈铭的诗文

先生爱读李慈铭著作。因与慈铭的哲嗣璧臣先生是连襟，故李氏藏书、著述，恣所浏览。李慈铭所遗骈文、古文、诗集、乐府、杂说、日记等可以从容读过。1920年先生与蔡元培、沈曾植、傅增湘、李盛铎、缪荃孙诸先生等相与发起，以原本日记石印问世，涂改钩乙，悉存本来面目，以飨读者啕啕之望。日记先印孟学斋至荀学斋51册，14年后（1933年）又与蔡元培先生计议续印孟学斋以前的13册。先生对于《孟学斋古文内外篇》、《湖塘林馆骈体文钞》、《白华绛跗阁诗》初集、《杏花香雪斋诗》二集、《霞川花隐词》、《桃花圣余庵乐府》、《越缦堂日记》等，真是老不忘读。

先生最早是攻读史地的，以史学眼光看李慈铭的史笔，认为："越缦老人治史严谨，文存其实，如余杭杨乃武案，是晚清四大奇案之一，散见于文学笔记，社会传闻，人各执一说，唯独越缦老人在日记中所载较为信实，所谓志其实也。实之不存，史将焉属。"

铭心往事难忘却

先生在歌乐山考选委员会工作数年，有时世琯姐邀我同去静石湾。她带去经过烹调的菜肴，先生嗜食的饼饵、果品。见先生精神矍铄，谈笑娓娓，在谦和慈祥的气氛中如坐春风。

先生一般夜眠甚早，次日先鸡鸣而起，灯火相依，开始一天的工作。先生文思蕴藉，文章精醇爽利，前辈已言之甚多。平日体质素健，聪强少病。1940年暑假，世琛兄侍先生游峨眉，多不愿坐滑竿，从报国寺历经各景点如洪椿坪、洗象池，去猴子坡、蛇倒退，偶尔以滑竿代步，到达金顶一程在世璎兄坚请下复坐滑竿，体力充沛是同龄人所不可企及。

先生晚年除了教学、著述、学术研究，社会活动也较多。1943年2月在重庆出席宋庆龄寓邸的鲁迅纪念委员会，以后凡有鲁迅先生的纪念活动都参加了。应约从歌乐山入城。先生入城处理事务以后返回歌乐山，多次由先父通知我为先生预先购得车票，护送上车。有时也同车出行，我在小龙坎下车转沙坪坝，他老人家径去歌乐山。有一次清晨，距开车时间较长，我在七星岗、中一路一带漫步，见先生自黄家垭口中苏文化协会出来。又有一次见他从铜鼓台巷出来（邵力子先生住该处）。那时他入城下榻处我是不便问的，先父再三叮嘱只能在车站候车处等。

我最后一次见他是1945年冬初，先生嘱同去台湾行政长官公署驻渝办事处，先生前往会晤陈仪。他们老友相见，握手言欢，又从会客室进入别室。我即辞别。不料竟是最后一次相见。因先生于1946年1月由重庆飞南京，6月又从南京去上海飞台北。1948年2月18日深夜先生惨遭杀害，从此不复亲慈颜，聆謦欬。2月19日晨世璎兄告我先生被害，这如同晴天霹雳，我们震惊之余，彻骨椎心的悲痛。次日兆恒姐夫与世璎兄飞往台北料理善后。京沪各大报连日发布新闻，亲友闻悉莫不含哀饮泣，此后诔词挽幛如雪片飞来。如先生老友、著名词学家、金石与书法家乔大壮先生曾作《苏幕遮》一阕。词云："暖风吹，寒雨滴。白发花前，前路从头觅。昨夜铜龙鸣太急。窗外鱼天，一片惊涛碧。酒粼生，帘影隔。明日阴晴，不敢寻消息。壁上四弦曾裂帛，拨到无声，断了何人惜。"全词情真意切，既悼念死者，又谴责凶顽，字字沉痛，抒发郁结在心底的悲愤，憧憬未来的光明。

先生一生致力教育事业，文化科学事业，贡献巨大，特别对鲁迅研究事业尤著劳绩。回忆当年与长者的谈话和先生的教诲、见闻，写此短文追缅畴昔，不胜生死离索之感，先生的道德文章拙笔实在难以表襮于万一。

1992年4月

百年中國記憶
BAINIAN ZHONGGUO JIYI

第二辑

故旧追忆：谦冲慈祥，临事不苟

忆许季茀先生

高平叔

　　1929年秋，我的叔父高耀堂途经上海，乘轮直往武汉。他得知许季茀（寿裳）先生长驻中央研究院南京总院，不在驻沪办事处，叫我见到许先生时代致问候。他说：1912年初，中华民国在南京肇建，蔡孑民（元培）先生首创教育部，最先到部的是蒋竹庄（维乔）和黄绳之（世晖）两先生，接着便是他和许先生。他们是民元教育部最早的一批"部员"。教育部迁北京后，他和许先生又长期同事。由于许先生是前辈和长辈，我和他就开始熟悉起来。

　　1932年春，我去南京。有一次，和许先生长谈至深夜，谈到他任江西省教育厅长时，特别注意赣中先贤王临川（荆公）、曾南丰（巩）、黄分宁（山谷）、文庐陵（天祥）诸公的遗迹。他娓娓地讲述陶渊明任彭泽令、王勃写《滕王阁序》、朱熹主讲白鹿洞书院时的逸闻轶事。我少小离家，乡情隔膜，听来倍感亲切。许先生开玩笑说："你这个江西人所知江西事，毋乃太少！"

　　1934年夏，我在杭州。庄泽宣先生手创的广州中山大学教育研究所，成绩卓著，蜚声国内外，但该大学当局不甚重视，不肯增拨经费以扩充研究设施，庄愤而去职，改任浙江大学教育系主任。庄先生建议中央研究院与中山大学洽商，请其将该校教研所的设备及人员转移，供中研院增设一教育研究所。他要我向蔡先生转达此意。我先发一函，蔡复信说："庄泽宣先生所说中山大学教育研究所之图书设备，是无法转移者。中研院如欲添设此一研究所，必须自行设备，惟目前尚非其时耳。"（见《蔡元培全集》第6卷第417页）我回上海后，蔡先生作了详细解释，并且提到，早在1930年左右，中研院即拟增设教育研究所，由许季茀先生筹划，因财政部不允增列预算而未果。当时，蔡先生颇为怅惘地说：教研所如已增设，那就不会让季茀先生离开中研院了！

1943年底，我离渝赴美前夕，与翁咏霓（文灏）先生临别长谈，谈到丁在君（文江）先生。丁是杰出的科学家，又是行政能力极强的事业家。杨杏佛（铨）先生被刺后，蔡先生竭力敦请丁继任中研院的总干事。丁坚持必须改任一个随他工作多年的熟人为文书处主任，作为他的副手。蔡先生不得不忍痛同意许先生辞让文书主任之职，离宁北上，改就北平大学女子文理学院院长。翁与丁是毕生知交，但认为丁在这件事上固执过甚；而对蔡先生求贤若渴的精神与许先生顾全大局的气度，则连声赞佩。1948年夏，我在纽约得悉许先生的噩耗，当时曾想，如果许先生不曾离开中央研究院，也许不致遭此毒手。

不久前，见到许先生哲嗣世瑛教授所撰《许寿裳年谱》（见《绍兴文史资料选辑》第7辑），写道：1899年，许先生"入绍兴中西学堂肄业"。若然，他应是蔡先生任该学堂总理时的门生（1898年冬至1900年秋，蔡先生担任绍郡中西学堂、旋改名绍兴府学堂的总理）。但这份年谱又说：许先生转入杭州求是书院之后的1901年，始因宋平子介绍，"得识蔡子民（元培）先生"。固然，许先生多次担任蔡先生的重要助手（先后随蔡任民元教育部科长、北京大学讲师、大学院秘书长、中央研究院文书处主任），深受蔡的器重和信任。但是，许写给蔡先生的信，都和未曾直接受业于蔡、而以晚辈自居的鲁迅（周树人）、马夷初（叙伦）诸先生相同，称蔡为"孑民先生"，自称"后学许寿裳敬上"，完全不像曾经受业于蔡的蒋孟邻（梦麟）、黄任之（炎培）、邵力子（闻泰）、李叔同（弘一法师）、柳亚子诸先生那样，称蔡为"孑师"或"夫子大人"，自称"受业"或"学生"。因此，许先生是否在1899年肄业于绍郡中西学堂，希望许先生哲嗣世瑮教授作进一步的考证。

1991年12月27日

许季茀先生的追忆

杨云萍

一

台湾光复，游弥坚先生设立"台湾文化协进会"，创刊《台湾文化》月刊、《内外要闻》旬刊，由我主编。协进会办公的地点在台北市中山堂三楼。有一天，洪炎秋先生突然来访，说许寿裳（季茀）先生要和我见面。季茀先生的大名，在光复前我就已知道。就约在南海路"台湾省参议会"（日据时期的教育会馆）拜会。

当时（民国35年）许先生主持的"台湾省编译馆"，找不到适当的办公地方，因参议会秘书长连震东先生的好意，借得参议会的几间房子。

我们一见如旧，寿裳先生的开明的见解，和蔼然长者的风度，给我很深的印象。他详细说明"编译馆"的目的、规模以及人员的待遇（例如：编纂等于大学教授，编审等于副教授，编辑等于讲师，而组主任等于大学的系主任……）。他说在北京时，已经看过我的中日文著作，要我参加"编译馆"。看到我的名片，知道我是"台湾省行政长官公署参议"，又说可以兼任。对于他老先生的热情和诚恳，我立即答应。

二

连震东先生在一篇大文（《追忆许寿裳先生》，载《中外文化》）谓："当时的台湾省行政长官公署，拟纂修《台湾省通志》，以存文献，并成立文献委员会，以董其事，聘请许寿裳先生来台负责筹备，"云云，与事实颇有出入。

许先生来台负责筹备的，是"编译馆"，不是"文献委员会"。"编译馆"里虽然有"台湾研究组"，但没有纂修《台湾省通志》的计划，更不是为《通志》而设。我们计划研究台湾的先史、历史、社会、民俗以及原住民的文化，和校刊、影印有关台湾的希见资料。其他有"学校教本组""社会读物组"和"名著翻译组"。当时"编译馆"的目标很大、很高，计划不仅仅为台湾一地方编辑、翻译，或作研究，而是要为整个中国。例如编出来的"学校教本"，是计划要供全国采用的。

许馆长和"长官公署"当局，认为台湾的条件好，环境安定，人才亦多（来台的专家不少），各种印刷的设备和技术也比大陆内地进步。曾预定"台湾总督府"的二楼作"编译馆"之用，可知道其规模之大（现在，或有人不相信）。这些事情，昙花一现，现在知道的人已经不多。可是，后来的人们，一定会给与一郑重的评价。

至于上文连先生所提到的"文献委员会"，乃是成立于民国38年8月，距许先生逝世，已经过了一年六个月，根本和寿裳先生没有关系。"文献会"的前身"台湾省通志馆"，亦和先生没有关系。

当时，我任编译馆的编纂，兼台湾研究组主任。后来任通志馆的委员，为《台湾省通志》定体例。"通志馆"改组为"台湾省文献委员会"时，我又任委员。故知之较确实。

三

在这里要特别一提的，就是留用日本人的问题。台湾光复，当局把日本人遣送回日本。但有不少的日本人，希望留在台湾工作。事实上，有些工作我们也需要日本人继续管理或完成。不过，某一件事，需要或不需要留下日本人工作，是不容易决定的。

"编译馆"留用三位日本人，都由我推荐，而由许馆长决定的。一位是台北帝国大学的浅井惠伦教授。他是语言学者，多年来研究台湾和南洋原住民族的语言。一位是国分直一先生，研究台湾先史学。一位是立石铁臣先生，画家。这些日人的"专门"，相当"特殊"，所以寿裳先生决定留用他们。日本人对于留用的事情，后来多讳言之。对日本人来说，这不是一件光荣的事。从这里，我们也可以窥见许先生对于学术的想法。他又看得远。

四

民国36年5月，因"行政长官公署"的改组，"编译馆"亦随之改组，甚至可以说等于解散。大部分同人都另觅得安身的地方。因为多是各有本事的。寿裳先生受国立台湾大学礼聘，担任中国文学系主任。因先生极力推荐，我也受聘为台大历史学系教授。这对于我后半生，有决定性的影响。他是我的恩人。

台湾大学中国文学系的办公室、研究室和历史学系的办公室、研究室，都在文学院大楼的二楼。中文系在北侧，历史系在南侧。和先生常在他的办公室见面。一段时期，因考证沈斯庵的事迹，更常见面。他老人家对同乡沈氏的事迹的研讨，特别倾其热情。我谈到我的《鲒埼亭集校勘记》时，他很高兴（全祖望撰，里面有沈斯庵的资料。后来，我得到"国家科学委员会"的补助，完成初稿）。

和寿裳先生最后的一面，是在文学院大楼二楼的走廊上。记得那天，彼此有点忙，说几句话，就匆匆离开。真万没想到，此次匆匆见面，竟是最后的一面。

今年是他老人家百岁冥寿（1882—1981年），逝世33周年（1948—1981年），时间过得梦般的快，哲人一去，去得何其遥远！

辛酉年8月30日稿

91

追忆许寿裳先生

连震东

许寿裳先生，是一位长者，也是一位儒者，道德文章，素所钦敬。我与之认识，与台湾的文献有关。

民国35年，当台湾光复之初，百废待举。台湾沉沦异族统治，历50年，其文献史料，甚多湮灭，搜求整理，也是刻不容缓之事。故当时的台湾省行政长官公署，拟纂修台湾省通志，以存文献，并成立文献委员会，以董其事。聘请许寿裳先生来台负责筹备。当时的台北，甫经光复，公廨残破，一时竟难觅得适当场所为文献委员会办公厅舍。当时我正担任台湾省参议会秘书长，省参议会设在台北市南海路，便是后日作为美国新闻处的所在，房屋较为完整宽敞，除集会外，平时办公人员不多，因此同意让出一部分房屋，暂借文献委员会使用。两个机关，在一个门内进出办公，碰面机会特多。这是我与许先生认识之始。其后每有余暇，恒至其办公室请益。对许先生之为学、治事，以及处事之道，有更深一层的认识，益增我对其钦敬之心。

某次，偶与之言及先君《台湾通史》一事，曾忆约在民国13年间，党国元老张溥泉先生贻函先君云：章太炎先生将为《台湾通史》作序。然终先君之世，始终未见此文。许先生随太炎先生久，因之就询许先生。据云确有此事，此文业已收入《章氏丛书三编·太炎文录续编》卷二下。越数日，果将太炎先生之《台湾通史序》钞录见贻。其后《台湾通史》在台再版，方载入章序。

许先生逝世，迄今已30余年，回忆前事，犹宛在目。今当许先生九九冥诞，爰述此事，用为纪念。

1981年新春于台北

仁厚长者许寿裳先生

郑士镕

阅报惊悉许寿裳先生在台北寓所惨遭凶杀，悼念仁厚长者，不禁悲从中来，复兴今世何世之感！

笔者识许先生为时甚暂，前岁在台服务，先生适以陈长官公洽先生之邀，至台主持编译馆务，因获机缘，时亲教益，对先生之治学为人，遂不觉其日增钦敬。

先生赴台之前，素事教育工作，历任女子师范大学校长等职，春风桃李，遍布天下。尝闻民国初年，先生与周树人先生同任教部佥事，并在男女两师范大学兼任教席。其后女师横遭解散，先生激于正义，公开发表宣言抗议，而先生亦以此弃绝仕途，专心教育。凡所熏陶，无不期以励品敦行，卓然有以自见。而受教者之爱戴先生，亦俱历久勿替。此所以学界人士皆尊先生为前辈也。

比至台湾，先生主持编译馆务，煞费苦心，尝谓愿尽最大努力，罗致国内专家，开拓台省编译工作。未及一年，经先生之锐意擘画，所译西文名著，已有《莪默诗译》（波斯·莪默）、《我的学校生活》（旧俄·亚克沙科夫）、《鸟与兽》（英·哈德生）、《四季随笔》（英·吉辛）等书。对台湾研究方面，先生计划编译《过去日人在台湾之科学活动及其成绩》《台湾昆虫志》《高山族语言集成》《台湾先史时代之研究》《台湾民俗研究》《台湾通志》《台湾府县志艺文志索引》《小琉球漫志》等书，且已分聘专家，着手译述。复编《光复文库》，第一期书目中有《台湾三百年史》《刘铭传与台湾》《中国通史论》《中国发明史略》《三民主义浅说》《鲁迅及其阿Q正传》等；先生且自为《文库》写就《怎样学习国语和国文》一书，以期有助于台胞之学习语文。倘使环境许可，以先生之工作精神，领导编译人员，必能为台湾甚至中国之学术文化，多所贡献。后因台湾省府改组，编译馆奉令撤销，先生遂转入台湾大学，重度教授生涯。

先生居常淡泊宁静，与世无争，虽以怀旧情深，喜作有关鲁迅文字，然与实际政治可谓绝无因缘。而先生年逾六旬，须发全斑，待人接物，和蔼可亲，生无仇家，可以断言。且终生清苦，身无长物，破书残籍，亦不足以启匪徒觊觎之心。然今忽遭残害，究何故耶？先生在天有灵，能知之否？

世乱日深，魔爪四布，先生一生忠厚，竟亦身受此厄！岂必杀尽天下无辜，始足以餍彼恶魔之凶欲乎？走笔至此，不仅为先生痛恒，亦为民族前途放声一哭也！

1948年2月

追念许寿裳先生

憬　之

一个慈祥的老人就这样死于非命了！一个比较开明的学者也不能融入黑暗统治着的地方了！昨天得到许寿裳先生的噩耗，我由感慨而愤恨。是谁下的毒手！是谁闯进人家的寓所里杀人！

旅台期间，得认识许先生，而且曾在他领导之下工作，在我是唯一值得纪念的事。

前年赴台　长编译馆

许先生是在前年6月应陈仪之邀到台湾去的。陈仪是他留日时的同学，私人感情很好。据许先生的看法，陈仪对文化事业还算热心。想来即因此故，他乐意到台湾去主持一个编译馆，打算做一个台湾文化的开拓者。他是单枪匹马去的，为了邀约工作人员，就忙了个把月，信函和电稿都亲自动笔。8月编译馆正式成立，但人手不够，书籍缺乏，到一切就绪的时候，已经是年底了。

许先生做事是丝毫不苟的，什么都要定好办法，定好计划，按部就班，循序渐进。有人指摘编译馆没有成绩，迟迟没有拿出货色来；但他置之不理，认为文化工作不是一朝一夕的事，粗制滥造是要不得的。不计毁誉，埋头苦干，凭着一颗良心，献身于文化教育事业，据说是他一向的精神。

谦逊真诚　不分等级

馆里好些同事都不称他馆长，而称他许先生，和他关系较深的，则称他季老（他的别号叫季茀），都为的表示特别尊敬。他60多岁了，须发皆白，但由于平素注重卫生，所以精神饱满，走起路来没有一点老态，衣服相当讲究，彬彬有礼，谦逊出于真诚。他从没有摆过主管的架子，有事和同事商量，往往走到人家的身边来谈；他反对一般人沿用日本的名字，叫女工做下女，他说女工也是人，也有人格，而且自食其力，何以叫她们为下女？他屡次劝告大家要打成一片，不应分等级，隐隐教训了一二有官僚气的同事。他拘谨，他每天按时办公，染着小病也依然到馆；一纸一笔绝不肯浪费，有一次在谈话会上教大家怎样用毛笔用得省。他好心，他关切着每一个同事的生活，宿舍和家具都由馆里配给，让大家住得舒舒服服。每天傍晚交通车要把同事载回的时候，他差不多总走到车门前来"拉夫"，找几位同事坐他的小包车，使交通车里不致太拥挤。他的作风换取了全体同事的敬仰。他敬佩蔡元培，常常提起"蔡先生"，所以好些同事都改口称他"许先生"。

编译馆的中心工作是中小学教材的编辑。他对大家提示了编辑的原则，一共有三点：一是大众的，一是科学的，还有一点我忘记了，后来大家就把这三点称为"三原则"。记得他当时着力发挥了第一点，那时是所谓"中华民国宪法"刚出版的时候，所以他就从"宪法"讲起。他说，宪法的第一条，一共有了六个民字，这当然很不错，但目前的社会还是个贫富悬殊的社会，离真正的民主还有十万八千里，所以今日的教育要灌输民主的思想，学校教育必定要表现民主的精神。

正义凛然　营救同人

许先生所编定的编译计划还刚开了个头，"二二八"事变就发生了。靠了一个台籍女打字员的几句话，劝阻了暴动群众的捣乱，编译馆没有损失。事隔一月，到了"三二八"，馆里才发生事故，两个同事被捕了，特务拿了公禀来要人，当时许先生颇不镇定，他为这两个同事担忧。过了几天，举行纪念周时，许先生报告了同事被捕的经过和他营救的情形，并直斥特务的罪恶。会后同事们都敬仰许先生的正义感，同时认为这样的一番话唯有许先生敢说，因为他的地位（学者地位）高，年纪大。那两个被捕者后来怎样呢？一则由于嫌疑轻到不能再轻，一则由于许先生的连日奔走，先后可以保释了。一接到通知，许先生便连忙办手续，派自己的车子把人接回来，用许先生的话是"迎回来"。

不事逢迎　泰然离职

这时陈仪的地位已岌岌可危，某人某人到台主政的传说已多得很，同时外间对编译馆的攻击也乘时勃发：陈仪因人设事啦，经费太多啦，没有成绩啦，思想有问题啦，不一而足。这情形许先生当然是知道的，但他依然置之不理，劝告同事安心工作，赶快做。由于他的精神感召，在风雨飘摇、人心焕散的局面中，编译馆居然保持着正常状态，可惜这个带有开明风气的学术机关的命运已在这时被决定了。

5月中，魏道明主台的消息发表了，新任秘书长徐道邻曾与许先生三次共事的，早就到了台湾，但许先生没有去看他，人家问他打算怎样，他的答复是"听其自然"。到魏道明到台湾的第二天，报章上刊出了编译馆撤销的消息，而许先生竟也在看报之后才知道这回事。

许先生泰然离职，不以为意，在话别会中，他表示将尽其余年，以服务于文化教育。9月间，他接了台湾大学的聘书，担任中文系主任，但功课都由文学院长钱歌川排定，他只担任了每周两小时的文字学。他的生活，由10个月来对编译馆的苦心策划，鞠躬尽瘁，转而差不多处于退休状态了。他的寓所很不错，两幢日本式的平房，门前有几株高大的椰树，四面种些花草，清雅素朴。他住了前面的一幢，小客厅、书室、寝室、洗澡间，布置得很舒齐。台湾地方出名的清静，老人家享受享受，当然不算过分。他自己能想到在静夜酣睡的时候，有人闯进来把柴刀架在他的头上吗？我们能想到，这样一幢房子里，白天还看得到一个老人的影子，到晚上就发生了这样的惨剧吗？

把鲁迅精神带到了台湾

许先生是鲁迅先生的知友，他要把鲁迅先生的灵魂带到台湾，他一连写了七八篇讲鲁迅先生的文字，后来辑为《鲁迅的思想和生活》一书。在他的影响之下，鲁迅作品的日文对照本陆续出现。这被封锁着的文化荒岛，竟被鲁迅先生袭入了。台湾青年至少知道中国有鲁迅先生其人，当然有一部分更略知鲁迅先生的人格和思想。两个月前，台湾各报外勤记者联谊会请许先生演讲，讲的也是鲁迅先生，他仿佛是为了介绍鲁迅先生而到台湾去似的。差不多同时，台湾文化协进会举办新文艺讲座，讲题和主讲者都是许先生拟定和约请的，虽然他并不是文协会的主持人。在台湾，许先生是唯一的文化界前辈，他待人又如此诚恳，譬如北辰，居其所而中心拱之，就是必然的道理了。

这几个月来，时局的发展是如此急迫，就是在反动的报纸上也可以看出多少消息。许先生近来对于时局显得特别关心，他偶或可以看到香港的杂志和报纸，当然更感兴趣。我几次去看他，他都提起时局的问题。正月初二我去拜年，他把《大公报》上子冈一篇《北平通讯》指给我看，原来里面比较详细地介绍了司徒雷登对燕大学生说的一段话，大意是在金融紊乱，经济破产的情况下，战事不会打得久（编者按：这是司徒雷登发动所谓"和谈"的第一炮，企图让蒋军有喘息的时间，以便美国军火大量援蒋的阴谋）。许先生颇不了解司徒雷登为什么这样说，心中自然渴望着该垮的早一点垮，战争早一点结束。一个66岁的老人，余年不会有多少，想来一定加倍渴望看到一个完整的新中国，这种心情，我们年轻人恐怕不易想象。谁下的毒手，使这位慈祥的老人只差这么一段短短的时间，就不能在一个全新的祖国里，到处受尊敬！

1948年2月

许寿裳先生之死

姚　隼

一

2月19日的清早，一个惊人的噩讯被传开来："国立"台湾大学中国文学系主任、66岁的老作家季茀许寿裳先生，在昨天晚上被杀惨死。这一个不幸的消息，震动了整个台湾，也震动了全中国！

季茀老先生是在18日深夜被杀死在卧室的床上的，死的情形很惨。他的右下颚被人用柴刀连砍了四刀，肉花绽露，脖子几乎分断，仅仅有点皮牵连着。帐子上和地下的"榻榻米"席上，到处溅洒着血花，床前有柴刀一把，刀上血迹殷红，那是凶手遗弃的凶器。隔壁书房里写字台上的桌灯被移放地上，仍然亮着，房内的书报物件，被抄得异常凌乱，凶手并且带走皮箱一只，那里面装着季茀先生夏季的西装三套。

这一位文学家老前辈的惨死消息，使得所有的人都异常惊骇。台湾省的治安当局、司法当局和许多文化教育界人士，以及季茀先生生前的友好，都赶到许家检视，并且吊唁。正在南巡途中的国府孙哲生副主席和省府魏伯聪主席，接到了这不幸的报告时，也异常重视。即饬随行的台省警备司令彭孟

101

缉赶回台北，限期破案。

杀季荈先生的凶手是谁？有什么不共戴天的仇恨？竟忍心下这样的毒手？正如台大全体教职员献在季荈先生灵前的挽联上所写的：

> 杀先生者谁，无冤无仇，遽使含冤归地下；
> 是后死人责，司稽司虣，定教昭雪慰灵前。

季荈先生的寓所，在台北市和平东路青田街6号，这是一幢日本式的房子。他的卧室、书房、会客室、厨房、浴室、下女房是连接在一块的；当中隔着一个花园，在花园的对面，另外有两间房子，那是他最小的爱女四小姐世玮住的——她是台大农学院二年级的走读生；季荈先生的长子世瑛，也在台湾师范学院担任副教授，他是住在学校的宿舍里的。住在他们家里的，还有一个17岁和一个18岁的两个下女。

季荈先生平日的生活很有规律，除了到学校上课以外，很少出去。他每天在晚上八九时以前入睡，经常在下半夜3时醒来，就在书房中辛勤地写作。在他每晚睡觉以前，必定把所有的房门上锁，并且把电灯也全部熄灭。

在这个惨案发生之前，季荈先生曾经两次失窃，他曾经记在日记上：

> 六日 上午至校，嘱周家风去领薪（上月加成补）二万四千余元，我因正在校稿，先置皮箱旁，及校毕，至厕所小便，将款暂搁抽斗，下楼去及回室洗手，家风亦入，我检抽斗，此款已失，为时仅两分钟，极可骇怪……
>
> 十三日 夜雨。访似颜。徐行健来，赠板鸭及胡桃。静山来，建功来，夜九时半入睡，十时后晨三时前窃贼入室，盗去富士牌照"4965"号克罗米色黄马来胎28寸新男车一辆，车衣胎黄色，

新男皮鞋一双，盗系由炊所隐入（炊门想女工未拴），即开玄关门，推取隔室所置脚踏车（未下锁），并将电灯总开关取下，在玄关鞋箱中选新鞋一双，客室衣架雨衣未取，而将下面黑布伞取去，玄关次日下午六时始发现，即叫陈耀强报警，并由警局派员来查勘一番。

这些被偷的东西虽然不算多，但是以季茀先生这么一个穷文化人，一生刻苦，除了收藏有价值的文学书籍以外，这些也就不容易了。听说在季茀先生惨死以后，家中只剩台币1000多元。

在18日晚上，季茀先生按照往日的习惯，9点多钟就入睡了，整晚上，他的女儿和下女都没有听到什么动静，一直到了19日上午6点多钟，季茀先生还没有打开卧室的房门，下女觉得有点怪异，便告诉世玮小姐，推开房门一看，季茀先生却已卧在血泊之中……

二

季茀先生今年66岁，浙江绍兴人，和鲁迅先生同乡，也是鲁迅先生生平的好友。他是日本高等师范学校毕业，在日本时，曾经问学于章太炎先生，历任北京大学、北京高等师范教员，北京女子高等师范校长，女子大学教授兼教务长，北平大学女子文理学院教授兼院长，西北联合大学教授兼院长，中山大学教授，华西大学国学讲座教授，教育部参事，江西省教育厅长，大学院参事秘书长，考试院专门委员，中央研究院文书处主任……

他来台湾，是应前台省行政长官陈仪之请，主持编译馆，对于光复以后的台湾文化启蒙工作，曾经尽了最大的努力。长官公署改制后编译馆裁撤，他就受聘为台大教授兼中国文学系主任。

季茀先生性耿直，做事认真，记得去年"二二八"事件发生时，他不听人家的劝告，仍然到编译馆去上班，与同人共患难。

他的夫人陶伯勤，今年56岁，住在上海，除长子世瑛外，次子世琛，任上海第一屠宰场场长；长女世琯，已出嫁；次女世场，在中信局服务；三女世瑛，在中央卫生试验所服务；四女世玮，在台大农学院就学。

季茀先生的重要著作，有《中国文字学》《历代考试制度述要》《周官研究》《传记研究》《俞樾传》《越缦堂日记选注释》《周树人传》，以及《鲁迅生活与思想》，最近才在台湾出版。

三

22日下午2时——距离惨案发生后三天又一夜，杀害季茀先生的凶手被抓到了。

凶手高万侔，台北县人，今年才22岁，从前季茀先生当编译馆长时，在馆里当过工役，曾经在许宅当过花匠，在"二二八"事件发生时，他被派看守许家房子，交给他钥匙一把，没有缴还，编译馆裁撤以后，季茀先生还介绍他到另外一个机关里做事，不久以前才离职，他骗家里仍然在办公，其实却在外边到处偷人东西；偷许老先生的钱是他，偷脚踏车的也是他，最后偷皮箱杀死季茀先生的也就是他。

在18日晚上8时左右，他从许家后门偷进院子里，那时季茀先生和世玮小姐还没有睡，他就躲在暗角里等了两个钟头，等他们都睡了，才偷进客所里，坐了半个钟头，再设法走进卧室，可是进去之后，却被季茀先生发觉了，拿手电筒照着他，于是他便下了狠心，用随身带着的柴刀，一刀砍了过去（季茀先生可能当时就昏厥过去）……后来他又接连砍了几刀，然后从容地在书房里开了电灯，搜索财物，带了皮箱，从后门走掉了。

这年轻的凶手，竟是那么的凶残，又是那么的愚昧无知，他以为杀了季茀先生，是无关轻重的，他换掉了血衣，安置好了赃物之后，第二天，他又装得没事人似的，再到许家来探听情形，当人们在验视季茀先生的遗体时，他也在场，第三天他又来。据他在被捕以后说：后来他看到季茀先生的遗体时，才觉得他死得太惨了，感觉到许老先生平日对自己不坏，不应该下那样的毒手杀死他。同时，他看到了门口停了那么多汽车，来了那么多人，才知道季茀先生原来还是一位大有名望的人，心里才感到有点慌了。在他被捕的那一天，他说已经买好了火车票想逃的，可是却老觉得许老先生一直在跟着他，结果他是在台湾大学附近被抓到的，这大概是他的良心在责备着自己吧！

四

季茀先生的遗体，已经于23日上午10时6分举行火葬，他的家属打算将骨灰运回大陆，可能和他生前的挚友鲁迅先生合葬在上海万国公墓里，或者附葬在绍兴祖茔。

季茀先生的死，在中国文学界是一个无可补偿的损失，我们应该如何去接续他的工作，去弥补这个缺憾？

1948年3月1日

许寿裳先生在台湾

贺　霖

　　以66岁的高龄，须发皆白的许寿裳先生，于中华民国37年2月18日深夜，在台北市寓所的床上，被人暗杀了！破案的经过已见全国各地报载，凶手能在右颈部一处连砍数刀，足证事前死者并未惊醒，亦未能有所闪躲或抵抗，是在睡梦中被人砍杀！凶手是蓄意杀人而来，"图财害命"的目的是达到了，但所得衣物不过当得台币数万元；现在他还得为这个数目付出自己的生命，他似乎是颇为可怜了，然而他也并非没有人性：他被带到许先生的灵前，居然放声大哭，说："许老先生，我对不起你，我错杀你了。"是良心发现呢？还是想减轻罪过？但他知道许先生在编译馆时代待他并不坏，他也并不是被许先生革职的，像有些报纸所登载。据编译馆的后身"编审委员会"的人说，他在杀许先生约20天以前方才"辞职"，原因是"另有高就"，同时还在一个夜学校里读着高级班，可见他不是因为失业而"图财害命"，哪知结果也害了自己了。"杀人偿命"，理所当然；"移交法院，处以极刑"，大约是无问题罢？但是"一个凶狠残酷的生命，怎能抵偿一位淳厚慈爱的学者！这损失已非杀掉凶手可以补偿，这惨痛的血案给予人们是些什么教训？"（见2月25日《上海大公报》）这教训是：杀死许先生的直接是这个凶手，间接则是产生这凶手的不良社会：许先生是被这个不良社会杀死了！我们怎样才能对得住死者？怎样才能使今后无数的许先生，中华民族的优秀儿女，不再被惨杀呢！

我在来台湾以前，虽然已久仰许先生的为人，并且读了他的不少文章，但和许先生并不相识，即书信往来亦未曾有。自到编译馆后一年多以来，才得时常晤教，遂益钦仰许先生的公私为人及其研读写作的精神。兹谨就记忆所及拉杂写下，以介绍予悼念许先生的诸位读者。

"台湾省编译馆"直隶于前行政长官公署，自民国35年6月24日许先生莅台开始筹备起，到36年5月15日新的省政府成立，第一次会议决议裁撤止，共存在还不到一年的时间。"编译馆初创的时候，真可以算得赤手空拳，一无凭借：许先生是只身来台的，所谓筹备即是许先生唱独角戏。他常常说：他那时做的是一个书记的工作，办稿、写信、抄电报，甚至贴邮票都是一个人作"（耐烦先生作《记省编译馆二三事》，刊《台湾文化》第2卷第7期），所以开始的三四个月大部分时间都用在人员的约聘和一切准备工作上，到11月间，人员差不多齐了，编译工作才积极推行，许先生预定要到36年七八月间完成全部中小学教科书及教授参考书，以适应光复后的台湾中小学的特殊需要。他在一次纪念周上向全体同人着重地宣布："我们编教科书须要有进化的思想，不能复古，不能开倒车；须要有自由平等民主的思想，以人民利益为出发点。"（大意）在他说这话后的不久，上海《大公报》上发表了一篇"专论"或"星期论文"，题目和作者我现在都记不清楚了，内容是严厉地批评国内已出中小学教科书的落后，倒退和违反民主的精神。许先生把它剪下来，批送"同人传观，以供参考。"可惜许先生所希望的那一套教科书，因编译馆的被裁，半途而废了。

编译馆除"教材编辑组"外，还设有"社会读物""名著编译""台湾研究"三组，都是为着适应台湾这个新环境而进行的工作，到被裁撤为止，已出版《光复文库》及世界名著约10种，其他在一二月内即可完稿者尚约有10余种之多，其间因"二二八"事变关系还停止工作约一个月，在短短数月期间，竟能有如此成绩，实在是由于许先生的领导有方，办事认真的结果。

许先生每天除"因公外出"外，在规定的办公时间，你总可以看见他坐在办公室里，苍然白发，伏案写作，或批办公事，或阅读书稿。准时进退，毫不因为自己是馆长可以迟到早退，却要别人准时办公；恰好相反，许先生倒允许编纂人员在家中写作，不必来馆签到，说：多人共处一室，不如家中安静。同人遇有经济困难时，预支薪津，无不照准，甚至有预借一二月者。政府每月配售同人糙米，从代领代碾到运送到同人家中，许先生均请馆内庶务同人代办，以免数十同人费时费力费钱。"二二八"事变期间，同人不敢外出，有缺钱无米者，许先生则派本省籍员工给同人送钱送米，凡此小事，均可见许先生处处体谅他人，时时为人谋方便谋福利的仁爱宽厚胸怀，对馆内同人如此，对工友如此，对他人亦无不如此。故噩耗传出，全国震惊，凡曾与许先生有来往者，无不愤痛哀惋于此一和蔼慈爱的善良老人之惨遭杀害！

馆中的人事，最足以表示其特色，许先生是一个私人也没有的，在行政方面，他是绝时公开；在学术方面，他是听任自由。事务、会计、出纳等部分的人员，都和许先生素不相识。编纂编审等则很多是因为受许先生的邀约，才肯远道而来，而许先生则兼容并包，不偏不倚，人比之为蔡孑民先生长北京大学时代的作风，这该是很适切的。

的确，许先生相处最久而影响最深的，蔡孑民先生当是其一，另外一位便是鲁迅先生。许先生桃李很多，他写信时，总书称吾兄，有时或称先生，从不称学弟、吾弟等，他说蔡先生和鲁迅先生都是如此。也有人说称先生未免过当，许先生回答说：学生的学问，当然要比先生好，如果不如先生，世界岂可进步？既胜于先生，则为何不可称先生？

在馆中，如果有人写一个签呈给先生，在具名上加一个职字，他就会把那职字圈掉，他即使是一位最低级的职员，也以先生相称，从不直呼其名。对女性工役则只许称女工，不准叫下女；他说，下女的名称，在日本也早已禁止了。

这种民主化的作风，更可举一件小事为例：在编译馆解散的时候，拍了一张惜别纪念的团体照，原在第一排排了几张椅子，可是许先生却吩咐取消了。结果女同事和女工杂排在第一列，许先生自己站在第二列，男工也站在职员队中一同照相，这种方式的团体照，恐怕难得有几张吧？

还有两件事情，许先生也在馆中树下了良好的楷模：一是准时办公，他从没有说过要大家准时办公，但他自己总是按时进退，大家也就不便躲懒了。二是绝对的廉洁，即如寄信的邮票，凡私人的信，许先生总是自己出钱买邮票贴，这些事似乎是常情，但现在这个时代，例外变了常情，常情反而成为稀罕了。

许先生是一个最精细的人，他的记忆力之强尤为人所不逮。凡是读过《亡友鲁迅印象记》的人，谁能不赞叹他的精详剀切，纤细靡遗？因此许先生对于同人的研究工作，虽然悉听自由，但是在形式方面，却异常注重。馆中出版的书刊，他不允许有一个错字，连标点也不许错一个。他不许把标点放在每行的起首，以及把引号和所引的文字脱离，他自己作的一本《怎样学习国语和国文》，就亲自校对达三次之多。

以上6段均见耐烦先生的《记省编译馆二三事》，发表在许先生被害前四个多月出版的《台湾文化》上，是七八十位编译馆同人所共知的事实；也可见不是笔者一人在赞扬许先生。

遇事要和同人商谈时，许先生总是亲自走到各同人的办公室里，与之商谈，除非是要和几位同人会谈一个问题，他不会把同人请到他的室内去。大家如有事去找他时，他很快地站起来迎接，说"请坐，请坐"，决没有你站在那里，他坐在那里说话过，像有些机关的主管人那样。大约是因为同人中有对低级同人不客气的事情发生了吧？许先生在一次纪念周上似乎带气地说："编译馆是一个文化机关，同人担任工作虽有不同，但地位并无高低，是一律平等的，彼此之间应以平等客气相待，不应予人以难堪！"（大意）官僚作风实为许先生所深恶。

在我到编译馆的时候，他的《回忆亡友鲁迅》的前15段早在国内各报章杂志上发表了；但后10段却在写作和誊抄。他看过我编的一本书，知道我对于研究鲁迅也颇有兴趣，所以他每写完一二段，就赶快亲自送给我看，说"请提供意见，或加以修改"。我陆续看完了那10段，所能提供的意见和加以修改的地方当然是极少的，我反而被这样一位老先生的英勇的写作精神和对于亡友的伟大的正义感所感动了，向他说："先生的文章，对于鲁迅先生的人格和精神的阐扬是好极了，现在没有第二个人能够写得这样亲切和真实；不过先生现任公职，文中有些地方不免要触到某些人的疮疤，恐于先生的事业不利，是否可以迟一迟发表呢？"先生的答复是："人已经死了，我写的是关于死人的事情，也许不会有什么关系吧？"他终于在大约半年以后在上海出版了这本书，改名为《亡友鲁迅印象记》——许先生是应该与鲁迅先生葬在一起的。

许先生有一次同我谈："因为我在《台湾文化》上发表过几篇关于鲁迅先生的文章，此地就有些人化名作文章骂我，甚至于造我家人的谣言，比较好一点的是说我不该以私人情感对鲁迅乱捧一阵，其实鲁迅是一个向无一定主张，容易变化的人物，至多不过是一个作小说的而已，有什么了不起，云云。这些文字我都一概置之不理，我要学鲁迅的战法！"老先生说这些话时，是用斩钉截铁的决绝的语气，和善的老人也不禁气怒了。

但编译馆的工作终没有交响乐团的重要，后者一直存留到现在（每月用钱比编译馆多），前者是很快地被裁撤了。是什么原因呢？原因是"节省开支"。但也有人与"许馆长捧鲁迅"联想在一起，未免是神经过敏了。

在编译馆被明令宣布裁撤后的数日之内，许先生就被台湾大学约聘为中国文学系的主任。他到台大后，每日上午总是按时坐在中国文学系的办公室里，因为系务不多，他时常是孜孜不倦地读书或写作，下午和晚间就都在家里，除偶然有应酬外，全部时间也都用在读书和写作上。"毕生好学，至老不倦。百忙之中，不废撰述。居常未明而起，二灯荧然。人声甫动，先生已写稿易页矣。"（见《许季茀先生事略》）先生生活确属如此，非作者故意渲染；此种为学精神，虽在年富力强的人亦极难得。

先生除每周授"文字学"一课外，并擘画系务，筹设"古代文学"、"近代文学"（包括"现代文学"）、"文字学"、"语音学"、"中国学"五个研究室，凡系内教授除授课外，必须加入一个研究室内，自拟专题，进行研究，定期缴付研究报告。此外，鉴于大学一年级国文国语教材，过去各位教师各自为政，竟有在法学院向才学国文二年的台湾学生选讲《韩非子》者（说因韩非子是法家），先生不以为然（各班外省学生不过1/10），遂会同各位教师选印《大学国文选》（内容十九是白话）及《大学国语文选》（全是白话）两种，先生坚决主张：在目前的台湾只能向学生讲授白话文，文言文必须少教，而且要限于现代人的作品。为着统一全校大一国语文教材及其他事情，先生在被害的前11天，即2月7日，还召集了全校的国语文教师，开了半天会议，哪知道那竟是大家和许先生的最后一次的聚会！

先生虽年近古稀，但对于学问的研究方法，却时在渴求进步，他说："中国文学与中国历史脱不了关系；现在既然还没有一本很好的中国史，当然也不会有一本很好的中国文学史。"所以他一听说范著的《中国通史简编》在台北市有得卖了，立刻就去买了一本。他一听说有平心的《人民文豪鲁迅》和王士菁的《鲁迅传》出版了，也都设法弄了来，大约是预备作为他要写得更详细的《鲁迅年谱》或《鲁迅传》的参考。他还计划给蔡子民先生作传，已经搜集了一些材料。至于章太炎先生传，约七八万字，则早已出版了，名《章炳麟》。这三位先生都是许先生最为接近的师友，他和蔡先生及鲁迅先生朝夕相处又都在二三十年以上，相交最深，了解最切；现代中国文学的这两部极为难得的传记文学作品，从此失去了它们的最适合的写作者了！岂仅是蔡、周二位先生的不幸而已！

先生在台湾写作甚勤：除在台北出版的《鲁迅的思想与生活》和《怎样学习国语与国文》两本，在上海出版的《亡友鲁迅印象记》过半的字数（后10段）外，还在《台湾文化》《台湾大学校刊》和各日报上陆续发表了近20篇的文章。在遇害前12日，还完成了他的最后一篇《修正本秋梦本事考》。

先生不但努力写作，凡遇文化学术性工作，只要找到先生，无不竭诚帮助。去年11月间他曾应台北市记者团体的邀请，出席演讲"鲁迅"。12月间，台湾文化协进会（《台湾文化》即此会编刊）想把中国新文学介绍给台湾同胞，托请先生代为约人举行"现代中国文学讲座"，先生就拟定讲题，介绍李竹年讲"近三十年中国新文学发展概略"，台静农讲"新旧文学的演变"，李霁野讲"西洋文学的介绍"，钱歌川讲"散文"，雷石榆讲"诗歌"，冼群讲"戏剧"，黄得时讲"小说"。所讲内容，由于环境的限制，虽然未能尽满人意，但在台湾，已属难得的学术性演讲。

先生身体健康，精神矍铄，早睡早起，饮食有节；一年多以来未闻有病，苟不被凶徒所害，即继续再工作十年，亦无问题。则在新中国的文化教育和文学的园地里，将可以多收获一些如何丰美的果实！他是渴望着新中国的诞生，而且是乐观地在渴望着！可惜他不及看见新中国了，也不再能为新中国的诞生而努力！

1948年3月3日

许寿裳先生

孙伏园

章太炎先生的早期弟子们，既不忘师说，也不泥师说，日有进境而成为纯科学态度的学者的，许寿裳先生便是其中的一人。

许先生字季黻，或作季茀，笔名上遂，浙江绍兴龙尾山人。他在前清末叶，卒业于东京高师，回国后即在浙江两级师范任教。中华民国成立，他被首任教育总长蔡子民先生邀往教育部任参事，后随政府北迁，一直未离教育部，外放则为厅长，为校长，内调则为参事，为编审。北平大学成立，他为女子文理学院院长。抗战开始，平大迁到陕西，成立西北联大，他即在西北联大任教。西北联大改组，他到重庆任考试院专门委员。台湾收复，他被陈长官公侠邀任编译馆长。编译馆长卸任，他就台大中国文学系主任、教授，直至逝世。

许先生的性情朴厚端笃，少所交游，少所发抒，也许因此不大适宜于做文艺创作家，而更适宜于做学术研究者与教育家。在东京求学时代，鲁迅先生兄弟与许先生同居一处，许先生于学术研究之余，亦颇有志于创作。一夕，他对鲁迅先生说，今晚一定要创作了。鲁迅先生见他亲自到西洋料理店去买了点心来，而且亲自准备咖啡，鲁迅先生兄弟相约不要去扰乱他。等到夜深人静，鲁迅先生自己将要睡觉的时候，偷偷地去窥探他的创作已经有了多少。出人意料，鲁迅先生说，"西洋点心只吃了一块，咖啡已经冷了，季黻靠在桌上睡着了，而稿纸还是空白的。"许先生一生很少写文艺创作，而关于学术研究的议论文字或记叙文字却都写得头头是道的。

鲁迅先生的同辈朋友，在教育部的10余年同事中，以许先生与齐寿山先生两位的友谊为最厚。道义以外，学术的切磋上，关系也以两位为最密。齐寿山先生通德文，许先生通英文，所以关于英德文的东西，两位常常是鲁迅先生的唯一的或者最后的顾问。

民国初元，我和许先生还不大熟。因为报上需要学术论文，偶然与鲁迅先生谈及。鲁迅先生说："你可以请季黻写点文章。"我便托鲁迅先生转请。许先生便随时将文字十分精丽，字迹十分挺秀的稿件，亲自交付给我。内容大抵是介绍一位英美的心理学家或教育家。登载以后，我表示这类稿件十分需要，请许先生再写。许先生总是慢吞吞地说："那也，那也，不过是，不过是，介绍一位没有人介绍过的人而已。"他总是如此谦逊而谨严的。

许先生的日常生活，大抵受西方影响很深。我想这或者因为他在东京高师时代，正当日本接受西方文化的初期。初次创作必须佐以西洋茶点便是一例。曾任许先生的秘书多年的徐世度先生和我说，每隔一二星期，他总要奉陪许先生吃一回西餐。星期天常常"嘭嘭"地去敲徐先生的门："苏甘兄，今天有事没有？我请你吃西餐去。"许先生别无嗜好，如果有，只是每隔一二星期吃一回西餐或西洋茶点而已。

每天修脸的习惯，近年在中国也相当普遍了，但在许先生的［同辈］①中，有这种西方习惯的还是很少，连鲁迅先生都不大［讲究］。鲁迅先生写

---

① 标有中括号"［　］"者，因原稿字迹漫漶，难以辨认，现为编者拟加。下同。

《大衍发微》的时候，谣传有50人要遭北京政府的陷害，许先生与鲁迅先生同在东交民巷租了一间破［旧］的屋顶暂避，我因为每天有工作，无暇去探视他们。过了几天，风声渐息，他们无事了。鲁迅先生对我叙述他们的逃亡生活，其中一段涉及许先生："季黻真妙，第二天早上忽然不见了，我四处一找，原来他在廊下，披起白布围巾，对着镜子剃胡子。我心中暗笑：性命都要不保了，剃胡子还这样紧要！"我说这大概是西方较为优越的生活习惯。听说欧战的时候，美国兵在战壕里面，也每天刮胡子，连欧洲本地人也没有这样讲究。

许先生的家庭环境，比鲁迅先生略为优越，所以经济上的苦痛较少，可以安心读书。鲁迅先生有一天谈起他们在东京的学生生活："我平时总着和服，既便宜，又自由。季黻却老早就定做了当时最流行的［鼻］烟色呢质的西服。"许先生多少有一点绅士态度，大抵由于幼年的好教育与好环境。本来西洋的所谓绅士态度有好坏两个含义，绅士态度的好的一方面的含义许先生是大抵具有的。

教育学、心理学等教育方面的科学以外，许先生晚年努力于传记文学，战时曾在后方几个大学开过传记文学的讲座。他的近［年几篇］同乡学人的传记，记述蔡孑民先生与鲁迅先生，了解深刻，资料丰富，可惜至今还没有出版。关于传记文学的讲义似乎也没有行世。

许先生生活有秩序，无嗜好，精神方面宽和温厚，从未与人相忤。这样身心平衡发展的一位学者，90岁乃至100岁的高年是不应该有问题的。后进的人们，在学术上和道德上，都需要他的教导与影响。他的宽和温厚，他的忠诚勤奋，他的实事求是，他的一丝不苟，都是我们后辈需要学习的。至少必须让他的饱学都成为著作，使我们后辈有一个学习的凭借。千不幸万不幸，他竟被一个谋财害命的小偷在头部砍了四刀而逝世。本来窃贼的目的在财物，逮住了也没有死罪。所以贼杀事主的案件一向少见。现在社会不正常，贫困也到了极度，窃贼的心理已有疯狂性。许先生以一位须发全白而态度和蔼可亲的66岁老学者，竟死于一个窃贼的刀下，我们想起来好像也不免要疯狂了。

1948年3月4日

哀悼许季茀先生

吴世昌

昨天结束了这学期的功课，今天下午只须去把学生考了，把卷子看完，便可以有六个星期的复活节假期。听说爱西施河两岸，和璐拉姆公园区附近，正是芳枝茁茂，繁花如锦的好春天气，我还没有工夫去看看。但就在今天早饭时，得到一个最坏的消息，许季茀（寿裳）先生被刺去世了。我妻在信中说："凶手是一个他曾经用过的花匠，21岁，台北人。此人偷了他家几次，最后一次被许先生发觉了，拿东西掷他，他即一不做，二不休，将刀刺了四下。一代学人，就此离开人世。我为了这事，难过得很。"

我最后一次看见许老先生，是民国35年春天，仿佛也是这个时候，在重庆上清寺牛角沱的街上，他正在接洽复员东下的交通，似乎很忙，精神很矍铄，原想和他长谈一次，但他是住在歌乐山的，进城来的时间须用钟点计算，就无法和他多谈。35年秋天，我乘中大最后一艘复员船东下，8月21日到校后，他从台湾打来的两个电报和两封长信已经在南京等了我一个多月。我这才知他是去台湾任台湾编译馆馆长的。这当然因为他是陈公洽先生的老朋友，但当时要请一位精通日语、学术界有声望，而又不辞劳苦、富有青年朝气、有开拓事业的魄力的老学者，国内恐怕也找不到第二个人。以我和他的关系而论，他原可以不必事前征我同意，径把旅费汇来，并且事前通知彼时台湾长官公署驻沪办事处代订机票等等。但我因为东下太迟，竟辜负了他的一番厚意。去年年初台北事变，知道他平安无事，十分欣慰，不想他这次竟遭到这样的惨死。

关于他的去世，我到此时为止，连日子地点都不知道。我妻给我的消息，大概她是从报上看来的。对于台湾人的性格，我承认毫无了解。以他平日为人的忠厚诚挚，叮咛周至，在台北事变事他安然无恙，毋宁是当然的。但是奇怪得很，我常常把他的不幸和近来别的学人的不幸联想在一起。我知道，在事实知道得这样少的时候，极不应该如此联想，我怪我自己这种糊涂的情感毫无根据。我写信到国内在台湾的朋友，希望知道些详细的消息，证明我的联想完全错误。

我认识许老先生是在北平，他任平大女师院长时，有一次和新婚的唐立厂先生在中山公园春明馆外草地上吃茶，是芍药盛开的时候，他和罗膺中先生在一起散步，我的印象是他在和煦之中带点严肃。这也许因为那时平大女师院在风潮之后，经他接长认真办理，大为安定，故而有此感觉。但在北平时我并不常常遇见他。民国26年秋，我从北平逃出来，因为北平研究院的史学研究所搬到西安，我在12月赶到西安。那时北平的师大、平大和天津的北洋也在那里成立西安临时大学，他是校务委员。27年1月，我到陕北邠县去调查大佛寺的唐代石刻，2月回西安，研究所的同事何乐夫先生说，许季茀和黎劭西两位先生都来过了，因为临大人没到齐，要我们去帮点忙。我就是这样开始教书生涯的。西安临大因战事搬到陕南城固，改为西北联大，北平研究院的史学研究所简直变成了她的附庸。我和季茀先生同事一年半，才能亲接他的馨欬。城固是个极小的山城，几乎天天见面，初去时物价低，生活尚裕，那地方毫无可以娱乐的地方，许多同事就打打小牌，吃吃馆子以为娱乐。但是许老先生从不爱打牌，也不大吃馆子，他和许多联大的青年教职员住在一起，在院子里拼起三张大方桌子，每天下午4点钟，脱下长袍和他们打乒乓球。那时大家都自己雇一个厨子做饭，他却和那些青年人组织一个"饭团"，后来生活逐渐不易，许多同事也只好放弃"小厨房"而纷纷组织饭团。他是联大的老辈，但最喜欢和青年人在一起，毫无老辈常有的"老气"。见了面必先伸出手来和人握手，访客告辞，他一定先替他取下大衣，帮他穿上。城固的天气很坏，雨季，泥泞，他在鞋子外面扎上一双本地的草鞋，健步异常（听说后来有一位年轻的"当局"却有包车，学生吃不饱，把他的车子烧了）。他的字，别有风格，最负盛名，不但以楷书写隶篆，且以楷书写金文甲骨文，颇有晋唐人风致，而有时则枯如瘦金体。同事同学向他索书的，有求必应。当时联大同事的家中，几乎家家墙上都贴了他的字。他的消遣，除了打乒乓球，就是写字。现在矗立在城固郊外博望村张骞墓前的那块"重修汉博望侯张容骞道碑记"的碑阴，便是他老先生亲手书丹的一整篇"汉书张骞传"。

但他并不闲，那时他除教书以外，又是校务委员兼文学院长，后来改任法商学院院长。这个学院的前身是北平大学法商学院，它的前身又是北京俄文法商专科学校。这个学院先天有一个"俄"字，后来也还保留一些俄文课程，因此神经过敏和别具腑肺的人物（当时中国还未和德意法西斯政府宣战），却不免对它"另眼相看"。而教部派到城固参与校政的大员，已不称为"先生"，而呼为"同志"。有一位"同志"，经常带着手枪，口袋中装了子弹，对于他所看得不顺眼的有些教授，竟下流到在许多人前面，掏出一把子弹来，嬉皮笑脸地问道："花生米吃不吃？"这位电影检查员出身、"留英"而不会说半句英语的"同志"，后来毕竟完成了他的"杰作"，把西北联合大学解散，改成在他认为清一色的西北大学，最后在临行时还对他的朋友说："我是一架轰炸机，现在任务完毕，安然返防。"那时有一些学生，在这位"同志"的"循循善诱"之下，也都有了"自卫"手枪。北平带来的纯良学风，只好退避三舍了。而许老先生，这时也已应了中英庚款董事会聘为研究讲座，离开了城固。接长法商学院的，便是那位"同志"。正如同许老先生以能书著称，他以麻将能手著称于西北大学。

这些事我是到后来才弄清楚的，因为那年（民国28年）的暑假，我被学校派到在兰州举行的甘肃全省中等学校教员讲习会去作短期讲演。9月初在兰州看报，见到西北联大改为西北大学，9月底经西安回来，经过汉中时见许多同事都向西安去，许老先生也在内。那些有手枪的学生反对许老先生，当然是奉命的，理由是许老先生是若干年前"鲁迅全集编辑委员会"的委员。听说还有铅印的传单，但是在城固没有一个人见到，而当时的教育部却有（我那时想，假如当时蔡子民先生也在西北联大，一定也遭反对，因为他也是"鲁迅全集编辑委员会"的委员）。

我回到城固以后，虽然仍旧教着书，但眼看着常常有同事离开，心中十分难过。许老先生先到那时迁在云南澄江的中山大学，后来中英庚款董事会派他到成都华西大学，他从云南来电要我去接他的课，我便于12月底离陕入川，到成都那天是他自昆飞蓉的次日，我第一次尝到他从飞机上带来的云南橘子。以后我辗转粤桂，很久和他没有见面。民国33年春，我因奔先兄之丧自昆飞渝，从乐山回渝时，从小龙坎跑到歌乐山，和他作一次长谈。以前我和他所谈到的，都是文史方面的种种问题，那一次谈的却全是民生和国事的前途。他说："败是败不得，胜了也是不得了。"他告诉我许多冯玉祥自川西去劝募献金回来讲给他的故事，足以证明那时的政治已经病入膏肓，军事面临极大危机。这是4月初的事。4月底我正要回桂林，重庆的朋友对我说："长沙又吃紧了，不如在重庆罢。"我当时还很乐观。我说："长沙怕什么？不是日本鬼子已经三进三退了吗？"但我回桂林的第15天即被"紧急疏散"，接着在桂贵两省山区中逃了半年难。在苗区中没有饭吃，天天吃南瓜，泻肚子，军队常在我前面跑，日军在我后面追也追不上，于是我记起了许老先生的话："这样子简直要垮，简直要垮！"我现在又记起了他一手捻着白须，嘴里咬着象牙烟嘴的神情了。

我所知道的许老先生的事迹不多。但我在认识他以后的十来年中，我觉得他亲切诚恳而认真严肃。他在平大女师院长任内的认真，是当时北平教育界所周知的。他的认真不仅使女师院安定下来，而且深得学生爱戴。在西北联大任内，当时三校仓促迁移，图书设备极其简陋，战局又不稳定，学生常于课余出去宣传抗战，但他不但督促学生读书极为认真，而且自己也非常用功。我是他的后辈，但他常常不耻下问。他在华西任教时经常和我通信讨论问题。对于后辈的同事，也爱护如家人，认真也如父兄之于子弟。可是有一特点，他常常是青年人一样生气蓬勃，决无老气。他和章太炎是在师友之间，留日时与周豫才先生昆仲，同时，与豫才先生交往尤密。以章氏学派而论，他应该是古文学家，以豫才先生的交谊而论，他受今文学家的影响也当不少。但他为学不泥师说，不墨守任何一家。更不像若干时贤，抱章氏之余绪，叹人心之不古。甚至于章氏非卜辞，则跟着欲"理"甲骨文字之"惑"，章氏讲古音，便从而排斥科学的音韵学。他从事教育行政工作甚久，任江西教育厅长多年。晚年治史学、文字学、传记文学，每每不惜从头做起，不知老之将至。他的稿子发表的很少。我只记得战时重庆出版的《读书通讯》上有他关于传记文学和文字学的一些论文，似乎都是临时应人索稿而作，未发表的手稿一定不少，希望国内的朋友能搜集编印出来。此外，他大概还保存不少鲁迅的手札，我想这和他自己的手迹一样值得影印流传，——他的手迹，不论短札长信，大都是笔笔不苟的楷书。即以书法而论，既没有郑孝胥的霸气，也不同沈曾植的苍劲，别有清挺灵秀，运乎勾勒之间。我希望他的在台北的朋友，如李季谷、林本侨诸先生，能就近担任起这一份编集的工作。

1948年国父诞辰之夕，写于牛津益孚来路赁庐

白头犹是一婴儿

谢似颜

"文采庄严百世师，白头犹是一婴儿。平生历尽风波恶，独抱天真妩媚姿。"

这是我挽许季茀先生的诗四首之一，把第二句作为本文的题目才能表示他老人家整个儿的人格。呜呼！像他这样到老天真的婴儿，会遭这样的惨死法，我哭了好几天，哭得连家里的人个个也伤心落泪了。他66岁的生命，可以说是一部奋斗史。看最近那样的矍铄精神，至少活到80岁，似乎不成问题，开始写几部不朽的名著，为后生作榜样，为国家文化发光辉，这是大家都祈望着的。万万梦想不到文化界的一代大师，断送在一把柴刀上。这世间有良心的人，无论识与不识，哪一个是不痛惜的，何况有"知遇之感"的我，自然要哭得似痴呆了。

先生长我12岁，讲学籍是我的先辈，论资格是我的老师，不！简直是太老师，因为我曾受业于他的学生。若比起学识文章来，那不知道要太了几太了。但他从不以老先辈自居，对面叫老谢，如有新朋友或学生在座，就称先生，信中必写老哥与学兄，自己则署名称弟。我曾问过他这样颠倒称呼的意义，他说这里称呼不在年龄而在学问，凡学问总是进化的，后进必胜于先

123

进，而且这并非我的创见，我不过承蔡子民先生遗志罢了！

民国24年有人向教育部造我谣言，说我是不学体育的作了体育主任，他在南京听到了大发脾气。民国26年北平沦陷又有人造我谣言，说我已作了汉奸，他在西安又听到了，气得几乎胡须颤颤发抖。因为当时日本人不愿做教授的文化人走出北平，后来我与王耀东兄乔装商人逃到天津，乘英轮转青岛直抵西安，与他一见面，欢喜得什么似的握着我的手说："我知道你一定出来的，果然！果然！"他前后两次发怒的事情，并不曾对我说过，倒是别个朋友转告我才知道的，写到这里，涔涔的泪要与墨水俱下了！

西安的联合大学不久迁到城固，我与王耀东带领了男女大学生徒步走过秦岭到了汉中，形容很憔悴，与他又见面，也欢喜得什么似的，竖着拇指对我说："你太辛苦了，伟大！伟大！"得他这样的一句褒奖，我顿时觉得人生很有意思，忘掉了一路的疲劳。我牢记得城固王史巷四号集了一个饭团，约定许先生、李季谷、林觉辰、陈之霖、齐植朵、杨若愚，还有其他好几个朋友，每天一起吃饭，饭后大家都向许先生问文字学、甲骨文，以及古人做的好诗词，尤其是陆放翁的诗词。我以前曾讽刺做旧词诗的朋友，以为是吸鸦片来麻醉自己的，到那时乡居无聊，书籍又少，一时愤慨无从发泄，要刺激自己一下，也吸起"鸦片"来了，稍久之后想试试看，偷偷地写了《无题》的题目，硬凑了一首七律，羞见人的，内中有"含泥偏苦营巢燕，叠露频妨出谷莺"一联。不知怎的被他发现了，一天，对我说："你那一首《无题》，通首还得要商量，营巢燕是记挂尊嫂，出谷莺是记挂令郎，这两句很有意思。"有时候他在饭后茶余把这两句捻着胡子吟哦，且看着我微笑。

庚儿信到城固，述北平不好的近况，我苦闷了好几天，他知道了。他每晚9时必睡，早晨3时必起，是30年来的习惯，这一晚上特别破了例，到12点钟，静悄悄来我的寝室，坐下，向我笑说："你的老婆领孩子留在北平，我的老婆也领孩子留在上海，一样的苦，偏你不能泰然呢？这是没法子的事，何必烦恼，只好忍耐。"我心里忽像别了妻子随了慈父得到安慰一样，就很高兴请他去早睡。

联合大学突然改组，许多朋友不能聚首一堂再做快乐梦。有几位意志不坚定的家伙竟一怒回到北平，加入伪组织当汉奸去了。一般朋友与先生多飞云南转四川，我则始终逗留在陕西、河南一带，直到抗战胜利为止。在抗战期间与我通信的朋友，以许先生为最多，信中所谈的范围又很广泛，如科学、文学、诗词、传记、中国小说、鲁迅思想、个人修养等等无所不谈，单就文章明畅、字迹挺秀这两点讲，我实在惭愧得很，信中偶尔写一句得列门墙为幸的话，回信也反说愧不敢当。其实我的文字他改正，我的思想他矫正，甚至于日常生活不遵礼法的言笑，他也当面不客气地指正，天下很少像他这样爱人以德，诲人不倦的老师，从今而后教我何处追求，我怎能不哭呢？

我认识先生很晚，在民国16年的杭州，当时匆匆一次同席，握手道姓名而外没说一句话，他给我第一个印象同一般人一样，认为是位冲淡温厚的长者，但相交21年之后对他的观念竟完全不同了。他一身含有慈祥、威严、宽恕、深刻、刚毅木讷、聪明正直，种种德性，几乎把字典上所有相反的好字眼加上去，仿佛都可以，我竟说不了许多。为什么这许多矛盾的德性会包含在他一身的呢？这除非用老子所谓婴儿的性格来解释不可了。因为他是个老婴儿，所以思想总是前进，对无论什么事物不管大小，总是津津有味，绝不相信世间有做不到的事，也绝不肯用心思要防着别人。正唯其如此，有些人就利用他、欺骗他，甚至于暗算他，发觉以后免不了要大怒的，这在别的深于世故的老头子，与未老先衰的中头子以及机诈百出的小头子，笑眯眯地看作常事，他却愤愤地认为奇事。然而事过境迁以后，他早已不记在心头了，依然相待如故，浅薄之流竟误认他是一个老糊涂。那自然的啰！他们怎能了解他老人家内心是一片烂漫的天真，只看了他的外表须发皤然，道貌岸然，文章斐然罢了！

记得他任北平大学文理学院院长的时候，常常看上体育课，一般男女体育教师很不高兴，好像监督他们似的，我常代为解释他老先生童心未去，看运动是一种艺术，很有兴趣，决不是监督你们，他们总以为我替他辩护，终于不相信。后来院中发起教职员网球会，院长自己要求做会员，那一般教师自然欢迎啰！轮到他打时，他哪里打得着，只是拿着网拍立了半天，有人故意送一个好球给他打，他向空一挥，球与网拍的距离竟有一丈多远，口里还说："可惜！可惜！"大家看他那俨乎其然的样子，咬着嘴唇发笑，背地里就称他为"虚晃一刀"败下阵去了。

一到冬天，又发起溜冰运动，他也买了一双冰鞋准备参加，我竭力劝阻，种种解释，他总含笑不答，于是另发起乒乓会来满足他的运动欲，他自然加入也自然打不好，有一回他郑重其事地对我说："不要故意让我，尽管拿出本事来打，我是不怕输的，只保持Sportsmanship就是了。"我含笑答应，他与别人打我不知输赢如何？与我打了一年以上，千百回的乒乓从不曾赢我一回，然而他总是打，我从此认识他百折不回的精神了。恰巧不久以后他的女公子世瑛从上海到北平来，我即劝他把冰鞋给世瑛穿，妙在父女足的大小刚刚合适，一有空他总跟着去看世瑛溜冰，一位16岁女孩的冰鞋尖向东，那一位54岁老爹的胡须也跟着向东，向西也向西，目不旁瞬地盯在冰鞋上。那副笑嘻嘻的面孔上所表现的欢乐，真是非言语文字所能形容的，我跑去约几位体育教师来看，他们一见这样子，急忙掩口跑出冰场外捧着肚子发笑，这才相信我以前所说的话，更是真实的了。

他起初对我的印象很不好，看作一个粗莽的人，一年以后渐渐知道我教书很有点经验，但聘我做体育主任还是不放心。等到做了主任又一年以后，学生各方面都有进步，把运动会上的大银杯竟夺了来，他于是一变作风，凡关于体育上的事全不过问。有一天，问我第二年体育系应规定哪几种课程，拟聘哪几位教授，我一一告诉他，只有儿童学这个课程想不出人教，他满面含笑地说："很好，很好，聘不到教授时，我可滥竽充数否？"我惊喜地说："那真好极了，记得先生在江西时曾讲演过儿童学，那真好极了。"他笑说："我还得预备才好呢！因为你的事是敷衍不得的呀！"我听了这句出人意表的话觉得满身痛快，几乎要下感激之泪了。

从此即使我高谈阔论，他决不再认为粗莽的行为。可是，有一次几乎闯了大祸，与朋友聊天，评论古今人物，不知怎的忽提到太炎先生，说他不该到孙传芳处去投壶，似乎晚节不大好，忽听得他橐橐脚步声，从门外进来，那位朋友很机敏地使眼色，命我从后门逃出。事后第二天，我问："怎样？"那朋友笑说："险呀！他老先生所佩服的师友如果有人批评他们，他是要拼命的，尤其是蔡孑民、章太炎、宋平子、鲁迅四位。"我因此回避他竟有半月之久。不知哪一天，总而言之有一天，有位朋友请他与我及许多朋友吃饭，饭后劝打只有输赢没有钱的麻将，他很高兴答应了，命我坐在他后面看牌，他打牌也实在打得不好，但他总是聚精会神地打，慢慢地把牌一张一张摸着，半日对面打了一张和的牌下来，他还是慢腾腾不翻倒，我急得了不得，叫道："和了！和了！"他瞪着眼怒视我把牌一扔道："和总是和的，你急什么？"在场朋友，有的惊奇，有的暗笑，我立刻觉得评论章太炎先生的事，今朝借此发作了，发作了也好，省得回避他，而且这个"急"字正是我的病根，他教训得真好。过了几天，他很俨然地对我说："你要取消太太才好呢！"我笑道："小僧不解先生话哩！"他点头微笑道："这句《西厢记》用得很切当，你真聪明……"说到这里，他的声调特别来得郑重，几乎是一个字一个字炼出来的，"可…惜…你…的…心…太…热…太…急…"说到"急"字我早已敛了笑容，毛骨悚然了。

先生一生的传记以及学问、道德，一定有人会有详细的叙述，我这里不过略举在北平的小故事的一部分，至于在西安，在城固，及到台湾以后，像这样的故事还有不少，为篇幅所限，我也说不了那许多。总而言之，先生的思想总是前进的，无论对什么事物，不管大小，总是津津有味的，绝不相信世间有做不到的事，也绝不肯用心思去防着别人，饱经烽火，屡蹈危机，尝过了多少忧患困苦的世味，却依然是一位没有心机的婴儿，在这样的世界上偏有这样的人，我至今为止所碰到的，他可算是第一的了。鸣呼先生！但愿把你这一片天真的精神渗透在你生前所最爱护的青年的血肉里，来挽回这机诈百出、滔滔皆是的狂潮。

1948年3月12日

许季茀先生纪念

李霁野

2月19日的清早，我听到季茀先生逝世的噩耗，"人生如朝露"的感觉很深地刺进我的心。我前一天的上午虽然没有见面，还听到他谈话的声音，所以我惊奇病何以来得这样突然。我连忙到他的寓所去，在门前才知道是遭了杀害。我真疑心是自己作了一场恶梦！杀害！……

在20多年前，大概是1924年的冬天，经鲁迅先生的绍介，我得认识季茀先生。那时候先生的头发已经斑白了，一见就觉得是一个可敬可爱的慈蔼的长者。

1925年夏天，我想将所译的《上古的人》（Henry Van Loon：Ancient Man）卖给上海一家书店出版，我恐怕有几处误解了原文的意义，想请人指教，将我的译文校改校改，鲁迅先生便说："我去绑季茀的票！"因为那时正是炎夏，校稿确是一件苦差事。我就这样不规矩地拜了师，得到先生的教益。这部书早已绝版，我记得在北平存有一册，我的弟弟找出寄来不多日，先生便逝世了，所以未能谈起旧事博得一笑，只好在这里表示我的感谢了。

我在天津做事的年数多，所以少有亲聆教诲的机会。不过他的谦和真挚的态度，给我很好很深的印象，一见就很难忘记。倒是鲁迅先生的谈话，使我对季茀先生增加不少侧面的认识。鲁迅先生多次说过："季茀是好人，不过容易吃别人的亏。"我当初很惊异，以后我知道这观察是很正确的。他的心里没有什么邪恶的念头，所以他就想不到人间有什么邪恶，吃亏是当然。难得的是他的赤子之心一点不因此丧失。难得的是他不因此减少对人的热诚。

季茀先生和鲁迅先生的友谊，已经成为士林的佳话，用不着在这里多说。1930年前后是不甚吉利的年头，好些人都不大敢提起鲁迅先生的名字。1931年1月，各处盛传鲁迅先生被捕被害的消息，很难得到确讯，所以我便写信向季茀先生打听究竟。当时对于这类事件大家都保守死样的沉默，因为稍一不慎，就会天外祸飞来的。可是季茀先生很快地就给我写来回信，说是鲁迅先生已经"转地疗养"，并且有信给他了。这当然就是《亡友鲁迅印象记》中所刊署名"令斐"的短简了。这部书证明季茀先生在友谊方面是忠实勇敢的。

这几年中因嫌被捕入狱的人颇多，1932年我的一位朋友也被牵连了。大家都是谈虎色变，季茀先生却是热心帮忙的。他提到蔡孑民先生，说他虽然常受警告和威吓，却依然肯说话，于是便写了绍介信，交给我去找蔡先生。我见到蔡孑民先生只有这一次，觉得他是可敬又可亲的（季茀先生的态度很有和蔡先生相像的地方，到台湾后有人说起这相似，我很有同感）。蔡先生立刻就写信绍介我去找可以为力的人，虽然没有发生什么效力，对于两位先生在险恶的环境中勇于救人的义气，我心里永远钦佩感谢。1929年我译了《被侮辱与损害的》，没有地方出版，也经季茀先生转托蔡先生卖给商务印书馆，解决了我一个很大的困难。

前年秋天，因为先生的邀约，我到台湾的编译馆做事，接近先生的机会比较多。他处处使人感到亲切。他自己做事一丝不苟的精神，我在这里才稍稍认识。他的待人接物的态度，确实可以作许许多多人的师表。他是一个笃厚的君子。他常常以唐人译经的精神勖勉我们，很想有些个埋头苦干的人在文化方面有点贡献和建树。可惜苦行僧不如他所期望的多，编译馆未满一年也就结束了。

编译馆结束后，季茀先生便很关切我的工作，绍介我到台湾大学去教书。我一向没有好好研究过什么，却欢喜胡乱看点书，台大的藏书还算丰富，能有机会教书去倒也很好。接洽的第二天，季茀先生便告诉我说算是口头约定了。以后却花样百出，我因为中间人的关系一再容忍。最后实在忍无可忍，我才告诉季茀先生说，我向来是"以眼还眼，以牙还牙"的，就个人的尊严和公众教育的立场说，我都不能再沉默。我也说，我不再是为谋工作而去教书，我却要看个究竟。我也说，容忍就是纵恶。我知道我很使季茀先生为了难，觉得是一件很大的憾事。不过他是很大量的，并没有责备我，也不避免困难，更增加我的惭愧。为了人而抹煞自己是崇高的，我自愧做不到，但是我希望我也不曾为了自己抹煞过别人。

以上不过就季茀先生对人的热诚方面列举二三我所记得的小事，不足窥先生品德的全貌；这要有待和先生相处更久的朋友来详细记述。季茀先生确实代表中国善良的传统，最好的纪念我以为是学习他，这样才可以使死者在生者的记忆中活下去。

1948年3月14日，台北

许先生最后的背影

黄得时

许季茀先生，于2月18日深夜，惨遭飞祸，闻者莫不切齿痛惜，尤其是台大中文系，损失特巨。先生遭害之前日，仍然到校办公，其举止行动，一与平日无异——记得那天上午10时左右，中文系台静农先生、李竹年先生和我三个人，与史学系的夏德仪先生，在中文研究室，商讨图书分配事宜。经过一番详细讨论之后，才决定几条基本原则。那时，许先生也进入，我们一看，就站立起来，让位请先生坐。先生与平日一样，温容可掬，很和蔼，很客气地，再三推让，终于与台静农先生，靠窗相并坐下，一面拿出香烟请我们抽，一面说："后天是20号，要上课了，各研究室的图书，明天一天，必定要分配好……"恰巧那时候，有三位中文系的学生，敲门进入，各人手里拿着本学期的选课表，请先生签名盖章，先生就回到自己的办公室去了。我们仍然继续讨论，终于决定第二天早晨8点，一同到校指挥工人搬书。于是这个小小的集会，也就结束了。

会后，我本来要去请问许先生有没有看过昨天我在市内某书店所见到上海新运来的《鲁迅传》（王士菁著）。但一看表，时间已经11点15分了，我也不敢到先生的办公室去打扰，恐耽误先生的下班时间。因为我们都知道，

132

每天到11点20分，先生就要到校本部去乘公用汽车，车是11点半开的，万一过了这时间就赶不上车。

本来台大文学院的正门与校本部的正门，隔一广场，遥遥相对，而中文系的八间研究室，又并列在文学院楼上左边，所以站在研究室前面的走廊，谁都可以望见在广场上来往的人。

那一天，我不知怎么的，茫然站在走廊，眺望着广场，偶然看见许先生戴着浅灰色的呢帽，穿着深灰色的长袍，一手拿着皮包，一手拿手杖，由文学院正门，一步一步，踱过广场，走向校本部去乘车。先生今年已66岁，年纪相当高，但是先生的身体，与先生的思想一样，比年轻的人还强壮。先生走路的时候，有一点特色，那就是两手不紧靠身边，胳膊离开腰部，稍弯一点儿，一步一步慢慢地走，所以虽在远远的地点，一看就知道是许先生。以前我虽然好几次看见许先生走过这广场时的背影，但是总没有像这一天的背影那样深刻地投射在我的眼睑。

想不到——真真想不到，到第二天，许先生的背影，就永远地，再不能在文学院前面的广场望见了。但是许先生的学问与品格，和他的背影一样，永远地活现在我们的眼前，指导我们，激励我们，开拓中国文学的新途径。

1948年3月25日于台大文学院研究室

追　思

台静农

　　我之认识许季茀先生是20年前在北京的时候，好像一天下午去西三条看鲁迅先生，适先生先已在座，主人介绍后，我心里想，原来这位长厚的中年人，就是鲁迅先生老友上遂先生。那时常在刊物上读到用笔名"上遂"发表的文章，又从鲁迅先生口中知道是其老友，而于先生的名字，还不甚清楚，故只知为上遂先生。这以后，偶然的遇见，也不止一次，可是从未去先生家访问过。虽然，从此读到先生的文章的时候，立刻会想出一位蔼然长者的风貌。

　　民国23年，先生由南京北来任女子文理学院院长，先生一到北平我就去珠市口北辰公寓访晤，这次给我的印象，精神虽然不见衰老，可是须眉都白了。原想等先生院务布置后，可多多与先生接近，但不久我又因为意外的一桩事而南下了。仿佛二十四五年间，我路过上海看鲁迅先生，先生在鲁迅处刚走，又交臂失之。抗战中，我在四川白沙国立编译馆时，忽然接到先生由成都寄来一封信，时先生由陕西入川任华西大学文化讲座，信中所谈的是关于中国小说史的问题，可惜手札已经不存在了。这一次通信后，彼此消息也就中断了。后来先生到了重庆，以为可以见到了，而考试院又在郊外，我在重庆时，往往只住上三五日，又匆匆搭上水船回白沙了。

民国35年秋我来台湾之前，听说先生在台湾主持编译馆，当时非常高兴，以为不仅可以常常得到先生的教益，而光复后的台湾由先生从事文化的拓植，一定能有很大的贡献的。及到台后，访先生于编译馆，先生告以种种计划，果然已经定下了宏远的规模。其时因先生终日在馆中忙碌，也少有晤谈的机会。直至先生入台湾大学，才得常在先生左右，我的研究室与先生的办公室比邻，室中又有门相通，往往先生拿着纸烟过来，坐在临窗的沙发上，总是温和地微笑着。所谈的除学校的事情以外，也涉及其他的问题，遇有不合理的事，便立刻严肃起来，好像已白的须眉都垂下了似的，但是这并不令人感到是老人的怒容，反以为是青年人的热情的表现。不幸这样的时间才及半年，先生忽然遭此横祸。以先生为人，得到这样死法，真不可解，可是先生竟是这样的死去了！在2月18日下午，我同建功兄经过先生寓所，因便走访先生，未进客厅，就在廊下匆匆说了几句话，先生站在廊上，映着阳光，面色非常温润，当时心想，像先生这样神情，一定要享大年的，谁知道不过10小时以后，竟给我们以永生忘不了的惨痛！

　　先生事略上，称先生为"谦冲慈祥，临事不苟"，这两句话确说明了先生的生平。先生平日任事，于应付环境，克服困难时，虽不见猛历处，却锲而不舍的向前，必至收功而后已。如民国14年具有历史性的女子高等师范学校横被解散，先生与鲁迅、马幼渔先生抗拒乱命，奔走复校，此在教育斗争史上，可说是极光荣的事件。26年马幼渔先生题鲁迅先生在女师大讲演遗稿云："回忆14年前，予与豫才、岂明昆仲及许君季茀为北京女子高等师范学校事，努力奋斗，卒使女师光复旧物，不禁神往，女师后虽不幸夭折，然此举固不无可资纪念之价值。"赤手空拳，重建一高等学校，使许多被迫害的青年不致无书可读，流离无归，是谈何容易的事。其时，校中教务以下琐事，皆先生任之，高压之下，从容进行，这是何等精神！抗战中，先生随北平大学辗转至西北，为争学术独立问题，终至不合作而去，这又是何等精神！晚年主持台省编译馆，在短短的时间中，却有了不少的成绩，但是那样平实而宏远的工作，往往不尽为人所了解，甚至先生的友人也说老头子脾气大，可是先生并不因此感到寂寞或沮丧，这正是先生勇于负责就事论事的精神。先生之在台湾大学，又何尝不是如此，遇害之前一日，还是苦心地筹划国语问题、国文问题，以及图书的整理。

先生治学以弘通致用为主，观其所为文，皆以教育的精神出之。编译馆草创，百忙之中，犹著《怎样学习国语与国文》一书，浅见之徒，或以为这种通俗书，用不着先生亲自动笔，而先生却正视着广大的台湾青年群的需要，认为这才是自己的责任，故深入浅出地给他们以完善的课本。可惜现在大家只知中日语法混淆的困难，却未注意已经解决了许多问题的这一小书。

先生一生与章太炎、蔡孑民、鲁迅先生关系最深，这三位先生都是创造现代中国文化的大师，以先生长于传记的文笔，不幸仅写出章先生一传，蔡先生传尚未及下笔，鲁迅先生的止成印象记一书，而一代文献所寄的前辈，竟在深夜梦中死于柴刀之下，事变之来，真不知从何说起。

我现在所能记下的只是与先生的遇合，所不能记下的，却是埋在我心里的悲痛与感激，先生之关心我爱护我，远在十几年以前，而我得在先生的左右才几个月。这些天，我经过先生寓所时，总以为先生并没有死去，甚至同平常一样的，从花墙望去，先生正静穆地坐在房角的小书斋里，谁知这样无从防御的建筑，正给杀人者以方便呢。虽然，先生的长厚正直与博学，永远地活在善良的人们心中。

1948年4月20日

追念许季茀先生

杨乃藩

自从季茀先生遇害以后，早想写一点悼念的文字。可是一来因为先生给我的印象太深，反有无从下笔之感；二来因为先生的死实在太突然了，音容笑貌宛然在目，我又何忍下笔写悼念的文字？

今天从先生的追悼会归来，噙着未干的眼泪，重温了李季谷先生撰的先生行述。其中有一段话，述及先生的行谊，异常深刻而切当，没有一点溢美的地方。现在就我所知，把这些项目，各举一两个例子，以为李先生文字的注脚，并以想见先生的高风。

谦冲慈祥 先生年近古稀，须发斑白，而待人和蔼，谦光下挹。他桃李满天下，门生故旧写信来道候的，先生总是不惮烦的回复。对于学生，他总是称兄，见面时，即使是最低级的僚属，也以先生相称，从不直呼其名。交谈的时候，总是娓娓不倦，令人如坐春风。办公室内，先生有什么事要垂询同人，总是亲自走到同人的桌旁，很少叫同人来的。

临事不苟 先生对任何事情，都切切实实，决不苟且。他编的《怎样学习国语和国文》，印刷的时候，从初校到二校、三校，都是自己细心校阅。不许有一个错字，连标点也不能错。他写稿有两个习惯，第一，题目的前后必须各空一行；第二，标点符号不可置于每行的起首，这两件虽是小事，而先生不但自己信守不渝，还常劝人一致实行，其做事的不苟且，可以概见。

自律甚严　先生的生活，清廉刻苦，谨严异常。而公私尤为分明，他即使写一封信，如果是私事，必自己出钱贴邮票，决不花公家的钱。他偶然也抽一两支香烟。香烟的牌子，原是随便的。有一回陈长官对他说，桂永清将军来台的时候，曾向陈长官表示，你们台湾一方面叫专卖局制造香烟，实行专卖；一方面官员们请客，却都是用的外来香烟，深为致慨。先生听了这几句话，以后就老是买本省出品的香烟了。去年3月间，米价狂涨，先生以番薯代餐，先后有一旬之久。

待人甚恕　先生时常对我们说，叫人家做事，不能只以自己为标准，而要为对方着想，譬如叫书记抄稿子，原稿一定要非常清楚，如果不清楚，应该再誊一次，不然对方抄错了，去责备他，是不应该的。时间方面，也要有余裕，自己两天可以做好的，叫人做应该放宽为三天，因为别人不一定像你那样聪明。

行为悉遵礼法　先生最崇法治，恪遵纪律，虽小节也不疏忽。先生居常喜穿长袍，某次陈长官曾谈起，公共集会的场所，希望大家穿短装，此后任何集会，先生总是穿西服或中山服。编译馆定星期一举行纪念周，先生总是亲自主持，讲演的时候，提到国父和蒋主席，必肃然立正。

思想适合现代　先生虽年近古稀，而思想前进，尤胜于青年人，不迷信，不喜中医，不过阴历年。对于国际情势，国内大局，以及学术方面的知识，先生总是以清新的头脑，作精密的判断。

重然诺　先生对于别人的请求，事无巨细，总是答应的多。刊物上请他写稿的，著作的封面请他题签的，求墨宝的，请演讲的，请推毂的……先生总是一一应付，第一天恳求先生的事，第二天早上，先生必定已经办好。有一回，有一位同事的夫人患气喘病，先生亲自坐车去邀陈礼节先生

138

诊治。又有一回，两位同事涉嫌为警备部传询，先生亲自去看陈长官，看柯参谋长，至再至三，终于破例保释。其次，省训练团请先生讲演，先生本来有些感冒，但仍力疾而往，演讲中间，忽然呕吐，先生仍勉力讲完，而后返寓休息。

负责任　"二二八"事变那天，先生在中途闻讯，本可折回寓所，但先生仍坚持到馆，与全体员工共患难。编译馆在四面楚歌声中（旁边的永安堂和中和公司俱被毁），卒赖先生的精诚感召得以保全。那天晚上，和衣睡在馆中，下一天早晨才和同事搭交通车返寓。3月4号那天，先生又亲自冒险去看陈长官，探听消息，转告给馆中同人。

守时刻　先生无论办公、出席会议、参加宴会，或是其他的约会，总是恪守时刻，在约定时间的前一两分钟，必然到达。因此出席宴会时，常常主人还没有到，而先生已先到，但先生不因此而改变他守时刻的习惯。

尊人权　先生绝无阶级观念，任何人都一视同仁。深恶一般人称女佣为"下女"，几次在人家提到"下女"时，总是严严正正叫他改称"女工"。他对于工人，非常爱惜。便是那杀人的凶犯高万侔——忘恩负义的野兽，先生每次叫他在寓所种花的时候，总是赏他一两百元台币，因为这是职务以外的工作。

爱青年　先生对于青年人，爱护备至。无论谁有作品送给先生，先生必细心地阅读一遍，再就其中的优点，夸奖一番。使受之者都觉得感奋而努力。所以先生主持编译馆的一年中，虽然先生不曾有一次的督促，而人人自效，竟有意外的成绩！程仰秋、汪培元两先生于事变中受伤，先生亲临抚视，慰勉备至。

以上数端，普通的人，有一于此，已经非常不易，而先生则不特齐备，而且行之若素，习焉不察。然则先生的猝遭横祸，又怎不使千百人椎心痛哭呢。谨以我挽先生的一联，附录于此，以为本文的结束：

长者之丧已旬日矣，窬寐之间，难忘睭睭心目；

世道之衰竟若此乎，枭獍之辈，忍伤好好先生。

1948年2月

纪念许先生

戴君仁

许先生遇害已是好多天了，我心里既悲哀又愤恨，一直静不下来。《台湾文化》主编人要我写一篇纪念文字，简直无从写起，因为许先生可纪念之处太多了，一部十七史，不知从何说起。但在关系上，不能不写，只好强打精神，写几点以塞责。

一、许先生之博学：许先生学问的范围，是很广的。他在东京高师，原是学史地的，同时又从章太炎先生研究小学，回国以后40多年，对于国故学的努力，一直没有间断过，所以能成为文字学的大师。他在北大，曾教过教育学；在平大女院时，想开儿童学，但那年中日战争忽起，仓皇西迁，没有实现。据我所知，他除了数理化之外，各种学问，都有相当根底。记得在女院时，一天下午，他和我及同事徐苏甘君在一块谈闲天，忽然谈到历法，他是主张禁止农历遵用国历的，于是把阳历的优点，滔滔不绝地讲了一两个钟头。可惜我和苏甘都是门外汉，听他讲一点也不感兴趣。女院院址原是旧王府，花木很多。春天时候，下午无事，我们三人常到院内各处看花。许先生每看到一种较稀奇的花木，必定向我们介绍。这是什么花，什么树，学名叫什么，俗名叫什么，属于哪一科，单子叶或是双子叶，显花或是隐花，如数家珍。所以我敢说，现在国学界老辈人物，国故方面，可以和他比肩的，固不乏其人，而科学上知识之丰富，恐怕谁也不及他。并且他对外国文，也通习好几种。日文不用说了，英文德文也都很好。这更不是专攻国学的老辈先生所能及的。许先生的知识，所以这样丰富，不是无因的。他一生非常重学问，非常的虚心，知道无论哪种学问，都不是孤立而可以和别种学问绝缘的。所以他的研究重心，虽在国学，而对于西洋的文学、哲学，以及科学，都时时着意，处处留心，故其成就，非常广博。

二、许先生之仁侠：许先生的性情，可以说是仁而兼侠。他平常的态度，非常慈祥，对待下属，非常宽厚，爱学生后进，如同子弟，十足是个仁人。当在女院时，因为镇压罢考风潮，在会议上提议开除一个学生，而这个学生成绩相当好，当他提出她的名字时，眼泪直流下来，口中连说："我实在不愿意开除她，可是不能不开除她。"学生们知道了，都大受感动，情愿考试，而这个学生也竟未开除，由此可见他的仁慈。可是他嫉恶甚严，又同情弱者，所以有些举动，有些侠气。他为了蔡先生，为了鲁迅，激烈地反对两位教育总长，虽然是交情关系，而也含有打抱不平的意思。他爱护青年，爱护劳动者，尊重女性，都是同情弱者的表现。当"三一八"惨案发生时，他正义务地当女师大教务长，女师大学生有两个当场遇害，六七个受伤。他得知消息，立刻跑到国务院去看，对于死伤者设法救治，不遗余力。有十几天，夜不成寐。直到去年，和人谈起目击这惨案情形，还是咬牙切齿，悲愤不已。他和鲁迅要好，主要原因，还是性情相同之故。但鲁迅是外冷内热的，许先生却是内外俱热的。

三、许先生之认真：许先生的责任心很重，所以做事非常认真，事无巨细，靡不躬亲。在女院时，每学期照例有一个演说比赛会，会后对优胜者照例给一点奖品，而奖品分配，也照例由他计划好，由我分别包好。有一次，我已照单包好了，他走进办公室，要打开看看，我心里想，这决不会弄错的，何必多费事。但打开之后，居然发现了一点小错误，由此可见他的仔细认真了。因为他认真，所以极守时刻，院内一切会议，必定要大家准时出席。教员上课，稍为迟到几分钟，他就老实不客气，当面警告。不但公事如此，即寻常应酬，亦准时赴约。有一次，中山公园宴会，他迟到了几分钟，一进来，就掏出表来一看，皱着眉头说："我在路上碰见一个朋友，谈了一会，因此迟到了十分钟。"对大家说了一遍，又是一遍，脸上充满着自责的表情。像他这样守时刻的人我生平未遇见第二个。

总之，许先生的治学做人办事，可效法之处太多了，一时说不尽。我在悲戚之余，心里太乱，一时也想不起。现在只举了寥寥三点，真是管窥蠡测。许先生一生爱青年，思想永远是前进的。在他遇害的前几天，有位朋友称赞他有青年气，他诚惶诚恐地连说："我求为青年而不可得。"现在许先生已经死了，青年们若能遵着许先生遗留下典型的轨道，向前迈进，那么，许先生的精神，就注射在他们的身上，许先生的生命，就复活在他们的心里，许先生死犹不死！

1948年4月

悼许季茀先生

苏渊雷

　　余于季茀（寿裳）先生之死，不能无恨。善类乃不见容于世如是，伊谁之咎也。

　　余识季老，在民国30年间。一日，读其追悼章太炎文，知为宋平子门人，平子固吾乡先辈，素所景仰者也。因以所撰《宋平子评传》，书请校正并赐序。不数日季老复书，备挹谦光，手书细楷长序，并为校正数事，谨严不苟，一如其人。厥后，余执教南泉中央政校，季老亦以考试院委员名义，长驻仙女洞高考训练班。因一造谒，谦挹未获请益。嗣重庆胜利出版社征撰太炎评传，拟属余，余不敢应命，因转介季老执笔，以其尝从太炎先生问字也。季老欣然允诺，因向余假《制言·太炎先生追悼专号》。迨书出久之，而借书始邮还，季老书来，甚以余移砚北碚，未由早寄为歉。《宋平子评传》系余战前旧作，殊不惬意；季老乃誉为"表扬先觉，持论宏通，可谓先得我心者矣"。益滋愧赧。其长序中夹叙琐事，婉约有致，爰节取数段，以见平子逸概，并季老早岁问学之旨趣焉。

民元前十一年夏，先师掌教杭州求是书院，余幸得亲炙，虽为时仅四月，而获益之大，受知之深，毕生不能忘也。……犹忆首次作文，题曰《言志》，余答谓志在救国，吸取新文明，推翻旧制度。文词幼稚，自不值一噱。不意其中有"二千年之专制，痛甚西欧；廿世纪之风潮，定来东亚"等语，先师乃施以密圈，大为奖许。又忆札记第一条，读《天演论·察变篇》，略言物竞天择之理，即《中庸》"栽者培之，倾者覆之"之意。先师细字长评，称有心得，并举以示人。小子受此鼓舞，于是感激涕零，益自奋发。生平粗知学问，盖自兹始也。

又曰：

先师住院，有楼两间，前为书室，后为卧房。晚餐后，余辄与二三同学，登楼请益，每见先师书案，小砚以外，空无一物，颇以为异。最初所谈，仅关经籍，及相知既久，社会政治，无所不谈。余窥先师实一伟大革命之学者。特以秉性周谨，语有分寸，不肯明斥满清。……时章师炳麟著《訄书》，排满室。先师与章师交最稔，尝称说章师之名，又曰："枚叔文章，天下第一"。此非暗示余辈读《訄书》乎？余之日后居东，请益于章师，实由先师启之。

其感我最深者：一夕，独侍书室，师纵论时事，忽涉及故国之痛，于明末遗民之忠义，清初文字狱之惨酷，尤三致意焉。其引据浩博而不可穷，其词理充实而不可已。深谈五小时，不觉夜已过半，含泪告退，只见先师容益壮，情益苦，时万籁寂然，中庭霜月，皓皓如雪，此情此景，迄今四十年，历历犹在目前，每一追思，曷禁涕泗之横集也！

足见季老早岁受平子、太炎二氏熏陶之深，其为学之笃实，与正义感之强烈，有由来矣。余自巴渝违教，不通音问，忽忽四五年。于其噩耗之来，凄然久之。因略掇旧事，以寄哀思，并以告世之关心季老者。

1948年

哭许季茀

张宗祥

中原无地留君住，讲学南荒发似银。

书卷如今能诲盗，文章自古不医贫。

管宁清节应无咎，裴度扶持恨少神。

此去九原逢鲁迅，愿祈偕梦慰劳人。

许季茀兄遭人暗杀于台湾。自鲁迅病亡，丙车下世，当时老友，仅剩此人，又因国内不容，远走台湾，死于非命。哀哉！

——原载《冷僧自编年谱简编》

百年
中國記憶
BAINIAN
ZHONGGUO
JIYI

第三辑

桃李悼念：文采庄严百世师

望之俨然，即之也温的君子

——记第一位中文系主任许寿裳先生

张玉欣

一、前　言

这个山明水秀的浙江绍兴，它仿佛印证着地灵人杰的古语。历代名流、才子辈出。在近代19世纪，除了蔡元培、鲁迅两位文化界的先进，本篇文章要介绍的许寿裳先生，也在此出生。

在这个人文蔚盛的地方，潜移默化了每颗耿介脱俗、昂然不屈的性灵。

二、意气飞扬的青年期

小鲁迅两岁的许寿裳先生，生于1883年立春，字季茀，和鲁迅有终身的交谊，其思想人格有相当多的类似点。但他的敦厚严谨、律己恕人，对照于鲁迅的勇于破坏、勤于笔战；清纯赤子之心，对比于鲁迅的成熟世故；却也

151

显现了两人性格本质上的不同。

早岁的许先生求学于绍兴中西学堂、杭州求是书院。20世纪初，以浙江官费留学日本，先入日本弘文学院。"兴中会"后的中国历史潮流，演变成两大主流——一个是推翻非推翻不可的统治，发动新的革命，另一乃是改革旧的缺点，促成中央统一政权的维新。随着甲午的战败，它们更普遍地存在"有识之士"的脑海。此时到东京的许寿裳先生，正也逢革命党与维新党在此议论风发之际。

这时在东京的留学生，或多或少都受到民族主义的刺激。年少热情的许寿裳，在感于此间的留学生鲜有治文学与美术，多学法政理化，便与鲁迅、周作人、袁文薮诸人筹办杂志，取"新的生命"之意。而包括许先生的这群人，皆国学出身，略带复古的倾向，故只谓杂志为《新生》。

1907年创办的《新生》固然因费用问题而未能印出。但从这儿，我们可以看出许先生也跟弃医学文的鲁迅一样，认为要革命必先革心，而最适合改变人心与精神的，便是办杂志，搞文艺。

日本留学的阶段，显然是他人生的一个转捩点。思潮的激发，外在环境的变迁，与章太炎先生炳麟的教诲，在在皆是巨涛骇浪的冲击。这一切对一个年轻理想，20多岁的青年，样样都是刻骨铭心的。他不但因"浙东人"，章太炎的师生之谊，加入了"光复会"，与秋瑾等革命先烈成为同志，更加入当初革命的主力——"同盟会"，出入《民报》之间，并任《浙江潮》的编辑。

办《新生》杂志不成的许寿裳，改译书。由于相信文艺是可以转移性情、改造社会，所以便想到和朋友一起介绍外国新文学。他们印出了两册的《域外小说集》。

在日本求学期间，他主要是就学于日本高等师范。1903年章太炎曾因在《苏报》发表排满文章，被清政府照会上海租界当局逮捕，囚禁三年。寿裳先生奔走营救，不遗余力。1906年章师出狱后，即赴日本任《民报》编辑，许寿裳便与朱希祖、钱玄同、鲁迅共商请章师讲课，主讲《说文解字》，学习文字、声韵、训诂等学。他对章太炎师的深厚感情与敬仰，使他有下列的描述："章先生精力过人，博极群书，思想高超，而又诲人不倦。……师生席地环一小几而围坐，师依据段玉裁氏《说文注》，引证渊博，新谊甚富，间杂诙谐，令人无倦，恒四小时而无休息。我们听讲虽不满一年，而受益则甚大。"在经学与小学，章师固然对许甚有惠益，屡有启蒙，而章师七被追捕，三入牢狱，革命之志未尝稍馁的气节，对许先生无疑是一种活生生的典范，长远的激励。日后在众多的事件，许先生都能表现自己不屈的人格，想来当是深受章师的影响。

在日期间，留学生监督曾发表取缔会党的规则，光复会的会员秋瑾率先反对，主张全体回国，顾虑甚多的老学生不表赞成，秋瑾很不客气地在留学生会馆宣告反对者革命精神的死亡，里面包括有许寿裳和鲁迅。不过等到她成仁后，许先生甚为追念，尽释前嫌，鲁迅则日后在《新青年》发表《药》纪念她。

三、返国后的头角初露

1908年春，许寿裳结束东京的学业。不久后返国，先在杭州任浙江两级师范学堂教务长一职。1910年冬天①，夏震武继任此校监督，夏以道学自命，却对教员没礼貌，教员称他为"夏木瓜"。许与众教员难忍其对教员的态度，纷纷辞职，并搬出校舍。同行者有朱希祖、夏丏尊、鲁迅、章宗祥等

---

① 编者按：此系作者误记，应为1909年。

人。这可说是他为了教师的尊严，所做的第一次抗议行动。结果是夏辞监督职，许等返校。

革命后，南京成立临时政府，蔡元培任教育总长。蔡邀许至南京帮忙，并起草《中华民国教育宗旨》，任教育部普通教育司长。这对许整个的教育行政生涯，应是开端。后来他屡历数职，皆与此相关。说他精力皆奉献于教育，时时以教育为终生之志，绝非虚言。这时得意的他，自然不会忘怀他多才的挚友，鲁迅也就被推荐给蔡元培，在教育部任职。

他们一直是交往甚密的挚友，其关系之切之亲不下于骨肉手足。从同乡、日本同学、革命战友，回国后的同校任职，到杭州假日同游平湖秋月，教育部的白天同桌办公，晚上联床共话，闲暇同访图书馆，其交情只有"管鲍之交"得以形容。而许先生在友情方面，表现的勇敢正直，则在鲁迅日后的困厄之际，充分地显扬。并一再地证明，那坚固的情谊是多么经得起任何的考验。

在教育部的许先生，有一些是对社会、国家都有重大贡献的。其中有一方面是推行教育总长蔡先生的"以美育代宗教"的方针。许先生与蔡先生之交甚早，1910年尚在杭州求是书院念书，便透过业师之介绍得识蔡先生，深得蔡先生之心。在同年的蔡先生之婚礼，则应邀参加，婚礼中不循浙江风俗，中悬孔子以代神像，举行演说以代闹房，并阐述男女平等之理。两位先生勇于打破旧有不良之俗，及日后成为"自由""人权尊严"的保护者，在此可略见端倪。而许先生在蔡公手下办事，理想同一，情谊交融，对蔡公之策，自然义无反顾地大加阐扬。

另外他参加"读音统一会"的工作，对日后的统一和推行国语之功，自不待多言。这个会的任务是审定字音、核定音素和制定字母，开会时会员间有争执，意见颇为分歧，最后通过的注音字母（1930年改称"注音符号"），是由许先生、鲁迅、马裕藻等人共同提出的"简单汉字"。这些字母主要是根据章太炎所拟的标音符号，章师对浙江的这群人及小学上的影响，正以悄悄的形式，描画巨大深刻的痕迹。30年代时的鲁迅，已放弃当时的主张，跟瞿秋白走，赞成废汉字采用俄文字母的拼音；而迁台后的许寿裳，却以60多岁的高龄，致力于《怎样学习国语与国文》一书的语言基础工作。鲁迅的勇于与旧日战斗的战士性格，和寿裳先生的谦冲执着，一丝不苟，实在是大相径庭的。

四、高等教育史上的《宣言》和女师大风潮

女高师，是"五四"后从初级师范改成女子高级师范的学校。创办后不久的校长正是许先生。在创业维艰，惨淡经营的初期，许寿裳对这风雨飘摇的"幼苗"，是细心呵护，尽全力地栽培，无一处不为其着想。

首先置国文、数学、理化、历史、教育、体育、音乐各系，理科添购实验仪器，文科则增购图书杂志。在一切就绪后，依当时的学生会总干事许广平（后成为鲁迅的爱人）的描述是："还顾虑到学生的清洁温暖，首先借款给全宿舍装热气水汀。同时教师人选，则极力从北大、师大等校的积学而资望素丰的专门学者中聘任。又还给学生们多方设法开展知识，并特别向北大蔡元培校长取得联系，凡有学术演讲，女高师学生尽量可以参加听讲。"其对学生的照顾，教育的远见用心，足以叫人肃然起敬。

没多久，校务日隆的女高师便升为女子师范大学。功劳甚巨的许寿裳，因辞退一位职员，以及和理科主任有亲戚关系等问题，被学生驱逐。后来改当教授。

继任他的职务是曾任舍监的杨荫榆。接任后的她成天惶惶然到处疏通、

请托、宴会、应酬，学生很难得看到她，又曾神气地斥责理科主任"岂有此理"，导致教授离校。反对白话文的她又向上海聘鸳鸯蝴蝶派某君来校任课，引起低年级的不满。1925年学生代表向教育部请撤换杨，并发表宣言。这是风潮的启端。

女师大的学生跟一般学生是有所不同的，大多数是比较觉悟，是向封建社会和家庭奋斗出来的女性。她们急急求机会的均等，而有任何妨碍她们向上的设施或作为，她们都会毫不客气地加以反击。女师大的风潮，越搞越大，北京政府则以"女子作女校长"的条件，任学潮闹了数月。许寿裳和鲁迅也被卷入旋涡。其中对鲁迅的影响更是深远，使他加入"正人君子"与"新月派"的敌斗，就这样一步步命定似的走着鲁迅未来的步子。

司法总长新兼教育总长的章士钊，乃是段祺瑞政府的亲信，在4月初，领"整顿学风"令，到女师大调查。教务长薛燮元召许广平来讯问，许态度强硬，冲突再起。学生自治会和杨荫榆的评议会遂成对立的两团体。自治会的负责人有六位教授都为杨所开除，其中鲁迅更为外界指为学潮的操纵者。

上海的"五卅惨案"激起了事件的最高潮。为了援助"五卅惨案"，学生们组织护士训练班，学习看护。杨宣布学校暑假大修理，不准学生住校。学生不肯，杨截断电路，关闭伙房，大门加锁，并劝讲习护理知识的医生不必来校。"正人君子"均赞许杨此举，"以免男女学生混杂"。学生们借烛光照明，饿着肚子在被锁的门内饮泣。后为自卫，毁锁开门。

8月1日，杨以武力接收女师大，问题仍未结束。章士钊下令将该校停办。学生反对，另组织校务维持委员会负责校务，章士钊当然不退却。

身为教育部佥事的鲁迅，也参加了女师大的校务维持会。知悉后的章士钊，怒不可遏，越权撤鲁迅职（佥事是总统任命，总长无权撤其职），又倒填日期。

在一旁亲睹学生无端失学，亲历各界百端压力苦痛的许寿裳，不再能容忍这么多的不义，毅然挺身而出，与视学齐寿山发表振聋发聩的宣言。这在教育史上是很值得大书特书的事，学者的尊严不容扭曲、侮蔑，教育的神圣不当遭受污染，其阐扬正义之声，实大快人心。兹将此宣言节录："昔者以杨荫榆之党己也，不惜解散学校，荒废百人之学业以徇之，今以周君（指鲁迅）之异己也，又不惜秘密发纵以除之。视部员如家奴，以私意为进退，虽在专制时代，黑暗当不至是。此其毁坏法律，率意妄行，即世之至无忌惮者亦不能加于此矣。……寿裳等自民元到部，迄于今兹，分外之事，未尝论及。今则道揆沦丧，政令倒行，虽在部中，义难合作，自此章士钊一日不去，则一日不到部，以明素心而彰公道。"寿裳此时任教育部编审员，并兼女师大教授，直斥教育总长之非，并且正式送给他一张宣言。其刚直不讳，置个人利益于度外的襟怀，如光风霁月；勇猛嫉恶之情，则表现得淋漓尽致，足令后世"卑怯""贪婪"之辈汗颜不已。从民国建立以来，黑暗的教育界，仿佛也从这看见熹微的希望。

而不满章士钊倒行逆施的北大评议会，则宣布独立，与教育部脱离关系。备受攻击的章士钊于1925年离职，但不久又荣任执政府临时秘书长。

五、身涉政治波折

1926年，因"哀的美敦书"引起北京各团体代表向执政府请愿，请拒绝八国的要求，却被该府卫队击伤多人。翌日，则发生"三一八惨案"。这可称为民国以来最恐怖的一天。段祺瑞政府使卫兵用步枪大刀，在国务院前包围虐杀徒手请愿、意在援助外交的青年男女，达数百之多。根据执政府的说法这是"暴动"，其证据是"一根木棍、两支手枪、三瓶煤油"在现场发现。姑且不论，这些东西是否为群众所携，果真是的话，这样的暴动倒真小得很荒谬。

"三一八"惨案的第二天，段祺瑞执政府立刻下令通缉一批人，指这些人涉入其案，许寿裳亦在通缉之内，里面并包括多位名人、教授和记者。说来，只不过是借此排除异己，以收一网打尽之效。目睹惨案的许寿裳，内心的愤怒与刺激，恐怕不是言语所能道尽。后来，经不住舆论的攻击，执政府不得不明令那是"误伤"，并表示"此次集会请愿宗旨尚属正常，又无不正之行为"。许寿裳也因此躲过一难。

事后，许寿裳与鲁迅同在广州中山大学教学，在这段期间，两人同住，常同吃馆子，看电影或假日远足。后因，"清党"事件逮捕了一些学生，和素与鲁迅不和的顾颉刚将来中大任教，鲁迅乃离开中大。后来因时局丕变，许先生往西北联大、华西大学等任教，与鲁迅暂时远离[①]。这种时空上的间隔，也造成他们后来的命运，不再如以前一般的休戚相关。两个人各自在自己兴趣扮演的角色，做了不同的投入与参与。但到目前为止，可看出鲁迅在许寿裳一生，分量之巨大与深远。1930年的鲁迅，参加了"左联"，接着攻击"新月派"，反对"第三种人"。他很快地得到"反动文人"的罪名，这时相识者，闻其名，噤若寒蝉，与其划清界限唯恐不及。所谓"岁寒乃知松柏之后凋"固然是陈腔滥语，但在此时却适足以来比喻许寿裳凌霜弥坚的友谊。

1931年1月，小报纷纷谣传鲁迅被拘或已死，许寿裳忧疑焦虑不已。鲁迅为解朋友之忧，以笔名"令斐"亲笔邮信给寿裳。恰好此时李霁野先生也向许打听鲁的确讯。若是旁人，为避免天外横祸，必然不肯言，可是许却很

---

① 编者按：西北联合大学成立于1937年10月，时鲁迅已逝世一年，此处有误。

快地有信回复，向李禀其实情。此事透露他在友情的表现，正如他对自己理想的态度，都是忠实勇敢，一往而无所惧。

六、为人与为学

民国35年，台湾光复，许先生来台任台湾省编译馆馆长。馆分四组：一、学校教材；二、社会读物；三、名著译述；四、台湾文化。他的目标远大，计划研究台湾的先史、历史、社会、民俗以及原住民的文化，并影印有关台湾的希见资料。这种踏实整理、细心搜集的严肃态度，不正是许多好高骛远，但徒空言之辈所当极力效之的？

很值得一提的是，对编译馆的留用日本人，他呈现的魄力与反对政治势力压迫，是很叫人击掌称叹的。台湾光复，当局把日人遣送回日本，但"编译馆"的工作，有些是需要日人管理或完成的。他力排多方压力，决定留用三位日人。一位是台北帝国大学的浅井惠伦教授，乃语言学者，多年研究台湾和南洋原住民族的语言；一位是研究先史学的国分直一先生；还有一位是画家立石铁臣先生。这三位日人的身份都相当"特殊"。这正告诉我们，许先生对学术是看得很远，有心把它当作百年大业。

"二二八事变"的当天，许寿裳于往馆途中闻讯，本来是可速返寓所。平常人若为自身安危计，是绝不会自陷险地，可是先生竟坚持到馆，与全体员工共患难。当时编译馆旁边的永安堂和中和公司俱被毁，编译馆可说是四面楚歌。那天，他便和衣睡在馆中。

民国36年，因"行政长官公署"改组，"编译馆"也解散了。许先生受"国立"台湾大学的札聘，任中国文学系的第一任系主任。这时60多岁的他，须发皆白，但精神却饱满，谦冲和蔼代替了年轻时勇猛，使他的每个学生，在受教时，无不觉得如沐春风。他是朴实敬人的，"对学生，总是称兄；见面时，即使是最低级的僚属，也以先生相称，从不直称其名"。待人尽管是如此宽厚竭诚，自律却是相当严。当他写一封信，如果是私事，必自己出钱贴邮票，不花公家的钱。任何的约会宴席，必然在约会的前一二分钟到达。我们可以想象在绝大多数的场合，他会等上一二个小时，可是上过很多次当的他，却丝毫未改其守时的习惯。他是那样地执着于原则，使他竟然无法从"经验中获取教训"。我们确实从点点滴滴的平凡中体味到他的不平凡，传统儒家"望之俨然，即之也温"的赞语在他的身上，发出了魅人的光芒。

在学问上，他则是硁硁然一丝不苟。常以唐人译经的精神来勉励别人，而他自己则是力行实践的苦行僧。每天三四点，便起床看书，难怪他能在历经多年教育要职：江西教育厅长、教育部秘书长、中央研究院秘书、台湾省编译馆馆长、台大中文系系主任，仍迭有著作。想想看，在送往迎来，日理万机，疲累繁忙之际，常人徒求残喘，焉有心力及于学术或创作？即使在他被小偷杀死之前，他都正在准备和整理鲁迅的回忆稿！

儒家的君子已逝，哲人的身影渐远，极目远眺历史之迹，瞻仰前人之采，时间不曾褪化他的光芒。这却叫撰稿人在念古抚今之际徒增怅惘。想问天，世事总是有变有不变，不变的依然存在，可是在那瞬息万变的部分，我们是渐趋肤浅，在盲目地追求之余，却不见有更多的人去求那分执着，和那可贵的不屈服。有的只是更多的出卖与妥协吧！

后记：台湾几乎没有任何许寿裳的专门资料（指公共图书馆），使笔者资料搜集相当困难。幸得以赖台静农教授、许世瑮教授（许寿裳先生之子）大力鼎助，才得以成稿。在此，谨表示作者最衷心的谢意。

许寿裳的生平与著作简述

——《许寿裳文录》编后记

林　辰

　　许寿裳先生是我国现代著名的教育家、文学家。他生于1883年2月4日（清光绪八年旧历十二月二十七日，立春节），今年是他的100周年诞辰；他不幸于1948年2月18日在台北遇害，到现在也已有35年了。我们同时纪念他的生与死，真不禁百感交集；这个集子就是在这样的心情下编辑而成的。

　　许寿裳，字季茀，号上遂，浙江绍兴人。他出生于一个经营南货的小康之家，一岁丧父，由长兄寿昌（即鲁迅早年日记中的"铭伯先生"）课读。1897年16岁时入绍郡中西学堂肄业[①]，校章规定，学生如只专修算学、英文或法文，不习中国经史的，称为附学；许先生即附学生，专习英文和算学。他刻苦学习，成绩优异，英文教师评他"研索有得，学力胜人，字画亦

[①]　见《绍郡中西学堂章程》所载"丁酉年肄业学生"栏："许寿裳，字季茀，年十六岁。"丁酉为光绪二十三年，1897；16为虚岁。

颇清楚"，算学也得到"用心颇细，习课亦勤"的好评。1899年春至1902年夏，在杭州求是书院学习①。在这里，他认识了晚清启蒙思想家、求是书院汉文总教习宋平子，从宋问业。首次作文，题曰《言志》，许先生答志在吸取新文明，推翻旧制度，以救中国。文中有"2000年之专制，痛甚西欧；廿世纪之风潮，定来东亚"等语，宋平子在句旁加了密圈，大为奖许（见许作《〈宋平子评传〉序》）。在这期间，他参加了以求是书院部分师生为骨干的进步组织"浙学会"。1902年秋，许先生以浙江官费派往日本留学，初入东京弘文学院预备日语，在此与鲁迅相识，结成终生的友谊。1904年，考入东京高等师范学校史地科，1908年4月毕业。他在少年时代就抱有救国的志愿，到东京后，受到当时反清革命热潮的影响，与鲁迅等人积极参加多种民族民主革命活动。1903年夏，接编《浙江潮》月刊，自第5期起至第10期停刊止，共编6期，为宣传革命做了有益的工作。约在1904年冬天，参加了在"浙学会"基础上组成的光复会东京分部。1907年夏，与鲁迅等筹办文艺杂志《新生》。1908年春，写鲁迅、龚未生等往《民报》社听当时"有学问的革命家"章太炎讲学；同年作长篇论文《兴国精神之史耀》，发表于《河南》杂志第4期及第7期（1908年4月、7月），表现了他热切盼望复兴祖国的情怀。

1909年4月，许先生自日本归国，在杭州浙江两级师范学堂任教务长。

----

① 关于许先生入求是书院的年代，过去的记载多误。李季谷《许寿裳先生传初稿》云："先生年十六（1899年），虽遭母玉太夫人之丧，亦入中西学堂肄业。……翌年又转学杭州求是书院。"既把入中母学堂的时间误为1899年（参看上页注①），于是转学求是书院的"翌年"，自然就是1900年了。以后有些文章，也沿此说而误。今据许先生在《宋师平子于先生留别求是书院诸生的八首诗》一文中的自述订正。

这是他服务教育界的开始。1911年南京临时政府成立，许先生应教育总长蔡元培之招到教育部任职，不久随部迁往北京。1914年后，他又在北京大学、北京高等师范学校兼课。1917年出任江西省教育厅长。1922年任北京女子高等师范学校校长。1934年任北平大学女子文理学院院长。此外还先后在广州中山大学、成都华西大学等校执教。1946年去台湾，任省立编译馆馆长；次年编译馆被裁撤，改任台湾大学中文系教授兼系主任，直至罹难。40年中，许先生主要的时间与精力都用在教育工作上，他不但传授知识，也教导青年怎样做人。他的一个学生曾经这样说过："许师是一座进步与自由的灯塔，使在暗夜海上的船舶有所归往，不至汨没于风涛。"[1]因此他为社会培养了不少有用之才。在这些学校里，他主讲教育学、心理学、文字学、西洋史、传记研究和中国小说史等课程。他学识渊博，教课认真负责，例如在台湾大学时，曾开文字学课，只有两个学生听讲，但他仍然慎重将事，一丝不苟。后来这两个学生在悼文中回忆说："那时候，许先生担任的一门中国文字学是中文系二年级的课程，而中文系二年级一共就只有我们两个学生。……文字学的教材是许先生自己编就的，虽然只有二个学生，可是他为了要减省我们笔录的时间，借此讲解得更详细一点，所以依然设法替我们印讲义。又因为校中出版组的人员不善写甲文、金文、篆文等字体，所以特地指定了一位助教来缮写，讲义印就后，还得他自己来校阅一次，有错处即亲笔改正，然后才发给我们。"[2]这种严肃不苟、乐育青年的精神，使他赢得广大学生的爱戴与欢迎。

许寿裳先生也是一位有成就的文学家。他所著的《鲁迅的思想与生

---

[1] 袁珂：《悼忆许寿裳师》。

[2] 叶庆炳、陈诗礼：《我们永远不能忘记的许老师》。

活》（1947年）①、《亡友鲁迅印象记》（1947年）、《我所认识的鲁迅》
（1952年）等书，脍炙人口，在国内外广泛流传，为鲁迅研究者所必读。它
们是有关鲁迅的重要文献，而文笔淳朴，亲切动人，其本身也富有文学价
值。他的《章炳麟》（1945年）是国内最早的一部章太炎评传，共计四章；
第一章"最近三百年来中国政治和学术的鸟瞰"，第二章"革命元勋的章先
生"，第三章"国学大师的章先生"，第四章"先生晚年的志行"。其第三
章分节评介章太炎在语言文字学、文学、史学、经子及佛学上的贡献，阐述
极为精详。这几种专著和其他一些散篇文章，使许先生侧身于现代中国文学
家之林而毫无逊色。其单篇著作，最早有留东时期所作长篇论文《兴国精神
之史曜》，内容为"引言"及正文"德乙兴国之精神""自由之战""伊大
里兴国之精神　光复之业"两篇，全文未完。文章主旨在于说明精神力量在
欧洲各国复兴的历史中所起的伟大作用。他在"引言"中强调指出："佛朗
西革命者，近代文明之春雷也。凄凄欧洲，吼朔风而荒大野者，震而见艳阳
世界，何势之烈而效之巨欤！是必有一物存诸其间，发挥而张皇之也，是何
也？曰：社会之动变，必应于思想之动变，国民而怀有一大理想焉，其国
未有不发一大运动者也。当十八秪之后半，启明思潮，横溢欧陆，其特色
一言蔽之曰：以理想主义与个人自由主义二者，雠君权教权，欲尽举旧有
之制度文物而一新之也。"作者非常重视思想对社会变动的影响，而文章
又充满热情，富有感染力。"这是当时的风气，要激昂慷慨，顿挫抑扬，
才能被称为好文章。"②这篇文章和鲁迅的《摩罗诗力说》《文化偏执论》
《破恶声论》等文，写作时间相近，又都发表于《河南》杂志上，其中有

_____

① 　此书在台北出版。人民文学出版社1978年6月增补第三版《我所认识的
鲁迅》，已将该书大部分文章收入。

② 　鲁迅：《集外集·序言》。

164

些论点，可供我们互相参阅。到了1925年4月，鲁迅在北京创办《莽原》周刊，作为批判旧社会、旧文明的发言之地，许先生热烈支持，积极参加，写了《爱国》（第3期）、《争面子》（第15期）、《"有功文律"？》（第18期）、《谈"每下愈况"》（第21期）、《"胡说"》（第23期）等文；次年，《莽原》改为半月刊，他又在第3期发表了一篇《"生命的研究"之难》。这些都是抨击旧思想、旧势力的具有战斗意义的杂文，如《爱国》一文指出："本来爱国与革新是相需而不可离的事。正惟爱国，所以要革新；正惟革新，所以国才能够不敝。而中国一般之所谓爱国者不然。他们以为中国一切已经够好了，既然爱国，就不该革新，如革新，就不是爱国，把爱国与革新视为绝对相反的事；于是结果也相反，愈爱国，愈腐败，弄到国既不国，人也不人的地步才完！"在《"有功文律"？》《谈"每下愈况"》两篇中，讽刺章士钊文章内"每况愈下""行宪半十"等语的不通，并指斥他诬蔑女师大学生"竟体忘形"的轻薄，与鲁迅的《答KS君》和《寡妇主义》等文桴鼓相应，是许先生和鲁迅共同反对封建复古势力的战绩之一。《"胡说"》则是对胡适关于翻译的议论而发的。胡适发现某一课文有误，便骂译者是"犯罪"。许先生反对这种苛论，认为当时中国翻译事业不发达，"对于翻译品还应该大加奖励，只要它大体不错，并不任意删削，即使稍有参差，也是不必深责的"。他还指出胡适自己的翻译也有错误，不能厚责于人。学术论文有《〈敦煌秘籍留真新编〉序》，以敦煌卷子本《论语》《庄子》《楚辞音》《文选》《毛诗》《史记》等与今传本对勘，发现卷子本中多保存正字与古音，并可据以校正今传本的夺误，说明敦煌秘籍的珍贵。在古典文学方面，许先生的《李慈铭〈秋梦〉乐府本事考》是一篇极见功力的文章。李慈铭是晚清著名诗人，骈文家。《秋梦》是他所作《桃花圣解庵乐府》二种之一。全剧叙一生一旦梦中话旧，据许先生考证，是李慈铭自述与表妹薛珠婴的爱情故事。剧中莫峤为李托名，婴娘即珠婴。珠婴幼时常来外家，与慈铭从小相亲，互怀爱慕；但在李14岁时，他的祖母便给他娶了一位比他大5岁的马家表姐，夫妇感情不洽。珠婴后来也与他人结婚，23岁便早死。这篇传奇写封建包办婚姻的痛苦和失恋的悲哀，真切感人。许先生在1936年曾为它写过两篇文章，先后发表于北平女子文理学院院刊《新苗》第5期和第12期，这一篇是经过补充重作的定稿，1948年2月2日写成，不料竟成为许先生的最后绝笔。半个月之后，他就在台北寓中惨遭杀害了！

许寿裳先生的文章，朴实淡雅，具有一种自然之美。他注意刻画人物，如对宋平子的描写："先师魁硕，貌古朴，多须髯，两目幽郁若失精，望而知为悲悯善感之人。其教法重个性，主自由……循循善诱之功，非庸师所能企及。"又能即小见大，通过生活细节表现人物个性，如记乡人周蕴良："逮入翰林，回籍省亲，应友人题主之请；越俗丧礼，最重题主，仪式优隆，而先生通脱，固辞肩舆，值雨后路滑，着油靴步行而赔，竟不获救。"（《〈惕斋遗集〉序》）为一本普通的诗文集作序，本无多话可说，有了这么几笔，就把作者"通脱"的性格写了出来，使文章生色不少。这些地方，大概和他平素研究传记文学很有关系。他有一段追忆在求是书院时与宋平子夜话的文字，极为动人："先师住院，有楼两间，前为书室，后为卧房。晚餐后，余辄与二三同学，登楼请益。……一夕独侍书室，师纵论时事，忽涉及故国之痛，于明末遗民之忠义，清初文字狱之惨酷，尤三致意焉。其引据浩博而不可穷，其词理充实而不已。深谈五小时，不觉夜已过半，含泪告退，只见先师容益庄，情益苦，时万籁寂然，中庭霜月，皑皑如雪。此情此景，迄今四十年，历历犹在目前，每一追思，曷禁涕泗之横集也！"（《〈宋平子评传〉序》）这真是情文并茂的好文章。可惜这些文章从来没有结集，自许先生殁后，遗稿飘零，现在已不容易看到了。

我敬仰许先生，爱读他的《亡友鲁迅印象记》等书，因此多年来，随时留心他生前在报刊上发表的文章，想搜集起来，编成一个集子。但因时间过久，报刊残缺，个人见闻有限，收获不多。尤其是他赴台湾以后，在当地报纸杂志上发表的文章更难全都看到，所以这个集子是很不完备的。现在已知而未得见的，就有《论翻译之难》和《读了〈敦煌秘籍留真新编〉之后》《读〈敦煌秘籍留真：尚书盘庚、微子〉两篇》等文。这只有将来继续增补，希望早日完成祖国统一大业，使我们能将许先生寓居台北时所写的一些文章收集进来。现在这个集子，收入许先生的文章22篇，旧体诗38首。文章按写作或发表时间的先后编排，文后各注出处，《国学大师的章太炎先生》一篇，因系从《章炳麟》一书中摘来，故列于各单篇文章之后，旧体诗则置于全书之末。在编辑过程中，我重新翻阅了一些有关资料，现在择要略述于下，以供读者参考。

一、《兴国精神之史曜》 最先指出这一篇为许先生早年著作的，是周作人。他先在《鲁迅的故家》中谈到鲁迅为《河南》杂志撰文时说："许寿裳也写有文章，是关于历史的吧，也未写完。……他写好文章，想不出用什么笔名，经鲁迅提示，用了'旒其'二字，那时正在读俄文，这乃是人民的意义云。"（人民文学出版社版182页）后来又在《知堂回想录》中说："当时也拉许季茀写文章，结果只写了半篇，题名《兴国精神之史曜》，踌躇着不知道用什么笔名好，后来因了鲁迅的提议，遂署名曰'旒其'（俄语意曰'人'）。"（香港三育图书文具公司版219页）按俄语ЛЮДЙ的意思是"人"（多数），不是人民。

二、《爱国》至《"生命的研究"之难》 这几篇是在鲁迅的催促下写成的。许先生在《亡友鲁迅印象记》第15章中曾经说道："鲁迅编《莽原》杂志和《国民新报副刊》时，曾经几度怂恿我去投稿，劝我多写杂文，不要矜持，但是我因行文拙钝，只投过几篇：《论面子》《论翻译之难》……而已。"

三、《反对教育总长章士钊之宣言》 这篇宣言公开刊载于1925年8月25

日《京报》，是和齐宗颐联名发表的，当出许先生手笔。《亡友鲁迅印象记》第18章记其事云："我因为和杨荫榆校长是前后任的关系，对于这次风潮，先是取旁观态度，绝不愿意与闻的，待到章士钊无端把鲁迅免职，我不能熟视无睹了。既恶其倒填日子，暗暗免部员之职，又恶其解散学校呈文中，叠用轻薄字句来诬蔑女性，才和齐寿山（教育部视学）二人发表宣言，指斥其非，并且正式送给他一张以观其变。于是他也把我们二人免职了。"齐宗颐（1881—1965年），字寿山，河北高阳人。德国柏林大学毕业。他是鲁迅在教育部"多年共事的朋友"，曾帮助鲁迅翻译过《工人绥惠略夫》和《小约翰》。

四、《关于儿童》 本篇中的两首译诗，曾寄请鲁迅校阅。鲁迅1936年4月5日致许函云："顷奉到惠函并译诗，诵悉。我不解原文，所以殊不能有所贡献，但将可商之处，注出奉上，稍稍改正，即可用，此处亦未有善法也。"所说"译诗"，即指本篇中引译的英国华茨华士的《虹》和美国朗弗罗的《儿童》。可惜现在已无从见到注有鲁迅意见的译稿了。

五、《纪念先师章太炎先生》 许先生曾将载有此文的《新苗》月刊寄赠鲁迅，鲁迅在1936年9月25日复信中说："得《新苗》，见兄所为文，甚以为佳，所未敢苟同者，惟在欲以佛法救中国耳。"又说："从中更得读太炎先生狱中诗，卅年前事，如在眼前。"许先生在《亡友鲁迅印象记》第13章中也有关于此事的记载："我因为章先生逝世，写了一篇《纪念先师章太炎先生》，中间引用先生'以佛法救中国'之言。鲁迅看了，不以为然，写信告诉我，另外说到纪念先生的方法。"鲁迅的那篇《关于太炎先生二三事》，即由许先生此文触发而作的。

六、《李慈铭〈秋梦〉乐府本事考》 许先生对于同乡前辈著名文学家李慈铭的著作，甚感兴趣，曾有《越缦堂日记选注释》，稿藏于家，尚未印行。关于《秋梦》，他在1936年内一连写过《李越缦〈秋梦记〉本文考》和《〈李越缦《秋梦记》本文考〉后记》两篇文章，加以考证；十年之后，他又补充材料，写成这篇最后定稿。前两篇自然不及定稿完善，本书未予采录。《桃花圣解庵乐府》原刻本，现已难得，阿英编《晚清文学丛钞·传奇杂剧卷》附卷中，据《小说林》所载，收有《越缦生乐府外集》，其第二种《星秋梦》，实即此剧，不知题名何以歧异。许先生文后附有《赵缦堂日记补》中《秋梦》原稿，兹不录。

七、《国学大师的章太炎先生》　原系《章炳麟》一书的第3章。该书1945年在重庆出版，印数不多，至今绝版已久，很难看到，故从其中采摘一章，收入本书。原版系战时土纸印刷，字迹模糊，引文又多古体字，不易辨认。这次收入时都据《章氏丛书》中有关文章核对一过。原书未注明写作年月，大约写于1943年至1944年之间。

八、《上遂庼诗草》　本篇中《题阮诚斋画册二首》，许先生曾书赠鲁迅，原件与《吊鲁迅墓》手迹，现在都保存在北京鲁迅博物馆。补遗四首，许先生生前未发表过。据许世瑛《先考日记摘录》，《题张苍水遗像》作于1947年11月19日；为彻三题两画像诗，作于1947年11月24日，许世瑛云，这是许先生诗作的最后两首了。

临末，还有几句赘言：1945年我在重庆时，曾想将许先生当时已发表的九篇关于鲁迅的文章，辑成一册，交友人刘振美办的华美书店出版，已征得许先生同意，并允撰写序文。但不久华美即停业，致未成为事实。我为此深感歉疚，30年来，常用耿耿。现在，这个集子幸得编辑出版，而许先生已不及见，在我，虽可略申一点"挂剑"之意，但仍不能不感到怅然。我还要感谢许世玮同志和朱正同志，他们或者在遗文的搜集上，或者在出版的促成上，给了我很大的助力，是应当特为表出的。

1983年9月28日，记于北京

许寿裳传略

——近代教育先进传略续集稿

周邦道

　　许寿裳（1883—1948年），字季黻，亦作季茀，号上遂，浙江绍兴人，世居县南之乾溪。清光绪八年（1882年）壬午十二月廿七立春日生。甫周晬，父东辉公卒，依恃母王氏。幼受长兄铭伯督课。肄业绍兴中西学堂、杭州求是书院。后负笈东京弘文师范，毕业东京高等师范史地科。同时与鲁迅、朱希祖、钱玄同，受业于国学大师章太炎。民国元年，教育总长蔡元培邀入部，任参事，后兼北京大学、北京高等师范教授，黄建中、曹鸿文、章微颖等，均出其门。民国6年，出长江西省教育厅。时厅制初创，力开风气，充实学校教育，并设博物馆、通俗图书馆，注意社会教育。马祺光、程时煊、贺全麟、盛怀谷等，协助进行，赣教基础，于焉奠立。民国9年，返部任编审。民国10年，任国立北京女子高等师范校长，整顿校政，一洗散漫积习，培养妇女界不少领导人才。民国13年，复返部供职。

　　民国14年，北洋军阀枉法解散女子高师，寿裳与马裕藻、鲁迅、郑奠、徐祖正等，发动护校，另觅校址，义务上课，自任教务长，生徒麇集，感激泣下。如是三月，卒告复校。民国16年，应国立中山大学聘，主授国文。国民政府奠都金陵，仿法国制，以大学院代替教育部，蔡元培院长辟任秘书长；比元培专长中央研究院，则随任文书干事；匡襄区理，贡献滋多。民国23年，国立北平大学徐诵明校长聘主女子文理学院，物色李季谷、夏元瑮、杨伯琴、陈之霖、顾谷若、杨仲子、戴君仁、谌亚达等，教授阵容称盛。抗战军兴，平大与师范大学、北洋工学院西迁，初为国立西安临时大学；继迁城固，改称西北联合大学。寿裳历主史学系、法商学院。民国28年秋，与徐诵明、李季谷等入川。冬飞滇，至澂江，重就中山大学聘，与吴宗慈、范琦、邹谦、林本、李季谷等，吟咏为乐。民国29年，赴成都华西大学，任英庚款国学讲座，主讲文字学、传记文学、中国小说史等科目。

民国31年夏，至渝都，为考试院考选委员会专门委员，戴院长属研治《周官》及考试制度。与委员长陈大齐、副委员长沈士远，秘书长陈念中，同寅协恭，暇辄著述。胜利还都，与夫人子女聚首春申。旋应台湾省行政长官陈仪约，筹备文献委员会。未几，任台湾省编译馆长，擘画详审；聘程璟、邹谦、李霁野、杨云萍，分任纂辑，印行学校教本、社会读物、国内外名著多种。民国36年夏，台湾大学校长陆志鸿聘充国文学系主任，与乔大壮、魏建功、台静农、李竹年等，相处甚得。讵意民国37年（1948年）2月18日深夜，在青田街寓寝，突被盗戕，年六十有六。一代师表，飞祸惨遭；来歆云亡，举国震悼。故当时国民政府主席蒋公挽曰："耆贤遽陨"；副主席孙公挽曰："文章蜚海内，遗恨痛千秋。"

寿裳博通经史，雅擅诗文。谦抑慈祥，规过无隐；律己以严，待人唯恕；重然诺，负责任，守时刻，尊人权。振铎上庠，造就多士。平生风义，弥笃师友，如营救章太炎，护持蔡子民，为鲁迅作不平鸣，胥传舆诵也。著作已出版者，有《俞樾传》《章炳麟传》《亡友鲁迅印象记》《三民主义述要》《历代考试制度述要》《周官研究》《传记研究》《越缦堂日记选注释》《中国文字学纲要》《怎样学习国语与国文》等。《蔡元培传》正准备着笔，而不幸辞尘。初婚于沈，早逝。继婚夫人沈慈晖、陶伯勤。生男二：世瑛、世琛；女四：世瑄、世琪、世场、世玮。世瑛于清华大学研究所，从刘文典、陈寅恪、赵元任、杨树达受业；在台湾、师范、辅仁、淡江等大学，授目录、声韵、训诂、文法等学，著声称，六十一年冬怛化。世琛中央大学、密西根大学出身，曾任圣约翰、南通、台湾等大学教授，为环境卫生专家。世瑄、世琪、世场、世玮，多从事教育事业。明德达人，克振高阳家世云。

1981年

172

许寿裳先生传初稿[*]

李季谷

许寿裳先生，我国近代教育家，亦文学家也。字季茀，号上遂，浙江绍兴人，世居县南之乾溪，以樵农自给。祖成金公，迁居盛塘。父东辉公，迁入绍城，经营南货商，家益小康。兄三人，长寿昌，清光绪壬寅科举人，度支部主事。次寿棠，山东博山、莱阳、高苑等县知事。三寿祥，早夭。先生生于公元1883年初，即清光绪八年旧历十二月二十七日，正立春节也。甫周岁即遭失怙之痛。先生受母教甚严，后由长兄寿昌课读，勤奋逾常儿，神态凝重，生活至有规律，且雅好整洁。此种习惯，至老不衰。

光绪二十年（1894年）中日两国为朝鲜问题发生战争，中国失利，翌年两国缔结马关条约，清廷让朝鲜，割台澎，并赔款二万万元，丧权辱国，全国沸然。国民对清廷不满，多有革命之志。各地青年思想，波动益烈。新教育制度亦应运而起，1897年，绍兴徐树兰（仲凡）等捐资创办绍郡中西学堂，以山阴何琪（阆仙）为监董。以唐健伯、寿孝天、薛朗仙、马渭莼、马水臣等为国学教师，俞伯英为英文教师，许翰伯为法文教师，何豫才、杜

＊ 本文根据马禩光先生等所作许季茀先生事略而作。

亚泉为数学教师，优秀士子甚夥。先生年十六（1899年）虽遭母王太夫人之丧，亦入中西学堂肄业，与先生同学者有沈光烈、胡豫、张梁、马禩光、诸福诜、蒋梦麟等。翌年又转学杭州求是书院，当时吾浙之先进学者固多集是院讲学，宋平子即为讲师之一，今苏渊雷著宋平子传，有先生序，叙述当时情景云："先师之学，以仁爱为基，以大同为极，少年刻苦读书，日以心身古今缘嗜六字自课，本末兼到，内外夹持'，一生功力造端于此，民元前11年（1901年）夏，掌教求是书院，余幸得亲炙，虽为时仅四月，而获益之大，受知之深，毕生不能忘也。"先生成绩特优，考试屡列案首。学生同辈中亦多杰出之士也。

清光绪二十八年（1902年）年十九，官费派往日本留学，初入弘文书院。时国学大师章炳麟与国父孙文会见，英杰定交，同谋革命，发起中夏亡国242年纪念会，以励光复。翌年炳麟为苏报案在沪入狱，然革命声气大盛，东京方面有革命杂志《浙江潮》由先生主编，鲁迅尝投稿此志。后考入东京高等师范学校史地科，雅好外国文，习日文、英文外，兼习俄文，与经亨颐、范均之、叶墨君、钱家治、伍崇文等同窗，皆甚密切。同时与鲁迅、钱夏（玄同）、朱宗莱、朱希祖、周作人、龚未生、钱家治等同受业于炳麟，每星期日上午，席地围坐听讲，学乃大进。先生并与陈仪、陶冶公等亦极友善，谈道论文外，兼谋革命，往来甚密。约1905年，入同盟会。

1908年春，先生25岁，毕业东京高师，准备留学欧洲，仍住东京习德文，是年先生自小石川区移住本乡区西片町，租一华美住宅，与鲁迅、周作人、钱家治、朱谋宣同住，并署其寓曰"伍舍"。后以费用无着，未果留德，先生常以此为憾也。以上实为先生笃学问道之时期。

清宣统元年（1909年）4月，自日本返国，任浙江两级师范学堂教务长，当时学堂新任监督为沈钧儒。鲁迅亦于6月归国任教。同年冬沈钧儒辞监督，继任者为夏震武。学制初改，堂中尚多科举时代陋习，先生力革之，风气为之一新，当时同事者除鲁迅外，有朱希祖、夏丏尊、章嶔、张宗祥、钱家治、张邦华、冯祖荀、胡浚济、杨乃康、沈朗斋等固皆少年英俊也。此为先生服务教育界之始。

1911年10月10日，黎元洪等起义武昌，各省先后响应独立，南京成立临时政府，以孙文为临时大总统，蔡元培为教育总长，力倡自由民主学说，全国人民思想为之一变，下令改用阳历，以1912年1月1日为中华民国元年元旦。不久，南北议和，孙先生辞总统职，革命党为求和平计，迁就推举袁世凯为临时大总统，旋又同意仍定都于北京。先生应元培召，供职教育部，旋升参事，并兼任译学馆教授。民国3年（1914年）后，又兼任北京大学及北京高等师范学校教授，在高师且一度兼任史地系主任，极受学生爱戴。今中央政治大学黄建中教授、西北大学黄文弼教授，当时皆在北大受业；上海暨大曹鸿文教授、台湾师范学院章微颖教授，当时在北京高师受业，均亲聆讲训者也。

民国6年（1917年）先生35岁，出任江西教育厅长，时厅制初创，先生集中各方人才，力开风气，学校教育外，并注意社会教育，设立博物馆、通俗图书馆。马禩光、程时煃、贺全麟、盛怀谷等皆为当时厅中协助工作之主要人物，和衷共济，成绩斐然，江西人士，有口皆碑。江西教育之基础实奠于此。

民国9年（1920年）春，离赣返京，重入教部任编审，职务较闲，读书益勤。

民国11年（1922年），出任国立北京女子高等师范学校校长，聘第一流学者任教，鲁迅亦抽忙任中国小说史，人才辈出，今妇女界之领袖人物，殆多出先生门，中国之女子高等教育实自此发轫。

民国13年（1924年），辞女高师校长职，又入教部任编译。翌年北京女师大被北洋政府非法解散，京中学者多不平，先生与马裕藻、鲁迅、郑奠、徐祖正等发动护校，另觅京中宗帽胡同校址上课，重新开学，全校教师义务上课，实先生领导之。生徒均感激泣下，益奋勉自励，如是者三月，女师大卒得复校。民国15年（1926年），广东革命空气益浓厚，国民党成立北伐军，时鲁迅自厦大至广东，任中山大学文学院长，邀先生任国文系教授。旋国民政府成立于南京，蔡元培仿法国创大学院制，以大学院替代教育部，元培自任院长。元培向主张以美育代德育，故创设国立音乐专科学校于上海，国立艺术专科学校于杭州。先生任秘书长，多所赞助。大学院试办年余，至民国28年（1929年）大学院制取消，元培改任中央研究院院长，先生亦改任中央研究院干事。时元培常在上海分院，先生留南京本院，院务甚繁，远则函商元培，近则面商总干事杨杏佛，日无暇晷，如是者五年。民国23年（1934年）夏应国立北平大学校长徐诵明之聘，赴平任平大女子文理学院院长。先是院长屡易人，院中颇不安定。先生莅任后，大加整顿，由李季谷、陈慧、董人骥分任文史、英文、经济各系主任，夏元琜任数理系主任，杨伯琴、陈之霖先后任化学系主任，顾谷若、谢似颜先后任体育系主任，杨仲子任音乐系主任，并聘佘坤珊、戴君仁、林晓、湛亚达、张佩瑚、严既澄、马师儒、童德禧为教授，阵容大整，图书仪器亦粲然大备，成绩斐然可观，遐迩共称道之。

民国26年（1937年）夏，抗日军兴，国立北平大学奉令与师大及北洋工学院，西迁长安，成立国立西安临时大学，旋又改称为西北联合大学，复迁城固。先生改任史学系主任，旋又兼长法商学院，后又专任国文系教授。居城固城内王史巷，同寓有李季谷、谢似颜、林晓、刘北茂、陈之霖、杨若愚、齐植朵、周永丽等同餐，先生宛若家长，饭后茶余，先生或讲掌故，或讲小学，或挥笔应各友人所求法书。休沐日亦常与上述诸君作远足游，其乐亦融融也。

民国28年（1939年）夏，西北联大改组，初秋，先生遂与徐诵明、李季谷、胡元义、寸树声、吴英荃等10余人离陕入川，道经宁羌、剑阁、绵阳等地，一路赋诗为记，怡如也。畅游成都以后，舍车买舟，经眉州访三苏古迹，至乐山，访马一浮先生，复顺流至重庆。初冬飞滇，至澄江，重就中山大学之聘，与林晓、章微颖、罗倬汉诸教授同寓于澄江西门外，日与吴宗慈、范琦、邹谦、林本、李季谷等论文赋诗，颇以为乐。居半载，民国29年（1940年）春，应成都私立华西大学之聘，任英庚款国学讲座。是时，齐鲁、金陵各大学多避日寇假华西大学校址上课，成都华西坝已成为特别文化区，青年学生闻先生至，无论校内外，均喁喁向风，时请先生作特别讲演。至民国31年（1942年）夏，至重庆，改任考试院考选委员会专门委员，公事外，从事著作不息，几不知老之将至。所著《亡友鲁迅印象记》《章炳麟传》《三民主义述要》《周官研究》《传记研究》《俞樾传》《越缦堂日记选注释》《中国文字学》等，皆成于此时，并均已成书印行。时考试院在歌乐山，陈大齐、沈士远分任考选委员会正副委员长，朱希祖任委员，湛亚达亦任是会专门委员，旧识甚多，虽居乡僻，亦不感寂寞。至民国32年秋，二女世琔复自沪来侍奉，初入复旦大学，毕业后，又在歌乐山卫生实验院，得暇即前去定省，亦乐事也。民国34年（1945年）8月，日寇降服。翌年（1946年）春，随考试院复员南京，旋到沪，晤夫人陶伯勤女士及三女世场、四女世玮，盖分别已八阅年矣。骨肉重圆，乐不可支。是年夏应台湾省陈行政长官仪之邀，赴台任省编译馆馆长，馆事初创，掌擘周详。分为四组，凡学校教本、社会读物、海外名著译述、台湾文化研究，均聘专才担任，以程璟、邹谦、李霁野、杨云萍分任纂辑，颇著成绩。当时长子世瑛自北平南来，在台湾师范学院任副教授，世玮入台湾大学农学院肄业，随侍在旁，亦极愉快。逾年夏，编译馆改组，国立台湾大学陆志鸿校长敦聘为国文系主任，与同系教授乔大壮、魏建功、台静农、李竹年诸先生均相处甚得。每日赴校，时与马廷英、沈璿、陈兼善、戴运轨、魏岩焘、于景让同车往来，精神矍铄，俱以为先生必能享耄耋之年。不料甫半载，民国37年2月18日深夜，突在台北市青田街6号寓寝为盗戕害，享年66岁。一代宗师，惨遭飞祸，全国为之震动悼痛不已。

先生谦冲慈祥，临事不苟，自律甚严，待人甚恕，而规过劝善，直尽无隐。行为悉遵礼法，思想适合现代。重然诺，负责任，守时刻，尊人权，深恶旧社会之一切恶习，尤爱青年。每谈及目睹"三一八"惨案，学生被杀情形，辄切齿不已。笃于师友风义，当章炳麟大师被幽北平，先生力为营救。彭允彝长教部，挤蔡先生出国，先生方为女高师校长，率国立八校以与之抗。教育部当事者非法免鲁迅职，先生与齐寿山作宣言痛斥之，亦被免职。毕生好学，至老不倦。重乡贤李慈铭之文章，致力于《越缦堂日记》甚深，百忙之中不废撰述。先生平日生活，极有规律，晚9时必睡，晨三四时即起，净几小砚，一灯荧然。人声甫动，先生已写稿易页矣。此外印成者有《怎样学习国语与国文》。其零篇短文已发表者：有《鲁迅的德行》、《鲁迅的人格和思想》、《鲁迅的精神》、《鲁迅的避难生活》、《鲁迅的游戏文章》、《国父中山先生与章太炎先生》、《俞曲园先生的思想》、《摹拟与创作》、《王通与韩愈》、《教授国文应注意的几件事》、《敦煌秘籍留真新编序》、《读了敦煌秘籍留真新编之后》、《第二诞生期与第三诞生期》、《光复文库发刊旨趣》、《俞曲园的教育思想》、《宋平子传序》（苏渊雷著），凡21种。未发表者，有修正本《秋梦本事考》，则先生遇害前数日脱稿者也。尝欲为蔡元培先生作传，已搜集材料，未及下笔，而先生已成古人矣。先生初娶沈夫人，不久逝世。继娶沈夫人慈晖，生子世瑛、世璩，女世琯，民国7年（1918年）病殁江西。又娶陶夫人伯勤，生女世瑛、世玚、世玮。

1948年春

178

悼忆许寿裳师

袁　珂

　　1940年秋，我因事故，从四川大学转学到华西大学，那时恰巧许师任该校教部特约中英庚款文化讲座，主讲"小说史"和"传记研究"。我因崇仰鲁迅先生的缘故，于和鲁迅先生有30年交谊而思想性行都相近的许师，亦早景慕已久，又兼这两门功课，都使我发生兴趣，所以一齐选了下来。和我同选这两门功课的，尚有也是因事故从川大转学到华大的我的好友襁仲明君。

　　上"小说史"的第一课，怀着几分欢喜不安的心情，等候许师走进教室。——其实用"等候"两个字，不免是稍有语病的，因为随着上课铃声响动，呀然教室门开，守时间的许师，已经挟着白布书包，笑容可掬地走了进来。

　　七八年前的许师，精神比近一两年尤佳，头发胡子虽是白了，脸孔的颜色却红润而富有生气，于慈祥和蔼中带着威严，可亲而不可犯。

　　"小说史"大体依照鲁迅先生的《中国小说史略》讲授，另加补充；"传记研究"则系许师自编讲义；两门功课都同样表现了许师的博识与精见，启迪我的脑臆不少。

向称顽劣的我，在过去10多年的学校生活中，可说是从没有好好听过一点钟课，童骏无知时代不要去管它了，便在长大成年，由中学步入大学时代，也总是把学校当作旅馆，课堂看成驿站，师长们的耳提面命和传道授业并没有当它作一回事。然而一进许师的课堂，却奇迹般地，我的全部心魂都紧紧被许师摄住，先前的坏学生忽然变成好学生了。

　　我开始把身体坐得直直的，目不转睛地用心听讲，并且开始写第一本完整的笔记……

　　许师常穿一件旧蓝布长袍，拄藤手棍，风快地行走在校园道上，其精神之佳，我辈中亦罕与伦比者。尝在一文中戏拟为"打鸟的安特生"，许师后来见了亦深为莞尔。

　　不但走路，便在课堂上许师也表现了同样充沛的精神。他不像我们有些老先生那么慢腾腾地，衔着一管长烟杆，泡了碗盖碗茶，四平八稳地坐在藤圈椅内，说一句话吐一口痰的怪现状。不，他一点这类"名士派"的习气也没有，诚如某先生所说：许先生是一个老少年。

　　我颇爱听课堂上许师绍兴腔的国语，觉得很是亲切。许师援古证今，指中例外，博奥渊雅，滔滔不绝，十分引人入胜，不是抱残守缺的所谓"老师宿儒"所能比拟的。口讲之不足，还继以手的指画和足的腾蹈。记得在《鲁迅全集》某卷，曾见有一幅许师和鲁迅先生几个人在日本东京合照的相片，许师身穿学生制服，两襟微敞，翘首而立，意态轩昂，和眼前许师的形貌也大致差不多；不同的只是眼前许师的嘴唇上多了两片好像是胶黏上去的白胡子罢了。

　　在那外侮与内争并烈的年代，无声的中国有的只是"随从我来"的声音，憧憬的明光尚在半天云雾，"你往何处去"的暗询随时在心扉升起，青年没法不苦闷。许师是一座进步与自由的灯塔，使在暗夜海上的船舶有所归往，不致沦没于风涛。他给我们精神上的慰安和鼓舞似乎倒比课业的传授更多。

然而夜的漆黑未免太黑了，灯塔在海滨竟也显得那么茕独无依。选许师课的同学并不多，"小说史"有五六人，"传记研究"只有我和我的朋友禚君，外加一个偶来旁听的某女士，如斯而已。在我们这里，守旧与维新之间，鸿沟天然，一时竟无法填平打通。

　　使我最难忘怀的，是许师辛苦编成的"传记研究"讲义，只为了两个不肖的学生。但是许师却丝毫不苟，每上课前一定要在图书馆里钩稽群籍，作充分的准备。我因写毕业论文，每到图书馆楼上查书，从楼栏上望下去，总常见许师斑白的头，伏在黑漆的写字台上，用心在十行纸上撰写讲稿。有时拿起一卷书来，眯了一只眼，睁大另一只眼，仔细察看书上的字迹。这真使我感动。因此我在空落的课堂上，恨不能化身千百，来接受许师道业的传授。

　　偏偏事有凑巧，有一回在"传记研究"的课堂上，朋友禚因病请假，旁听女士未来，不算小的课堂里，我坐在最前排的最当中。笑容可掬的许师照例准时夹着书包开门进来了，一进门就高兴地开口说："各位……"及至看清楚教室里只有我一个人，又才改口说："密司脱袁……"这时我心里实在难受极了，我真羞于把这种凄凉的景象呈现在我最敬爱的师长之前，而许师却从容一如平时，干脆不去写黑板了，而把他写好的讲义，放在我的课桌上，亲身站在我面前，认真讲课直到下课铃声叮当叮当地响起来。

　　我的毕业论文《中国小说名著四种研究》，是在许师的指导下完成的。草稿缴上去，许师仔细看了一过，大为嘉许，予评语曰："将五百年流行于世之白话文文学四种，提高眼光，纵横研究，叙述扼要，论断得当，足征好学覃思，确有心得。惟谓《红楼梦》全书出自一手，此处尚有可商。余多精彩，洵佳构也。"给了评分95分。这篇论文中的两部分：《中西小说之比较》和《〈红楼梦〉研究》，后来分别发表在1947年和1948年的《东方杂志》上。

许师的评语使我感奋。草稿上的错字及点画未真的字均蒙许师细心剔出，谒正于纸端，如列兵似的站着，又如小学生作文簿上的光景，尤其令一向赋性粗疏的我惭感难忘，这以后命笔属文时自然就小心多了。

我从华西大学毕业未久，许师也终因受不住旧势力的排挤，离开了那繁华热闹的地方，到重庆歌乐山考试院去度了几年半隐遁的生涯。这几年中，虽是音讯中断，然而许师的影像总是常存脑膜。它督我自新，催我振奋，在漂流无定的教师生涯中，社会的污暗尚不至沦我于不拔，许师精神感召的力量是宏深的。

抗战胜利后我到重庆，又在歌乐山欣晤到我所崇钦的先生了。他身体犹健，风貌如昔。其时我正和青年友人们在沙坪坝办了一个《文化新报》的小报，每周一期，以"重科学、争民主、求进步"为宗旨，配合当时国共两党的和谈运动。承许师惠赐鸿文和题写刊头，给我们支援奖掖很大。报纸主要成员是当时中央大学的学生，后来中大复员南京，加上经费筹措困难，这个周刊便不得不像其他文化刊物一样短命夭折了。

1946年夏许师应陈仪聘（他们是日本东京留学时的同学）到台湾主持编译馆事，抵台不久，即函召我去那边工作。我怀着希望和欢喜无限的心情，于7月初启程，从流东下，路上几经障阻，8月底始到达台北。那时编译馆人才极盛，有李霁野、李何林、杨云萍、谢似颜等诸先生，真是众星璀璨。方展宏图，不料中经"二二八"事变，政府改组，编译馆遂告撤销，一切希望和欢喜都付诸泡影了。原来计划编写的有较新观点能适合本省需要的中小学教材于是只能半途而废，成为一堆废纸。仅有一套由许先生主编的《光复文库》，约二三十种，后来终于由台湾书店印行，和读者见了面。我的几篇讽刺童话，也以《龙门童话集》为书名，由李何林先生审稿，列为其中的一种。

当刚宣布政府改组，陈仪离职，由魏道明继任省主席，还未宣布编译馆撤销的时候，5月中旬，魏主席来台履新，各机关职员都去机场迎接。许馆长也率领了本馆编辑以上的职员乘车到机场去。机场跑道两旁早已密匝匝地排列了迎迓的长队。看见许先生头戴白台草帽，手持黑布阳伞，带着有些勉强的笑容鹄候道旁的情景，使我心里不由产生了"一官白头，飘零海外"的苦涩难受的感觉。

魏主席是迎接来了，可是来台第三天就宣布了编译馆撤销，未了的工作由省教育厅接办。消息来得太突然，使百多人的编译馆同事落入不知所措的状态。后来大家分析，不外有以下三个原因：一是许师是鲁迅先生30年的老友，思想有"左倾"嫌疑，所邀来馆工作的职员，含"左倾"进步色彩的，也不乏其人，如李何林、李霁野等；二是所编教本或读物，不合官方口味，亦有"左倾"嫌疑；三是"二二八"事变后，本馆有张、刘两位同事以共产党嫌疑被捕（说他们是事变的策划者），许馆长知其无辜，亲自坐车去将他们从警备司令部保释出来。

编译馆撤销后，许师随即就任台湾大学中文系系主任，两位李先生也随同去了。那里已有多人，工作难于安排，我仍留在编译馆后身的教育厅编审委员会供职。这里其实是个善后性质的闲散机关，整天没有多少要紧的事情可做。我就常到省图书馆去借些杂书来观览，读了《山海经》《古史辨》和《诸子集成》之类二三十部书，渐对神话研究有了兴趣。又从沈雁冰先生的《神话杂论》一书中受到启发，那上面说："中国神话不但一向没有集成专书，并且散见于古书的，亦复非常零碎，所以我们若想整理出一部中国神话来，是极难的。"少年时期酷爱童话也喜欢古典文学的我，这时就想尝试做难度较大的整理中国神话的工作。后来读了钟毓龙先生四厚册的《上古神话演义》，觉得他把神话和历史搅作一团，驳杂不伦，不是整理中国神话的途径，就更从相反方面加强了我去尝试一下的决心。

于是我就在1947年下半年和1948年初之间，开始搜集材料，草拟提纲，想写出一本《中国古代神话》的小书来。许师住青田街的寓所我是常去的，某次又因其他事情去见许师，顺便把我这种想法告诉许师知道。治学一向严谨的许师，初以为我的设想未免过奢，经我说明不过是小规模的尝试之后，许师这才微笑点头颔许。清楚地记得不止一次，每当我去拜访许师，离开他家的时候，许师送我出门，穿着中式长袍的他，魁伟的身材，白发红颜，笑眯眯地站在纸扇门旁，看我坐在玄关的阶前，挟着一只装文稿杂物的小竹箱，穿自己的鞋子——那时去台湾工作的人员，住的大都是日本人留下的木头房子，进出门都要脱鞋、穿鞋——的情景，心里就觉得温暖、亲切。哪知为时不久，许师就惨遭了不幸。

2月19日上午，正在机关伏案工作，忽传许师家里出了惨案：有说许师被杀，有说许师家人被杀，真是晴天霹雳。急乘车前往探视。到时，许师寓所已被汽车、人力车和围观的人群拥塞着，刑警正在进行侦察，不让进去。一问情由，果系许师被杀身死。事情发生在昨天夜半，凶手越墙进去，径入许师卧室，以柴刀向许师的颈部连砍数刀，创口大而深，许师似在睡梦中，未加抵抗，即行毕命，血染床褥被帐，情状极惨……

午后1时，许师寓所侦察完毕，开始放人进去。经花径，直上许师卧间。屋子里弄得极零乱，许师侧卧榻榻米（日本地席）上，身上盖着血染的被条，白发皤然的头露了一半在被条外面，头上也略粘血迹。谁也不敢且不忍去揭开被条细看。此一忠厚和平的老翁，从此便长眠不醒了。悲从中来，欲泣无泪，因为眼泪全都被愤怒和骇愕所蒸化了。

缉捕凶手的事闹了好几天，中间还夹杂些鬼神迷信的事，不知是谁弄的玄虚。起初逮捕了一个嫌疑犯，是许师的远亲周某，后来又被保释。23日在台大附属医院公祭许师。早晨才听说凶手已经抓到了，谁也料不到便是前编译馆的工役高万仟。报上有专栏长篇报道此事。据高犯供：因编译馆撤销，他失了业，不得不以偷窃为生。他常去许师家修电灯，早已熟悉门路，且已偷过几次。这次刚进许师屋子，许师醒了，用电筒射他，并抓背后枕头掷他。他在惧怒之下，杀心顿生，乃将随身所带的柴刀向许师砍去，许师呼叫，接连又是几刀，这样老人就毙命了。

在公祭场上，大家议论：许师既在醒时被砍身死，应有搏斗阻格痕迹，何以手上脸上都无刀伤，几刀都在颈部的一侧，显系在熟睡中毫无抵抗便被研毙命。至于现场零乱的光景，则完全可以事后人为，是不足为据的。但凶手既然供认如此，议论也不过是议论而已。

上午9时，公祭开始，与祭的人约二三百，前编译馆同事大都见到了。同事中有华大同学陈嗣英，也是许师的学生，正从灵堂走出，眼睛红湿，脸白如霜。公祭毕送许师遗体去火葬场火化。警局派专车两乘，押凶手及所盗赃物前来示众。高万侔被解下车，两手反缚，立人巷中，脸色褐黄，一眼略斜，带愚顽相。旋解去。

27日送许师挽联云：

> 希望寄前途，一代儒宗速殒，应教盈眶倾予泪；
> 典型留后世，三千桃李同悲，何来逆竖夺师魂！

请洪銐先生写在两幅三码长的白布上，尚大方可看。29日又去中山纪念堂参加许师的追悼会，到会人数略如公祭那天。台上悬遗像，下列大花圈若干，除党国要人所献者外，内中赫然还有蒋中正所献的一个大花圈，两旁则是挽联林立。行礼如仪后，由台湾师范学院院长李季谷报告许师生平事迹，又由台大陆校长和谢似颜教授致哀辞，便散会。

3月13日，去法院听公审高万侔。高供词大略如前，无甚可听。不久这个凶手便弄去枪毙了。听说在行刑前，高万侔母妹来向他诀别，亲人之间颇表现了些凄恻的情景。大家怀疑此凶犯是否便是仅因偷盗而杀害许师的真凶。我自己更是惊怔不已，疑莫能明。作为一个忠厚长者，纯以读书治学为务，无侮于人、无争于世的许师，而有青田街寓所的惨祸，真是太可伤痛了！如此时事，我还能说什么，还有什么可说呢！

1948年3月初稿于台北，1992年2月订补于成都

关于许寿裳先生

景 宋[*]

    许先生号季茀，是我学生时代值得敬仰的一位校长兼教师。也是离开学校之后，20多年来不断通信请益，亲炙最长久，质疑解难的唯一的师长。最后的通信是今年1月31日，而不知这却是成为给我临末的训诲了。

    先生对人始终一本至诚，从未见其疾言厉色，却得到如此惨酷的遭遇，砍杀数刀，几致头断，识与不识，几将疑死非其时、其地、其由。而竟然死于此时、此地、此由。真禁不住抬首问天，以如此厚道长者，而竟有这样的遭遇，则人世坎坷，几何时何地何由而不可致死？性命既被视如草芥鸿毛，则人们也何从更何须有什么戒惧与防范？真所谓身处末世，恐言之矣了。鉴于许先生的无辜而死，或更使谨慎之徒，不知戒惧为何用，则高万倍的凶暴，不是抵命所能偿其值得了。为了许先生的死，虽然已经过了10天，我还是低徊悱恻，不能已于怀。

    人皆知许先生与鲁迅先生友善，而不知他和蔡孑民先生也属深交。在中华民国元年，临时政府定都南京，蔡先生出任教育总长，许先生即被邀至南

---

[*] 即鲁迅夫人许广平。

京帮忙。后来蔡先生任北京大学校长，许先生任女高师校长时，用人行政，都深得蔡先生协助。民国16年间，蔡先生在南京主持大学院院长之职，许先生也还是和他一同共事的。沉着稳重，遇不可为的时候就洁身引退，绝不游移，则两位先生的性情，有相似处。彬彬有礼，和易近人，似绅士风，也是两先生所同具的。

拿许先生和鲁迅先生相提，就颇两样，一个是知识分子型，一个却是农民型。例如遇到桌面有尘污时，许先生必侧首详视，确有不清洁处，就拿布去揩掉。鲁迅先生虽然也会用布去揩，有时或会由它去，或顺便用手揩两下，然后两手相拍，即算拍掉了龌龊，若无其事似的。前者的处理是用绅士态度，而后者则更近于农民式了。又如吃面包，据鲁迅先生的回忆，作为趣谈告诉我们，说是在东洋留学的时候，有时吃面包，许先生如同某些人一样，欢喜撕掉边缘，这原是普通常遇到的。鲁迅先生却舍不得，就拿起这边缘放到自己的嘴里去嚼。许先生看着倒奇怪了，问他为什么要吃面包皮，鲁迅先生随口答道：我欢喜吃的。许先生信以为真，以后每次同吃，特把面包皮送给鲁迅先生。这可见许先生的厚道、老实。隔了多年之后，鲁迅先生说到时还发出爽朗的笑声，表示对这样诚实的老友的爱护呢。

办事认真、负责，则蔡先生、许先生和鲁迅先生都是一样的。许先生无论写信、撰稿，总是行楷，用毛笔写。《亡友鲁迅印象记》的稿子如果是托人抄写，寄出之前，他一定重校一遍，待到见于刊物上，遇有错字，总希望次期设法替他登勘误表，但因篇幅、时间种种关系，未能满足他的愿望，只得委婉向他说明。而当这本书印单行本的时候，我们特地给他校对了一次，到出书之后，从他眼里，还是看见有错字，他又来信要求赶附校勘表，出版社以为最好等到再版的时候再修改，却想不到再版时许先生已经无从修改了，这岂是出版社所料到的呢？

复员之后见到的许先生，已经齿落发白，和八年前大不相同，几难辨识了。但是身体健康并不算坏，到台湾之后也没有生什么病，这是许师母所承认的。并且她又说许先生腰背还是挺直，并不衰老。师母又拿出许多照片给我看，里面有些是在民国27年8月，北平女子文理学院撤退时所拍摄的。那时该校由许先生率领，师生长途跋涉，先至陕西城固，沿途短衣，赤足，持杖步行，经圣水寺，登山远眺，在班公堰，涉水野餐，和青年一同进退，并不落后。在动乱的时代里，所看到的许先生，已经抛却长衫，礼帽，舍绅士式实践平民生活了。

许先生性情虽然和易，但是非善恶之分，有不能望望然去之的时候，也许难免以直报怨。或者忠厚待人，而遭到以怨报德，那么吃亏的还是许先生了。但在我看来，以为许先生毕生有公愤而没有私仇。

去年台湾事变，从许先生信里说及台人曾经到过编译馆几次，幸而无恙，那时我只不过替许先生放心，并不觉得怎的。后来听说台人到馆，曾经问过馆里的台胞，有没有受压迫，他们都说相待甚好，因此没有遇到危险。最近更有人从台湾来，说当紧急时，许先生站在大门口，阻挡来人，说是如果不满意，杀我好了，千万不要到里面扰乱。这种牺牲小我来保存整个艰难缔造起来的文化事业，看事业重于生命的精神，即是失却理性控制的时候的人，也为之感动退去，岂不是真个"精诚所至，金石为开"吗？无怪他死之后，整个台湾为之轰动，吊丧的人无不落泪，众口一词，悲悼痛惜。而独不能诚格高万侔，则颇有类于韩愈的诚格鳄鱼，而不能回君王的视听了。然而假若多几个像许先生在台办事的精神，也许不会有台湾事变之类的事情发生了。

死得越可惜，越能铭刻人们的脑际，善良的魂灵，必然长存在善良的躯体中，不但在他自己，也遗留着永远。安息吧，先生！我们懂得你，遵从你的善心，为人民服务的。

1948年2月

我所敬的许寿裳先生

景　宋

一

一个阴沉沉的清晨，被电话响亮的铃声所惊醒，想来必是有些要事的，急忙披衣下床接听。

"喂，找许先生听电话！"迫促的口音在说。

"有什么事？我就是。"骇然地答。

"喂，我是×××，你看到今天的报纸吗？"

"还没有，是什么事？"我在纳闷。

"你看见《大公报》没有？今天的。"越急越说不明白。

"没有，因为我还没有起来呢！"无可奈何地答。

"是关于许寿裳先生被暗杀的事，惨极了，（震抖的声音）我不忍读下去……"

"谢谢你！"

挂起电话，翻检报纸，也吓呆了。急忙梳洗，立刻赶到许师母处。走到楼上，照样是冷清清没有一些儿声响，一点也觉不出有什么同平时两样的。

过分的沉寂很不合于这时的情景，不知怎的我哀伤到禁制不住。

推开房门，迎面见到师母。先生寂寞地逝去，师母也寂寞地独个儿凭吊，在自己啃啮自己那被摧残透了的灵魂！惨凉到极点之处，师母宛如木鸡地待着，没有动作，沉默覆盖了一切。刚招呼一声，她就泪下起来了。把临进门时的游移不决的心情，唯恐师母还没有看到报纸将如何由我的口里吐出噩耗的为难一扫而空。不必再问，师母早已清楚了。

过了一歇，师母说"昨天得到电报"。后来又说："有长途电话来，但是听不清楚讲的什么就挂断了。"

"打算怎么办？"我问。

"想到台湾去，就怕买不到飞机票。"师母说。

"想想办法看。这几天气候不大好，也许飞机不能起飞。"这是我故意安慰老人家焦急的心情的话。

夜静，钟声响，心房脉搏的跳声更响，好像有人在心房内噔噔地走楼梯，一步步的响声越来越厉害了。一夜朦胧地听到嘈杂的声，没有片刻停止。失眠，闭着眼睛就记起季茀先生生前的声音、容貌以及神态。再和日间看到《大公报》所载的"许氏在鲜血中向右侧卧，被犹在胸，双手伸外，都是血迹，遇难时似未抵抗。书室凌乱。……遇难时家中现款存千余元，并无珍贵财物。有人认为可能是仇杀，并已逮捕嫌疑犯三人"的记述像活动电影似地一幕幕在脑海浮动。一时想起那精神百倍在讲台上的先生，一时又想起作客他乡，旅居广州时一同在白云楼生活的情景；再就是我们寓居在上海，许先生时相过从的样子；和重庆复员到上海见到的憔悴颓颜，白发脱齿的老师。老了，我们尊敬的先生。但是还要奔走谋生，多么可怜呀！这一幕一幕交织着"在鲜血中向右侧卧……"的一个血淋淋的画面里。这一夜，我不能合眼，整夜在昏沉沉的半明白半迷糊的意识中度过。

二

脑神经在清理20余年的画片，首先，记起学生时代的一位纯良的师长来了。

那时是民国11年，在天津，初师毕业就投考到北平女高师去了。因为向例师范学校有饭食，有住宿，而且又免收学费，讲义是油印，学校发的，书籍费也不必筹，只要每月有三两块钱够买纸笔，另外偶然添件蓝布大褂，也不过块把钱的经费，还不算难筹，比起现在的读书，那时我们的条件实在太好了。而锦上添花的，就是我们的校长许寿裳先生。他不但延聘了许多东西洋留学的人来校教书，还多方邀请在北大任教的学者，使校内文理各系同学都有适当的满足于求知欲之感。然而那时办教，也并非容易的事。我们知道北洋军阀的段祺瑞，完全倚赖于日本帝国主义的支持，连日常政府开支，也全靠借债度日。因之学校经费，在省无可省之下就赊欠，寅吃卯粮，学校当局也一样经常在举债度日的情况下讨生活。虽则如此，许先生还是顾念各地远来的学生，多属南方人，禁不起北方的天寒地冻，不惜借债替学生在宿舍里安设热水汀，终于在冬寒料峭之中，有满室生春之感，使常患感冒伤寒的学生，顿然减少。即此细枝末节，也可见许先生办学的苦心孤诣，无所不至了。

然而精诚所至，未必金石为开，而顽石点头，究竟有谁见过？许先生的毕生遭遇，可哀者在此。在女师大，忽然有一天，总务处的会计员不知因什么吵起来了。过了不久，学生里面也有在贴标语的了。那时我刚到学校不久，没有详细了解那事的经过，总之许先生很快就洁身引退。马上展开许多宣传，说有一位杨荫榆其人的，刚回国不久，她从前曾在本校女子初级师范的时候当过舍监，以身作则，办事如何如何认真云云。而且又有补充，说女子有资格在专门以上学校当校长的实在不多，女人长女校，在女权运动上应当拥护云云。在如此这般的鼓吹之下，杨荫榆走马上任了。首先撤换了许多女师大预科的教员，延聘而来的不是和她同来的美国留学生，就是教育部官员，文科还打算把北大教员辞掉，换请鸳鸯蝴蝶派的，把许先生刚刚创立的一点规模略具的基础全盘推翻，大刀阔斧，不顾一切。最犯众怒的一次是她参加校务会议，稍不满意，又公然直斥某理科教员为"岂有此理"，以致引起公愤，大家都有不能合作下去之意。于是不到一年，教员纷纷辞职，学生痛感失所领导，在上下痛愤的情绪之下，只见杨荫榆头戴白色绒花，身披黑缎斗篷，整天急急忙忙，到处奔跑，学校公务，则交给她的两三亲信，代决代行。

那时是民国14年，孙中山先生北上病逝于协和医院，青年学生对这位终生从事革命者寄予无比的哀痛的时候，杨荫榆秉承段执政的反动头脑，居然拒绝学生的要求，不许学生排队在天安门接灵，她说："孙中山是主张共产公妻的（那时已经有红帽子出现了），你们要去，莫非也愿意学他吗？"

当时政治空气不因段祺瑞高压之下而对这位伟人有何污损，越是毁谤，人民的认识越坚定，结果全北京城同声哭悼中山先生。女师大的学生也终于突破严防，高举校旗，在列队之内参加行伍。这是进步与倒退力的决斗，在洪涛般的群众之下，黑暗的魔手无法展施。除了杨的私党，教师多数也倾向孙中山先生的革命精神，这原是社会进步的必然趋向。由于这些进步力量的凝结，在段祺瑞主使的工具章士钊解散女师大之后，许寿裳先生本于义愤，判断出自己应该随着进步的路走，乃不怕嫌疑，毅然直斥章士钊解散学校，罢免鲁迅先生教育部佥事之职为非法。而章士钊在继续疯狂暴戾之下，也把许先生免职了。

无官一身轻，许先生摆脱了教育部员的羁绊，置身在那时进步的人士领导的在北平宗帽胡同自赁校舍的女师大，身兼校长、教务长、教员的职责，不辞劳瘁，日夕处理校务，却又是不受分文酬报，在自己失业的时候而如此清苦，真是难得的了。许先生教给我们儿童心理学，他精通英文、日文，授课的时候，常常把外国书拿来给我们参考，尤其在有图表例证的时候，增加了丰富的学识。他自己的学问也很深湛，所以讲解的时候，大有头头是路，应接不暇之状。三个月的刻苦支持，校务、教课丛集一身，终于使学校恢复了。这固然是许先生们劳苦的代价，尤其是能和进步的力量结合在一起，迫使段、章之流不得不稍退一步。

但是反动力量是如此顽强，一有机会就死灰复燃，终于有名的"三一八惨案"爆发了。在国务院面前，段祺瑞指使了卫兵用步枪大刀，屠杀徒手请愿学生，女师大当场有两个学生刘和珍及杨德群遇害了。许先生亲自替她们料理丧事，以致10余天不能入睡。这里可以看到许先生对反动势力的怒火多么高，对为国牺牲的青年热爱多么厚。而倒行逆施的恶势力却没有估计自己究竟能够存在几天：不，只要"一朝权在手，还把令来施"的。于是为泄愤起见，把请愿学生认作"暴徒"，把许先生等50名"暴徒首领"要下令通缉。这时许先生久经失业，女师大又是义务职任，哪里有大批钱来逃难呢？幸而齐寿山先生和德国医院里的人有些熟识，介绍许先生和鲁迅先生一同躲在空院子尽头的一间久已废置的面包房里，坐卧都在水门汀地上，除了自备热水壶，否则连茶水也不方便。这样的磨难生活，断续经过了好几次，许先生的年龄，也似陡然地增加了好几岁。

三

第二回重见许先生，那是在广州，乃民国16年鲁迅先生约来中山大学共事的。那时许先生似乎担任教国文，自编讲义，有时叫我到图书馆借些参考书，由我代抄。后来他们租了广九车站的白云楼，除了厨房，女工住房，饭厅兼会客厅之外，我们每人有一间房子，但鲁迅先生首先挑选那个比较大而风凉朝南的给许先生住，宁可自己整天在朝西的窗下书写。我是以做他们的翻译兼管理女工的差事而也一起住在白云楼的。

许先生在教课完了或不教课的时候，可以静静地有一间房休息，不似在钟楼上整天被人声嘈吵了。他这时就爱早睡早起。我们共同作愉快的谈天的时候，多是两餐之后，面前每人有一个芒果或杨桃，后来是荔枝等，边谈边吃，大家都丝毫没有拘束。这样子，从春天到4月，生活刚刚有些规律的时候，清党事起，学生很多被捕，有主张营救的，亦未能通过。继着鲁迅先生的辞职之后，许先生也决不游移，跟着辞职。到了暑假，许先生就离开广州了，前后不过一个星期。在广州，最大的游散之地是小北，我们也去消遣。更便当而爱好的是上茶馆饮茶，而许先生所满意的是广州某些茶馆饭店建筑精致和用具清洁。尤其有鲁迅先生时常在旁相契以心，相知有素的深厚友情，以及投机的谈吐。如果没有这，相信许先生不会留得住的。

和许先生见面更多的时候是在上海。每逢回家路过，来回之间，必定抽出时间来看看我们，盘桓一半天。而且每次来不是带些土产食物，就是带些上好的玩具给孩子，因此小孩对许先生的印象也很深刻。因为最敏感地窥测出谁是爱他的，莫过于儿童的天真时代了。

因为有一半天的耽搁，才可以把彼此多时不见的别后离情倾诉，无论多么忙碌，许先生不大肯取消这似乎是特地留起的时间的。即或不及多谈，也大有依依不舍，兄弟怡怡之情，满面流露，且必然解释一番，再订后会。而鲁迅先生无论工作多么忙，看到许先生来，也必放下，好像把话匣子打开，滔滔不绝，间以开怀大笑，旁观者亦觉其惬意无穷的了。在谈话之间，许先生方面，因所处的环境比较平稳，没什么起伏，往往几句话就说完了。而鲁迅先生却是倾吐的，像水闸，打开了，一时收不住；又像汽水，塞去了，无法止得住；更像是久居山林了，忽然遇到可以谈话的人，就不由自己似的。在许先生的同情、慰安、正义的共鸣之下，鲁迅先生不管是受多大的创伤，得到许先生的谈话之后，像波涛汹涌的海洋的心境，忽然平静宁帖起来了。

许先生对鲁迅先生的意见，经常也是认可，接受，很少听到反驳的。

他们谈话的范围也很广泛，从新书介绍到古籍研讨，从欧美名著以及东洋近作，无不包罗。而彼此人事的接触，见闻的交换，可歌可泣，可喜可怒，都无不遮瞒，尽量倾吐。这样的友谊，从来没有改变的，真算得是耐久的朋友，在鲁迅先生的交游中，如此长久相处的，恐怕只有许先生一位了。

许先生的起居饮食都比较爱讲卫生。对于食，更其留心清洁，每逢他来，我们都特别小心，尽可能预备些新鲜食品。只有一回，住在广州中山大学大钟楼的时候，他买的点心，一不留意，引来许多贪食的蚂蚁，被他见到了，先想丢弃，又舍不得，重新拾起，抖去蚂蚁，仍旧自吃。那时许先生薪水并不高，又是小洋，要换成大洋寄去养家小，至少要打八折，不得不省食俭用。鲁迅先生也了解他，说是如果在别的时候，他马上不要了。因为食用品都是买头号货，自用如此，送人也如此，家中人口又多，许先生的负担原来就不轻的。平时就算对付过去了，身后必然萧条。而凶手还说是谋财害命，真个叫作天晓得了。

许先生不但当我是他的学生，更兼待我像他的子侄。鲁迅先生逝世之后，十年间人世沧桑，家庭琐屑，始终给我安慰、鼓励、排难、解纷；知我、教我、谅我、助我的，只有他一位长者。对这样的一位慈祥长者的逝世，我不能描写出我的哀伤之情。只是无从送丧，不能凭吊，欲哭无泪，欲写无尽，欲问无声，欲穷究竟而无所置答，先生之死，在我视之，如丧考妣，就够悲恸无穷的了。而不逞之徒，竟把这忠厚慈爱为怀的好心人也不惜亲手轻易毁去，莫非在这丑事多端的世界上，还嫌不够丰饶，硬添一件上去吗？也许这却不是说得明白的时候了。

1948年3月

196

对于许寿裳先生的感谢与悼念

林　辰

　　1943年10月19日，鲁迅先生逝世七周年纪念日。当天下午，我由距重庆30华里的乡间，赶往城里去参加纪念会。我到达中苏文化协会，在楼上会见了孙伏园先生和曹靖华先生。孙先生正和一位戴着眼镜、身穿灰布长袍的老先生，在灯下看着一篇文稿。由于孙先生的介绍，我认识了这就是许寿裳先生。许先生虽须发苍然，而身躯修伟，精神矍铄。他那天特地由歌乐山赶来参加纪念会，他们正看着的文章，就是许先生作的那篇《关于〈弟兄〉》，是准备在会上朗读的。但那天的会为宪警所阻，没有开成。在离开中苏文协时，我的心情虽很沮丧，但能够认识寿裳先生，也感觉十分庆幸。

　　次年元月，因为在研究鲁迅上有一些疑难无法解决，我便开始写信向许先生求教。不久，厚厚的一封回信来了。对于我所提出的几个问题，给了周详而诚恳的回答。字迹端整，态度谦和，不惮烦地写满了三张二十行的通行纸，并郑重地用挂号寄出。在答复我关于与鲁迅在东京从章太炎问学一点上，除详述当年章先生讲学时的情形外，还举出例子，以说明章先生解字之新颖（原信此节，已见拙作《鲁迅与章太炎及其同门诸子》，兹不再引）。

197

这简直出乎我的意料。许先生之于我，只不过仅有一面之谊，而他以六十高龄，竟不惜花费那么多的精力来指教一个生疏的后进，这种精神，使我在感谢之外，更不禁油然起敬。自此以后，我常常写信去麻烦先生，每次回信，都同样真挚周密，同样工整不苟。我每得一信，真如获拱璧，兴奋而又感动。没有许先生的指示，我的关于鲁迅先生的文章，有些地方简直是无法写成的。

除了答复我所提的问题而外，许先生对于我的文章，又常常给予指正。我在《鲁迅北京避难考》一文里，根据鲁迅自作《〈野草〉英译本序》，说作《淡淡的血痕中》时，已"避居别处"，故我推断鲁迅离寓时间当在4月初，《一觉》中所说的"四方的小书斋"，应是临时避难的处所。许先生看到以后，来信说：

> ……结论"鲁迅在三·一八后，为了暂避危险，于四月初离寓……直至五月底始回寓。"大致确实。不过起讫的日子，还可以稍稍缩短一点。记得初次避入德国医院的一间堆积房，日子约在四月十二或十三（因为鲁迅的日记和我自己的都不在身边，记不清了。总之是张作霖的卫队，已经到了高桥，我得友人齐君电话，教我立即移居，我便立即通知鲁迅，入院已经傍晚。是晚作霖入京）。以前虽时零星离寓，倒是为避客，并非为避难。其回寓约在五月初旬或中旬，也忆不真了。《一觉》中所谓"四方的小书斋"，"白杨"及"榆叶梅"，都是"老虎尾巴"窗内外的景色，并非说临时避难的处所（三十三年二月四日函）。

在《鲁迅与章太炎及其同门诸子》一文里，我根据孙伏园《鲁迅先生的少年时代》，说许先生与鲁迅在日本同"请印度人学梵文"。许先生看了以后，来信说：

二十七叶残名下，"请印度人学梵文"一句，虽系根据孙伏园君文，却不但"学"字有误，其实弟与鲁迅先生从未学过梵文，只是同请德国人教德文而已（卅四年二月二十一日函）。

依据这些指正，我然后才能将拙作重为订正，免去了错误不少。

许先生与鲁迅先生有35年的友谊，情感"不异于骨肉"（先生自语），故所作关于鲁迅的文字特多。除《亡友鲁迅印象记》外，尚有短篇不少。这些文字，亲切具体，正确允当，所述多为他人所不知的珍贵材料。但各篇散见报章杂志，未尝搜印成册，我常以不便学者为憾。民国34年秋季，友人刘君创办华美书店，我和刘君谈起，他愿意承印，我便写信请求先生应允将各文汇交华美出版。当时我手边存有先生文字9篇，若先生允许，只须取一个书名和写一篇序文就成，稿子可由我抄付书店。承先生回信同意了，说："贵友刘君，拟将关于鲁迅先生之拙著九篇，编印为单行本，且尊处搜采不遗，此九篇文字具备，自可付钞，嘱撰序文，俟付印有期，即当撰奉。"（卅四年十月五日函）后先生又抄寄《书尹默手书鲁迅诗卷后》一篇，并嘱在《鲁迅诗集序》末节"友朋四散"下加入"建功亦奔走南北，不遑宁居，其手书木刻尚未出版"三句（卅四年十二月十二日函）。可惜华美不久便倒闭，我在请求先生而得到允许之后，此书终未能付印，我惭愧而又不安，好像欺骗了先生一般。民国36年夏季，杨云萍君搜集先生有关于鲁迅文字十篇，成《鲁迅的思想与生活》一书，在台湾出版，但还有多篇未经收入。如《我所认识的鲁迅》《怀旧》《回忆鲁迅》《鲁迅的几封信》《鲁迅与民族性研究》等。去年10月，又有《鲁迅的游戏文章》与《鲁迅的避难生活》两文。我希望将来印遗集时，能够全部无遗地收入。

许先生在文字上指导我，而在生活上对我也极为关切。他在民国35年1月离渝飞京以前，还写信给当时在白沙女师学院任教的台静农兄，为我介绍工作。到沪以后，又把静农兄的复函转寄给我。事虽不成，但我对于先生的盛意，是永远感激的。以后先生去台湾，我们便没有通信，当台湾"二二八"事变时，我对先生的安全，十分系念，但也没有去信，我只在和朋友们编的一个报纸副刊上，发表了先生以前抄寄的《书尹默手书鲁迅诗卷后》一文，并在编后记里遥祝先生平安而已。今日回思，深悔当时的疏懒，应写信而不写信；此后是再也没有机会向先生请益了！

许先生是诚恳笃实的教育家和学者，毕生致力教育文化事业，垂40年。他和蔡子民先生两人，是民国以来稀有的最合理想的大学校长。学识阔通，胸襟豁达，不以办学为猎官的阶梯或牟利的手段，循循善诱，认真负责，两人都有相似之处，故他们一长女高师，一长北大，都卓著成绩，为国家培植了不少人才。而在为人上，则许先生有许多地方，又与鲁迅先生相同。他古道照人，笃于友谊，爱护青年，正直而富正义感，他所说的"鲁迅的节约，整洁，负责任，富友谊以及为大众服务"的种种美德（见《鲁迅的德行》），实际上他也都具备。像这样的人，谁能想到竟会项中五刀，惨死血泊！郑士镕在《悼念许寿裳先生》一文里说："先生居常淡泊宁静，与世无争，虽以怀旧情深，喜作有关鲁迅文字，然与实际政治可谓绝无关系。"这一"虽""然"是意味着：许先生之死与"政治"无关，倘有一丝牵连，那就是因为"喜作有关鲁迅文字"了。记得一位友人说过：亲近或崇拜鲁迅，便是表示赞同鲁迅，和鲁迅站在一边，与旧社会旧势力为敌；鲁迅虽幸得保全首领以殁，而亲近或崇拜他的人，却未必都有这种幸运。难道真是这样的吗？一个正直的生命的消逝，即使是所谓"寿终正寝"，也令人不胜悲伤，何况是这样不应该惨死而竟然惨死！然而，丁兹时会，还有什么可说？我在这里拙劣地写下这些文字，明知没有什么用处，但除掉笔墨，又别无他法可以表示我的心情；我只有将我的感谢和悼念，永远铭刻在心版上而已！

民国37年3月26日深夜写于上海

我们永远不能忘记的许老师

叶庆炳　　陈诗礼

　　说是无缘吧，为甚去年秋天我们刚从内地转学到台大，许先生就担任了我们中国文学系的主任，并且亲自教授文字学课程，循循善诱地教导我们，使我们得益匪浅？那么，说是有缘吧，又为甚这样地只有过了短短的半年，他老人家就惨遭杀害，和我们永诀了呢？唉，我们和他老人家就只这么一段小缘，造物也太铿吝了。

　　许先生逝世已过了五七，人们是健忘的，时过境迁，也会渐渐地将他淡忘了。可是，我们怎能忘记他呢，虽说他和我们只不过短短的半年师生之谊，然而我们以前从未遇到过像他那样慈祥微笑的老师，以后也许永远不能再遇到。那么这半年中他老人家所给予我们的印象该是何等深刻，我们能忘记他吗？不能，永远不能！

　　那时候，许先生担任的一门中国文字学是中文系二年级的课程，而中文系二年级一共就只有我们两个学生，所以我们是同系学生中最多得他教诲的两个。文字学的教材是许先生自己编就的，虽然只有两个学生，可是他为了要减省我们笔录的时间，借此讲解得更详细一点，所以依然设法替我们印讲义。又因为校中出版组的人员不善写甲文、金文、篆文等字体，所以特地指定了一位助教来缮写，讲义印就后，还得他自己来校阅一次，有错处即亲笔改正，然后才发给我们，仅此一点，已是使我们感戴不止了。

尤其使我们敬佩的，是许先生的精神饱满，上课时挺立在讲台上从不露出一丝困倦的表情，比许多年轻的教师强得多。有一次，我们因感到［我们作为学生坐在台下听］①，而他老人家却立在台上讲，心里说不出的不安，所以在上课之前先去讲台上摆了一把椅子，意思是要请他坐着讲，哪晓得上课后他走进教室，跨上讲台，看见了那椅子，就问我们是哪一位先生身体不大好，要坐着上课。当时我们只得老实告诉他。他听了一边把椅子移向一旁，一边微笑着说："我还有气力站着讲，用不着这东西。——只要你们用心听就好了，文字学虽然是一门枯燥的课，可是你们用心听我讲，日久自然也会感到一点兴趣的。"从此，我们在感戴之余，益发用心听讲，不让他老人家的一言一字在我们的耳旁滑过；而且，我们也不曾感觉到这门课的枯燥乏味。

许先生的负责任、守时刻，是他的朋友们所熟知的。上学期整整的一学期中，他没有缺过一次课；而上课也从不迟到，仅有的一次是朱部长在本校法学院向学生训话的一天上午。那天上午我们的文字学课是10时至11时，而许先生在8时许就被校方请去招待朱部长了，可是这我们事先并不知道。10点钟，我们到教室里等他上课，过了15分钟还不见他来，不由得我们奇怪起来，因为平时是上课铃一响他就来到教室里的，可是我们仍耐心地等着，并不打算走开，我们相信他一定会来的。果然，约莫在10点20分时，许先生急急地来到教室里，似乎是一看见我们还在，才放心似地说："我知道你们一定等着我的。——早就被陆校长邀去招待朱部长，而我一时又没法通知你们，所以现在会刚开完，我就赶回来……"说完就开始讲授了。

---

① 原稿字迹漫漶，中括号内文字系编者拟加。

在一个周末的下午，他曾经约我们两个到他的家里去，很客气地招待我们，并且一再地问我们对于本系各教师的印象，他要我们老实不客气地说，好的是好的，坏的是坏的。然后，他告诉我们对于改进中国文学系的计划，并且要我们尽量提供意见。最后谈到我们学习的志愿，他问我们准备专门研究文学的哪一部门，并且细细地述说关于我们所要研究的各该部门的基本知识和主要著作，由此可见，他老人家是何等的关心他的学生的学业和前途。写至此，我们真禁不住要流泪。

　　一学期很快地过去，接着寒假也完了。2月18日的上午，我们怀着久别重逢的心情来到校中，进了文学院，再上楼一看，许先生的办公室已移到右楼第一间。第二、第三……以至最后一间，全成了中文系的研究室，分别以"总集""专集""近代"等命名着，而以前在那里的外文、哲学等系的办公室、研究室等全已移到左楼去了。这样使我们看了精神为之一振，觉得我们的中文系是很快地在进步、改善。当我们欣然走入了许先生的办公室，又看到他老人家慈祥的微笑，听着他老人家恳挚的言语，我们的心头是感到何等的温暖，何等的兴奋！哪晓得那已是最后一次的见面，最后一次的聆教了。

　　这种种情形，回想起来，宛然还在眼前，可是回忆是沉痛的。我们永远不能忘记许先生，他老人家的慈祥微笑的脸容和恳挚平和的言语，永远遗留在我们的心的深处，教诲我们，慰勉我们，好好地学习，好好地做人。

1948年3月27日

忆许寿裳老师

段若青

1936年9月，鲁迅先生在上海病逝的消息传来，我们心头沉重。那年代我们学生无不受他思想的哺育，他的文章每每启发我们勇往直前，他教导我们青年人：一要生存，二要学习，三要发展。这就使我们懂得了做人的权利。谁阻碍我们生存？帝国主义侵略者，谁不让我们学习？"华北之大，已放不下一张书桌"。上街游行，挨打被捕，因为当局奉命不抵抗。我们要抗日，就只有奋斗才有前途。个人力量小，集体就有力量。于是各校成立学生会组织，全市成立学生联合会叫学联。学联集中各高校人才引导大家有计划有步骤地去工作去斗争。不放过一切机会，凡布置的任务全力以赴。我们节衣缩食地扩大宣传，唤起群众不买日货不作亡国奴，不作汉奸，坚决和敌人斗争下去。

这天学联通知下午1时去西单北平大学法商学院集会，参加北平的追悼鲁迅先生大会，学院大门早已封锁了怎么办？连表达哀思想的机会也没有了。我们几个湖南女生便找四年毕业班大姐商量，他们建议派几个代表向许院长请求参加下午学联大会。记得有葛琳、游竞源、周佩琼和我等5人参加，这正是开午饭的时候，我们站在大门内花坛前等待，一会儿许院长和秘书从内院来了，许院长说："我知道你们敬仰鲁迅先生，想参加追悼会，但学校已接到通知，不让学生为此集合，怕招惹事端，为你们的安全，劝你们不要上街，上次数学系的罗传付参加北大的抬棺游行被捕，徐诵明校长花了好大的功夫才把她保释出来，暑假她就回去养病去了。你们再被抓去一个怎么办？最近外面风声紧，就怕学生惹事，敌人乘机而入。鲁迅先生是我的同乡、同学几十年挚友，我痛失老友心中也很难过的……"许院长含着眼泪沉默了。我说："既然是院长老友我们派几个代表去致哀不更好吗？！我们保证不在街上喊口号。"许院长停了一会儿说："目前形势不利，可以在院内开个追悼会，我请老师作报告，向你们讲讲鲁迅先生的为人。鲁迅先生每出一本书都要送我一本，他的书是很多的。他写的信也很多，几十年的都在，还有照片，我拿出来给你们开个展览会，让你们对鲁迅先生有更全面更深刻的认识。什么时候开会，到时再出布告。"这时我们都在太阳下，许老的白须白发在阳光下闪耀。秘书催他吃饭去，许老说："你们该吃饭了"。仍不肯开门放行，我们交涉无结果，只好等明天的报道了。

第三天，一个鲁迅先生的书信展览在院内布置好了。几乎全是鲁迅先生送给许老的著作和信件，展品中有一本德国女版画家柯勒惠支的作品，用铜版刻印，我第一次见到，十分吸引人。人物传神，有一幅叫："孩子们饿着"。太令人同情了，多么逼真。礼堂也布置得庄严肃穆有放大的鲁迅先生像，我们静默志哀后，才请曹联亚老师讲话，讲的是鲁迅"打落水狗"的精神。我当时是北平新报的通讯员，当场用心记下，回去抄了一遍就交报馆取件人了，第二天便登上北平新报上了。

这事我以为过去了，那知第二天下午，校工来通知我说院长请去谈话。什么事呢？！同室的傅、粟二君在猜测，一定是那天要求参加鲁迅去世开追悼会的事。那天一共去5人请院长接见，这是入院来第一次。我们的要求没错，我怀着信心硬着头皮去了。

我第一次进院长办公室。在九爷府右边院落的最后头，十分安静。院长要我坐在他书桌前，用浓厚的绍兴普通话问我："你近来活动得很呀！"这个"活"字，他的口音和"浮"字相近，我以为说我浮动，浮动不是说我轻浮吗？我搞救亡工作怎么说轻浮呢？马上气红了脸反问："我那一点浮动了？！"他见我生气的样子，知道语言发生了误会便写了"活动"二字在纸上给我看，态度并不严厉。我不禁笑了。院长说，"我乡音难改，你别见怪。我知道你是领湖南同乡会清寒子弟奖学金的，每个月几块钱怎么支配的？哪来钱在外面跑呢？"我说："自从参加救亡活动后，我便不吃学校食堂了。八元一月嫌贵，便同数理系的林小个儿去门口大碗居吃片儿汤。一毛一顿有点白菜，吃个贴饼子，一共不过一毛多一餐，这样一个月不超过六元便省下钱来了。""你吃了多久了？""好几个月了。"许院长关切地说："怪不得你气色不大好，长此下去可不行呀！""并不止我一人这么吃，林大个儿也这么吃。还有好几个南方人，北方人都有，人家能吃，我怎么不能吃呢？"

"你经常外出干些什么？"

"我们受学联领导通知上那儿便上那儿，要干什么便干什么。经常分片包干，我们包东四一带。宣传不买日货，从店铺到居民，宣传不进日货。深入居民胡同挨门挨户劝老百姓不买日货，不作亡国奴。""你们几个人一道去？""有时两人，有时一人也得去。""他们反应如何？""一般大妈大嫂要听，还倒茶请坐。问这问那，关心大事怕鬼子入城骚扰。但有的老头从鸦片烟坑上跳出来说：'东洋鬼子打到我床上来我也不管'，很气人的。""你一个最好别到这些地方去，特别是晚上。""我为了完成任务总想多跑几家，有时也怕狗咬人。它一叫我就慌了。"许院长笑了一下，又严肃地说："不止这些，要警惕浪人做坏事，欺负你们女学生。你是湖南人，怎么到北平来的？你父亲干什么的？""我父亲学机械的湖南乙等高工毕业，可我3岁时他便去世了。我弟才1岁，我母才26岁，比父亲大两岁。""你怎么上学的？""最初靠祖父，后来祖父青光眼了，没法管我们学费。从四年级起，便由我母当绣花师傅每月挣的10元钱供我和弟学费，但也不容易。祖父去世后，家道更衰。叔叔便带我去上海考上半工半读的劳动中学：一切费用全免。不过两年学校被解散，我就赶快上一个师范学校，毕业后便去当小学教师，赚了钱便考大学，付了第一年的伙食费，第二年便有这湖南同乡奖学金可以对付了，所以我三年没回过家，怕加重母亲负担。""你母供你不易，学校对你们负责。徐校长费好大劲才保释出来，罗传付现在回长沙养病去了，我不想再有这事发生。""那有什么办法呢？华北危急，救亡工作一天也不能停下来。日本鬼子打来了，老百姓还不知道。我们还到朝阳门外去作老百姓的工作，把多余的衣物和零钱送给他们叫他们不给鬼子引路，把粮食藏好，给敌人坚壁。能上山的上山，来不及也挖个地洞，决不做亡国奴。我们还给二十九军写信，一人一封，要他们坚决抗日，来一个杀一个，寸土不失……"许院长渐渐听入神了，他的眼睛潮润了。"昨天北平新报上那篇纪念鲁迅的文章是你记录的吗？""是。我在会上记下，中午抄一遍，下午就来人取去了，当晚就排出了。""你记得很好，你常常写文章，有报酬吗？""有时有，有时没有，这个北平新报每月送我一份报看就可以了。""你爱写文章，我们女院打算办个院刊发表你们的文章，你的工作太忙了，你有散文习作课，你不用抄写，每上完习作后，我便叫秘书取来，让他编入院刊，每次送你一本，不用花钱罢了。"

我告辞出来，一路上想着，许老并未训斥我，而且在苍白的头发下闪着潮润的眼睛，是同情我这从小没有父亲的孤儿呢？还是想着那哺育我们青年学生的鲁迅先生呢？这位50多岁的长者给我留下十分深刻的印象。

后来我读了许老的记亡友鲁迅一书时，对许老和鲁迅先生真挚的友谊又有更多的了解，至今还保存了这本书。

记得1948年一天，在大公报上读到一则消息（2月18夜），许老在台湾被一盗贼杀害，心里非常难过，几天都在想这事。他是一个学者，强盗为什么要杀害一位学者呢？！他没什么钱而只有书，只有学问，只有对人民的爱，人间何世？什么魔鬼要下这毒手呢？！

1995年10月

怀许季黻师（六首）

李国瑜

　　花溪如带縠纹平，草色迎人螺钿清。

　　千里芳畴飞乳燕，一林邃叶哢巢莺。

　　郫筒怕续青羊梦，石室今传白鹿名。

　　扶醉莫嫌归路晚，天边红日似铜钲。

　　与何建熏、董季庵游浣花溪，饮于青羊市上，感念昔游，怀许季黻、朱少滨二师，时1957年春作也。

　　旧梦依稀四十年，城南一过一泫然①。

　　谈经广舍纷花雨②，飞雪台湾愤戴天③。

---

　　①　自注：华西大学在成都外南华西坝。

　　②　自注：季黻师在广益大学讲授中国传记学研究。

　　③　自注：季黻师死难于台湾大学。

往事郫筒悲浊酒，惊心手泽化灰烟^①。

难抒弟子千秋恨，持泪西泠哭两贤。

1978年冬，杭州大学刘操南教授远寄哭费香曾烈士诗，触余沉哀，步韵和此一律并寄，悼念香曾烈士及季黻师。

杂花吹雪散江滨，麦秀青青陌上尘。

欲向高阳呼酒伴，黑貂来贳瓮头春^②。

翠筱千竿绿压堤，沿流百感到花溪。

松间沙路重来处，靴上犹沾旧日泥。

1981年春，杜甫研究学会在成都杜甫草堂内成立，海内外学者云集浣花溪上，加拿大哥伦比亚大学叶嘉莹教授，为许季黻师长公子许世瑛弟子，相与道故，沿江同寻旧迹，不胜，惘惘，成此二绝句。

桃花如血木兰娇，回首清游隔碧霄。

潭水至今澄似镜，照人青鬓影中消。

绿杨影里驻车迟，花满垆头酒满卮。

为问旧游人不见，伯劳啼上最高枝。

重访青羊宫百花潭有怀许季黻师门。

---

① 自注：季黻师手迹及传记研究笔记均毁于"文革"。

② 自注：1941年春侍许季黻师游浣花溪，欲邀周学袁珂，未果。

附　录

先君许寿裳年谱

许世瑛

前　言

一、先君早岁生活，瑛以年幼，多不能详；而先君同辈亲友，复多物故，以致奉询乏人，仅赖从兄世琳、世璋、世璿告知一二，得以编入谱中，此瑛毕生引为憾事之一。

二、先君自民国元年以来，即写日记，本为本谱最可征引之材料，惜民国26年以前日记多数存于嘉兴寓中，而毁于日寇攻城之时，以致参考无由，此瑛毕生引为憾事之二。

三、先君毕生致力教育事业，写作谨严，从不轻易。早年编译讲义甚多，惜遗稿均已散佚，兹可寻读之写作，始于民国25年北平大学女子文理学院创办《新苗》杂志。嗣后历年均有撰述，尤以近年来，著述特勤。本谱详载其著作年月日，以备参考。

四、先君作旧体诗，亦自民国21年开始，皆随兴而发，寄诸律绝，故10余年来，所得不过80余首而已。其著作年月，本谱择其重要者，历举之。

五、民国26年以后日记，悉在手边，为免转述失真起见，间或直引日记原文，借见先君之思想与生活。

六、先君生于满清末季，时外患纷乘，国权日蹙，有志之士，群起革命，先君遂亦加入同盟会，参与排满兴夏运动。辛亥之役，民国肇建，政权复为军阀所把持，丧权卖国之事迭闻，加之内乱频仍，民不聊生。先君痛国事之日非，叹挽救之无术，唯有坚守一己之岗位，从事教育文化事业。瑛以环境影响一人之思想甚巨，故谱中除叙述先君个人私事外，间及国家大事，与夫与先君有密切关系之亲友之私事者，其意即在此也。

七、本谱承台静农、夏卓如、谢似颜、章锐初四先生，戴静山姻兄，暨从兄世璿，多方指正，俾得完成，谨此致谢。

1949年4月10日　世瑛谨识

1883年（清光绪九年癸未）1岁

先君讳寿裳，字季黻，号上遂，清光绪八年（壬午）十二月二十七日（立春日）生于浙江绍兴城内水澄巷。上有三兄：长寿昌，字铭伯，次寿棠，字仲南；三寿祥，早殇。又有三姐：长适张，次适袁，季适孙。本世居县南之甘溪，以耕樵为业，至先曾祖成金公始迁居盛塘。先祖东辉公（讳栋）于洪杨后，改营商贾，又以乡居延师不易，于光绪元年（1875）迁居城中之水澄巷。嗣后屋为典主赎回，先君遂与两兄合资典龙尾山屋，既而又为典主赎回，复合资购今赵家坂屋。

是年十月二十九日，先祖东辉公逝世，享年56岁。

1887年（光绪十三年丁亥）5岁

是年，先祖妣王太夫人嘱大伯父铭伯公（时大伯父年22，已于光绪六年庚辰，1880年春，补博士弟子员）为先君延许仲卿先生开蒙，初诵《千字文》，继读《四书》，如是者三年。

216

1890年（光绪十六年庚寅）8岁

是年，许仲卿先生辞馆去，先君即从大伯父铭伯公读《五经》。大伯父虽应乡会试，然思想新颖，不令先君学作八股文，仅习作策论而已。

1893年（光绪十九年癸巳）11岁

是年起，先君改从仲父仲南公读。先君自幼即喜读书，不好嬉戏。渐长，尤轻功名，不事举业。唯日思能入学堂肄业。

1897年（光绪二十三年丁酉）15岁

入绍郡中西学堂作为附班生，学习英语和算术。

1898年（光绪二十四年戊戌）16岁

五月二十九日，先祖妣王太夫人逝世，享年59岁。

是时先君染疾，甚严重，幸延医诊治而愈。停学。

1899年（光绪二十五年己亥）17岁

重入绍郡中西学堂肄业。学习刻苦，成绩优异。是年春，转入杭州求是书院学习。

1900年（光绪二十六年庚子）18岁

十月十八日，与原配沈夫人淑晖结婚。

1901年（光绪二十七年辛丑）19岁

仍就读杭州求是书院，从宋平子先生衡学。

又经宋先生介绍，得识蔡孑民（元培）先生。

在书院参加"浙学会"。

二月，沈夫人淑晖逝世。

1902年（光绪二十八年壬寅）20岁

初秋，以浙江官费，派往日本留学，初入弘文学院，预备日语。时鲁迅先生已先于二月间，由江南督练公所派赴日本，亦入弘文学院，预备日语，先君与之定交，终成莫逆，历35年之久，交谊未尝少衰。

是年春，章太炎先生与孙中山先生会见于日本横滨，英豪定交，同谋革命。章先生复于三月十九日发起"中夏亡国二百四十二年纪念会"，以励光复，并撰书告留日学生。

1903年（光绪二十九年癸卯）21岁

春，考入东京高等师范学校预科肄业。

四月，俄国强占我东三省，留日学生组拒俄义勇军，大闹公使馆，参加者1000余人，后改称军国民教育会，每日操演不绝，先君亦与焉。

继孙江东、蒋百里二氏，主编《浙江潮》（从第5期起至第10期停刊止），索稿于鲁迅先生，先生即为写《斯巴达之魂》及《说钼》两篇。

1904年（光绪三十年甲辰）22岁

冬，参加光复会。

1905年（光绪三十一年乙巳）23岁

春，在东京高等师范学校预科毕业。考入原校史地科肄业。乘樱花假期，偕钱均夫（家治）先生赴箱根温泉游览，并从事译书。

七月，中国同盟会正式成立，第一次正式成立大会在日人阪本金弥氏之别庄举行，入盟者数百人，举孙中山先生为总理。

1906年（光绪三十二年丙午）24岁

秋，每周星期日清晨，先君偕朱蓬仙（宗莱）、龚未生、钱玄同
（夏）、朱遏先（希祖）、周豫才（树人，即鲁迅）、周起孟（作人）、钱
均夫（家治）诸先生，同往章太炎先生寓所——牛込区二丁目八番地《民
报》社听章先生讲《段氏说文注》及《郝氏尔雅义疏》。

1907年（光绪三十三年丁未）25岁

仍就读东京高等师范学校史地科，并从章太炎先生学；复于课余，偕
鲁迅、周起孟、陈子英（濬）、陶望潮、汪公权诸先生，赴东京神田区，
俄人孔特夫人（Maria Konde）寓中，学习俄文。后以财力不继，无法支撑
而散。

夏，与鲁迅等筹办文艺杂志《新生》，因缺资金，未果。

十一月，由黄兴介绍加入中国同盟会。

1908年（光绪三十四年戊申）26岁

春，在东京高等师范学校毕业，准备留学欧洲，仍留东京习德文。自小
石川区移居本乡区西片町，租一华美住宅，与鲁迅、周起孟、钱均夫，朱谋
宣四先生同住，署其寓曰"伍舍"。

冬，以朱、钱二先生移居他处，先君明春又将赴德国留学，此华美住
宅，不得不先行退租，而与鲁迅先生昆仲二人，暂时同住于其新租赁之小
屋，亦在西片町也。然于每星期日清晨，仍往从章太炎先生学。

作长篇论文《兴国精神之史曜》，发表于《河南》杂志第4、7期。

1909年（宣统元年己酉）27岁

初春，先君以留欧学生监督蒯礼卿先生辞职，学费无着落，不果去德国。乃于四月自日本返国，任浙江两级师范学堂教务长，协助新任监督沈衡山（钧儒）先生，招生延师，筹备开学。所聘教师皆一时之俊，如鲁迅、朱遏先、夏丏尊、章嵚、张冷僧（宗祥）、钱均夫、张邦华、冯祖荀、胡濬济、杨乃康、沈朗斋诸先生。

冬，沈衡山先生被选为咨议局副议长，辞去监督，继任者夏震武氏。夏氏自谓研究宋学，而对于教育文化未尝研究，先君与上述诸先生均不欲与之共事，全体辞职，搬出校舍，以示决绝。后夏氏去职，始复返校任教。

十月初三，与先母沈夫人慈晖结婚，先母与原配先母为异母姐妹。鲁迅送《文史通义》《校雠通义》作为贺礼。

1910年（宣统二年庚戌）28岁

自杭州赴北京，与大伯父铭伯公同寓西河沿正乙祠斜对面宅内，应留学生考试，为人所梗，仅录为文科举人，分发学部，为七品小京官。任译学馆史地教员。

九月二十九日（阳历10月31日）世瑛生。

是年春，宋平子先生逝世。

1911年（宣统三年辛亥）29岁

秋，武汉起义，清廷震动，译学馆停课，先君携从兄世璿离京，乘海轮由津抵沪，在沪小住数日，复同往杭州。时浙江军政府已于九月十五日成立，蒋尊簋（百器）氏为都督，高子白（尔登）氏为财政司长，均同盟会会员。先君被任为财政司秘书。是时，先君与董鸿祎先生常相过从。

（以上时间均系阴历）

220

1912年（壬子）30岁

1月1日，临时政府成立，定都南京，蔡孑民先生任教育总长，先君被邀至南京，任教育部部员，推荐鲁迅先生亦到部任职。其时一切草创，规模未具，部中供给膳宿，月支30元而已。先君与鲁迅先生朝夕共处，昼则同桌办公，夜则联床共话，并时相偕访图书馆，或往寻满清驻防旗营废址。

4月中，偕鲁迅先生返绍兴。

5月初，南北和议告成，教育部北迁，与鲁迅先生同由绍兴航海北上，从兄世璿及蔡孑民先生之从弟谷清（元康）先生同行。抵北京后，住宣武门外南半截胡同山会邑馆嘉荫堂，仍与大伯父铭伯公同住。先君任教育部普通教育司第一科科长，鲁迅先生任社会教育司第一科科长，齐寿山（宗颐）先生任视学，日日相见，中午常往教育部街东口外之西餐馆共进午餐。先君奉蔡孑民总长之命，起草《中华民国教育宗旨》，其内容为"注重道德教育，以实利教育、军国民教育辅之，更以美感教育完成其道德"。并代蔡先生草拟《新教育意见》，9月4日部令颁布。

10月3日，长妹世瑄生。

教育部设"读音统一会"。

1913年（癸丑）31岁

升任教育部参事，时汪大燮氏任总长，对于先君之品学甚为推重，故有此拔擢也。

2月15日，"读音统一会"正式开会，先君为浙江省代表会员出席，当时为核定音素，采定字母，争论纷纭，先君与马幼渔、朱遏先及鲁迅三先生联名提议以简单汉字为注音字母，遂成定案。

接先母等北上，寓珠巢街32号。

二妹世璟生。

1914年（甲寅）32岁

兼任北京大学及北京高等师范学校讲师，如是者四年。公余，与鲁迅先生共同开始研究佛经，分别购入佛教经论多种。

三妹世珈生。

1915年（乙卯）33岁

仍兼任北京大学及北京高等师范学校讲师。

1916年（丙辰）34岁

仍兼任北京大学及北京高等师范学校讲师。

7月21日，弟世琭生。

1917年（丁巳）35岁

仍任北京大学及北京高等师范学校讲师。

秋，先君被任命为奉天省教育厅长，力辞不就，旋改任为江西省教育厅长，子身前往就职。时厅制初立，先君力开风气，于学校教育外，注意社会教育，设立博物馆、通俗图书馆等。

1918年（戊午）36岁

5月中旬，先母挈瑛、瑄、琭、珈，琭五人，自北京至南昌，不数日，先母即得病，6月1日逝世，享年36岁。未及期月，而二妹世琭、三妹世珈，复相继夭殇。

1919年（己未）37岁

11月，与继母陶夫人善敦在沪结婚，婚后即同赴赣。

1920年（庚申）38岁

11月28日，四妹世瑛生。

冬，辞江西省教育厅长，挈眷自南昌北上至北京，寓西单保安寺八号。返教育部，任编审。

1921年（辛酉）39岁

五月二十六日（阴历），大伯父铭伯公逝世，享年56岁。

1922年（壬戌）40岁

夏，任国立北京女子高等师范学校校长，致力于提高师资力量，多方延聘专家学者，并邀请北大教授来校兼课；敦请鲁迅先生来校讲授《中国小说史》，影响甚远。

1924年（甲子）42岁

春，辞北京女子高等师范学校校长，复返教育部，任编审。继任者杨荫榆女士。

11月2日，五妹世场生。

北京女子高等师范学校改为女子师范大学。

1925年（乙丑）43岁

1月，女师大学潮开始，要求撤换杨荫榆。鲁迅先生支持进步学生，起草《对于北京女子师范大学风潮宣言》，由7位教授联名发表于5月27日《京报》。

8月，先君因鲁迅先生被教育总长章士钊违法免职，与教育部视学齐寿山先生共同发表《反对教育总长章士钊之宣言》，刊于8月25日《京报》，指斥其非，亦被免职。时女子师范大学已被章氏非法解散，先君乃与马幼渔（裕藻）、鲁迅、郑石君（奠）、徐耀辰（祖正）诸先生发动护校，另觅宗帽胡同校址，重新开学，全体教员义务授课，如是者三月。

先君在《莽原》上发表《爱国》《争面子》《"有功文律"？》《谈"每下愈况"》《"胡说"》等杂文，在《国民新报副刊》乙刊上发表《精神的杀人罪》《此一时的〈公允话〉》《教育界之革命派与反革命派》等文。

1926年（丙寅）44岁

1月，女子师范大学恢复，新校长易培基氏就职，先君被聘为教授兼教务长。

3月16日，辞去教务长兼职。

同月，"三一八"惨杀案发生，先君得悉女师大学生当场遇害者刘和珍与杨德群二人，受伤者六七人，即偕新任教务长林语堂先生同车赶赴国务院察看。嗣后传闻段祺瑞政府将通缉学者名人约50人，先君与鲁迅先生均列名单上，遂同入德国医院避难，至5月始返寓邸。

冬，离北京，航海自津抵沪，旋赴浙江嘉兴南门大街66号陶外祖母寓中暂住。

1927年（丁卯）45岁

2月19日，航海至广州，应广东中山大学之聘，任文学系教授。时鲁迅先生任文学系主任兼教务主任。先君即与之同住"大钟楼"，后一同迁出学校，租白云楼屋居住。

4月15日，广州大逮捕，先君以鲁迅先生因营救被捕学生无效而辞职，遂亦向校方辞职。6月，返浙江嘉兴。时继母已挈诸弟妹自北京南归，寄居嘉兴陶宅。嗣后我家即久居于此。

9月，国民政府建都南京，蔡子民先生任大学院院长，先君被邀至南京，任大学院秘书。

1928年（戊辰）46岁

4月，被任命为大学院参事。后改任大学院秘书长。

10月，大学院取消，蔡子民先生改任中央研究院院长，先君亦改任中央研究院干事兼文书处主任，协助蔡子民、杨铨先生处理院内事务。

12月30日，六妹世玮生。

1930年（庚午）48岁

2月，任江苏义务教育委员会委员。

4月1日，出席江苏中小学课程标准草案研究会。

6月19日，至教育部开会，讨论江苏义务教育师资问题。

7月20日，先君与公衡舅、琛弟、勉文侄女游后湖，舟停荷花丛中，忽有雨点下，作诗一首。

9月21日，外曾祖母陶勤肃公夫人逝世。先君于11月作祭文一首，悲痛之情溢于言表。

10月13日，题阮成斋花卉画册作小诗两首。

同月17日，为蔡子民先生拟一诗，寿日本本山松阴77喜寿。

12月15日，向院部报告文书处工作情形（一、总报告及概况，已付印；二、斯坦因在新疆自由行动已由院呈国府；三、山东龙山发掘经过）。

1931年（辛未）49岁

2月17日，成诗二首寿外姑王太夫人六十。

3月24日，出席国府文官处会议，又出席本院特殊奖励审查委员会会议。

5月14日，拟题阮成斋画轴诗。

6月1日，晨7时，随蔡子民先生至陵园参加奉安纪念及约法告成典礼。

9月1日，出席国语教育促进会五周年纪念。

11月19日，至中央广播电台讲演。

1932年（壬申）50岁

1月25日，章素民索书，成二绝，步原韵。

2月，"一·二八"事变发生，日军攻上海，毁闸北。先君极为关注事态发展，国民政府通电迁洛阳，先君不赞成，诗中有"京师双阙依然好，何事诸公走洛阳"之句。

4月10日，先君邀柳翼谋，张孟劬先生，偕从兄世璿夫妇、琯妹、瑮弟，及勉、慈侄女登游牛首山，成诗一首，柳、张均有诗作，先君又成诗一首，叠翼谋原韵。

9月19日，至惠罗公司购各国邮票1000枚，意欲集邮。

10月11日，开始学习太极拳。

12月5日，代表本院至中央党部参加肇和兵舰举义纪念。

1933年（癸酉）51岁

1月22日（阴历壬申年十二月二十七日），先君五十诞辰，从兄世璋、世璿、世瑾在南京老万全饭馆置酒祝寿，先君赋诗一首以记之。

4月24日，应华南中学校长贺维玉之邀，至校演讲。

4月，偕家人游杭，成诗两首，一题为《侍陶宅外姑微雨中游西湖》，另一题为《清明游兰溪灵洞山》，又作一首，题为《赤足游九溪十八涧》。

6月18日，杨铨（杏佛）先生在上海被刺身亡，下午2时先君得蔡子民先生电，嘱转各所主任均速来沪，夜偕王毅侯、傅孟真、李仲揆特快车赴沪。

6月20日，先君偕鲁迅先生同往万国殡仪馆送殓。当晚10时即返宁。

7月2日，下午送杏佛出殡，葬于永安公墓。

9月11日，至中央广播电台讲演，题为《研究院一年来之行政》。

9月2日，左足肿痛，治疗两月余始愈。

1934年（甲戌）52岁

春，返绍兴扫墓，成诗二首，一题为《扫墓木客山，午后侍陶宅外姑游兰亭》，另一题为《清明日大风雨，至浬渚山扫墓感赋》。

夏，辞中央研究院干事，赴北平，应国立北平大学徐轼游（诵明）校长之聘，任女子文理学院院长。先是院长屡易人，经费亦困难，设备简陋，人事复杂。先君莅任以后，力加整顿，延聘名师，扩充设备；并于万分支绌之中，清发欠薪。

秋，游长城，成诗两首，题为《秋日偕洗凡、觉辰、绩禹游八达岭，登长城二首》。

是年，先君又成诗数首，谨录题目如下：

《晓凡甥新丧子弟，以哭诗二首见示，依韵却寄》《次韵和孝焱众九日见怀》《除夕次韵和晓凡病后见怀二首》。

1935年（乙亥）53岁

7月7日，琯妹与汤兆恒君在沪结婚，先君亲往主持。敦请蔡元培先生证婚，鲁迅、许广平偕海婴来贺。

1936年（丙子）54岁

8月14日，写《纪念先师章太炎先生》文一篇。

10月15日，对平大女院级干事讲话，写演讲稿一篇。

11月8日，写成《怀亡友鲁迅》文一篇。同月27日，写成《我所认识的鲁迅》文一篇。

1937年（丁丑）55岁

1月，为捐募鲁迅先生文学奖金事多方奔走。

同月30日，乘平浦车南下，抵南京后，停一日，即赴沪，晋谒蔡元培先生，献祝寿诗四律。继访鲁迅先生夫人许景宋女士，偕往万国公墓，以花圈献于鲁迅先生墓前，并口占一绝以吊。当晚8时余，坐沪杭车返嘉兴寓邸。

2月16日，乘平浦车返平。

同月17日，往宫门口西三条21号周寓，访周母鲁太夫人，询鲁迅先生幼年逸事，备作年谱也。

同月19日，成诗一首，寿陈延炯母。

3月9日，成诗一首，题忏鸿画册。

同月18日，写《鲁迅古诗文的一斑》文一篇。

4月11日，又访周母鲁太夫人，借阅鲁迅先生日记14本，备摘抄也。又借章太炎先生字一幅，备摄景也。

同月12日，游潭柘寺。

同月19日晨，至东方女中讲演，题为《谈谈读书》。

同月25日，游明陵，并赴汤山温泉浴。

5月24日，撰《鲁迅年谱》成。

同月26日，为励德人（乃骥）先生题绍兴十八年王佐榜进士题名录。

6月26日，坐平浦车南下。28日由南京转沪，返嘉兴寓邸。过沪时，偕许景宋女士，访谒蔡子民先生，商《鲁迅先生全集》印行出版事。

7月7日，卢沟桥事变发生，先君以平大女院师生之安危为念，由禾电女院秘书戴静山（君仁）姻兄，指示应变事宜。

同月16日，偕继母挈琠、场、玮三妹，侍陶外祖母王太夫人，赴庐山避暑，寓牯岭236号"养树山房"。此为外祖母新置之别墅，取外曾祖勤肃公督陕甘时之印名。

8月13日，先君以上海已发生战事，遂下山，由浙赣路往绍兴，向张晓凡（一鸣）表兄借妥房屋，以备家人前往避难。

同月17日，返抵赵家坂老屋，与仲父仲南公会见。是日适三姑母亦由红墙厦孙宅来会，得于乱离中一叙骨肉团聚之乐。

同月18日，离绍兴，返嘉兴寓邸，是时寓中仅有仆人守护。

9月3日，离禾赴南京，于5日乘轮，复上庐山。

同月11日，偕继母，挈琠、场、玮三妹，侍陶外祖母下山，由浙赣路经绍兴、杭州回嘉兴。

同月25日，挈琠妹，携箱物，由禾赴绍兴，安顿住所妥帖后，复由绍返禾。

10月4日，挈琠妹，侍陶外祖母复由禾至杭州。

同月5日，由京杭国道赴南京，以从兄世璿、世瑾寄居阴阳营华新巷51号，即往投宿。

同月6日，至天目路10号，访佘坤珊先生，约与之同行赴西安，以教育部已合并北平大学、北平师范大学及天津北洋工学院三校，成立西北临时大学于西安，徐轼游先生有电邀先君前往也。

同月7日晨，偕佘先生渡江，由津浦路转陇海路西行，于9日晨8时抵西安，寓建国公园陕西化验所。西北临时大学聘先君为教授，兼教务委员，又兼史学系主任，担任"中国史学名著选"及"大一国文"两课程。

同月16日，至汉城，访未央宫、大明宫遗址。

同月17日，游南五台及翠华山。

229

同月20日，至临潼，登骊山，游老母殿、烽火台，望始皇陵墓，并在华清寺浴。

同月22日，至东门东岳庙，观宋代壁画。

11月7日，游宋家花园、王宝川庙及大雁塔。

同月17日，偕李季谷先生赴汉口，时太原初失，西安震动，西北临时大学遂有迁川之议，唯女生步行入川为不可能，决定由汉乘轮溯江西上。然事先亦须借妥住所，以便安顿伊等在汉候轮也。临大常委会遂请先君及李先生前往协商，武昌省立第一女中及汉口市立女中，均允借住。后以教育部不同意临大迁川，此议遂作罢论。

12月7日，偕李先生返西安。

同月12日，体感不适，延医诊治，至23日始痊愈。

1938年（戊寅）56岁

3月14日，以临大迁汉中，先君偕张少涵、李季谷、林觉辰、陈之霖、潘永言、李酉山、余谦六、李仙舟、杨永芳、陈叔庄、齐植朵、杨若愚、季陶达诸先生，及张小涵夫妇、李漪、徐一郎、徐氏姐妹等共20人，坐合资购买之大汽车出发，度秦岭，于17日下午抵南郑，寓大华旅馆16号。

同月19日，出南门，游汉水之滨。

同月23日，出东门，游圣水寺，又渡汉水，至灵泉山游。

4月17日，出南门，游班公堰。

同月19日，出南门，游小南海。

同月27日，西北临时大学文、法两学院迁城固，先君亦移居于此，初居民众教育馆中山堂，教授20余人，共居一室。

5月1日，出小东门二里，至城北，访萧何墓。

同月2日，西北临时大学奉教育部令，改称西北联合大学，是日晨举行开学典礼，先君出席演讲。

同月8日，出小西门，访博望侯张骞墓。

同月22日，由民众教育馆移居集灵小学。

7月27日，兼任法商学院院长。

8月12日，移居王史巷4号。与李季谷、林觉辰、谢似颜、陈之霖诸先生同住。

同月17日，先君接继母8月4日自沪所寄快函，得悉嘉兴报忠埭陶宅老屋及南门大街66号陶外祖母所租赁姚姓之屋，全部焚毁，我家书物亦成灰烬。

同月24日，以博望侯墓前将建立新碑，先君书《汉书·张骞传》一篇，刻于碑阴。

9月7日，徐轶游先生邀饮祝苹南公馆，先君即席赋诗一首。

同月22日，先君得陶外祖母王太夫人18日逝世噩耗，撰挽联以吊。

11月5日，至南郑。翌日晨7时参加联大学生集训出队式，下午3时半又参加会餐式，并演讲"勾践的精神"。同月7日，返城固。

同月10日晚，徐轶游先生来告教育部长陈立夫氏有密电致联大常务委员会，主法商院长须超然而接近中央者，指定常委会聘张北海氏为过渡人，整理法商学院，先君闻讯，极为愤慨，立即辞职。缘法商学院之前身系平大法商学院，其前身又为北京俄文法商专科学校，俄文课程犹有保留未裁撤者，于是神经过敏，或别具肺腑之徒，对之"另眼相看"，而先君虽为老同盟会会员，后亦加入国民党，然始终反对党内有党，派中有派者，此或即陈氏目为非超然而接近中央者欤！

同月12日，游升仙村。

同月19日，改任史学系教授。

12月4日，游汉王城。

1939年（己卯）57岁

3月，为唐节轩先生跋其所藏《章师遗墨》。

4月6日，清明节，联大全体师生至张骞墓拜扫。

5月7日，出席钱玄同先生追悼会，亲撰挽联以吊。

8月8日，先君以西北联大奉行政院令改为西北大学，并将原有之医学院、师范学院分出，独立设置，任胡庶华氏为校长，决意辞职离陕。

同月27日，为何乐夫（士骥）先生题其所藏《钱玄同先生遗札》。

9月16日，自汉中坐汽车入川。19日下午4时抵成都，住走马街西华饭店19号，次日下午移居新西门外沙利文饭店。

同月23日，游草堂寺及工部草堂。下午复游青羊宫及二仙庵。

同月24日，游望江楼薛涛井。

同月25日，上午游武侯祠，下午刘伯量（运筹）先生邀游邓锡侯之康庄。

同月27日，自蓉坐船赴重庆，中途在眉山朱遏先先生寓中宿一夜，复在嘉定留两日，参观武汉大学，并游乌尤山、大佛寺（即凌云寺）等地。于10月5日抵渝。13日赴新桥，宿从兄世璿寓中。

同月18日，得"国立"中山大学邹海滨（鲁）校长，程仰秋（璟）、林本侨（本）两先生共同署名之电报，邀请先君赴澂江，任中山大学师范学院教授。

同月22日，由新桥乘汽车返蓉。

同月31日，由蓉乘欧亚航空公司飞机赴昆明。

11月1日，赋诗八首，题为《十月三十一日，由成都飞昆，机中追念近事，口占八首》。

同月3日晨，偕李季谷先生、林本侨夫人初坐滇越路火车至呈贡，换坐桦杆，于午后5时余抵澂江，寓仁西镇138号，与罗干青（偉汉）、林觉辰、章锐初（微颖）三先生同住。

同月9日，得成都华西协合大学聘函，聘先君任本学年文学院英庚款国学讲座。即于次日复函应聘。

同月14日，"国立"中山大学聘书始送到，自9月16日起薪。先君以已应华西大学之聘，决意留此一学期。

同月15日，得中山大学师范学院函，附课程时间表，请先君担任"文字学概要"及大一"国文"两课程。

同月20日，至师院上课。

12月18日，出席师院纪念周演说。

同月20日，函邹海滨校长、萧菊魂秘书长，请下学期辞职。又函萧氏，推荐吴子臧（世昌）先生继任。

是年9月27日，仲父仲南公逝世，享年67岁。

1940年（庚辰）58岁

1月24日下午，至中山大学师范研究所演讲。

同月30日，离澄江，赴昆明。

2月7日，自昆飞渝，次日复自渝飞蓉，就任华西大学文学院英庚款国学讲座，讲授《传记研究》及《中国小说史》。

同月21日，由家畜保育所琛弟处，移居华大教授钟稚琚寓邸。钟寓在华西坝华大校园内三台山。

3月10日，赋诗一首，题为《上月由昆飞渝蓉，机中得诗两句，今日续成一绝，寄季谷、觉辰、锐初》。

同月21日，写《纪念蔡孑民先生》文一篇。

同月24日，参加蔡孑民先生追悼会。

5月2日，写《谈传记文学》文一篇。

6月21日，琛弟侍先君游峨眉，29日返蓉。成诗六首，题为《六月偕裸儿登峨眉，上下共五日，杂诗六首》。

7月11日，为郭乐山（可大）先生题"翠园"二字。又为罗干青先生之父沈遥先生六十双寿，亲书贺诗一首。

同月23日，游灌县青城山，26日返蓉。成诗两首，题为《七月偕觉辰、之霖为灌县青城之游，即成二律》。

8月13日，书"太平天国檄文句"联，赠谢似颜。

9月11日，为徐世庞、田秉懿结婚贺客签名题词。

同月16日，旧历中秋，先君日记云："近年来南北东西，不遑宁处。民二五此夕在北平。二六在嘉兴，时正为安顿眷属，收拾行装，终日碌碌，对月黯然，数日后即冒险赴西安。二七在城固。二八在岷江舟中，同行八人，泊傅家场，不久飞滇。今年在此，极感萧寥，妻子流离，相隔万里，在蓉者惟琛儿一人而已。"

10月3日，因疲累，伙食营养不好，痔疾大发，犹力疾至广益学舍华大文学院上课。17日始至东华门南街黄济川痔医师处诊治。

同月9日，和刘雪亚先生诗一首。

同月19日，先君日记云："鲁迅逝世已四周年，追念故人，弥深怆恻，其学问文章，气节德行，吾无间然。其知我之深，爱我之切，并世亦无第二人。曩年匆促间成其年谱，过于简略，不慊于怀。思为作传，则苦于无暇。其全集又不在行箧，未能着手，只好俟诸异日耳。"

同月23日，夜成五律一首，题为《和（庞）石帚答山公九日作韵》。

11月1日，先君自从上月17日赴黄医师处诊治后，初每日上下午前往换药一次，是日痔根脱尽，多年痔疾，竟得根绝。先君以在钟宅包饭，伙食费有定额，厨师所制肴馔，自难餐餐尽如人意，对于宿疾初愈者，或不甚相宜，于是出外零食，暂不包饭。

同月17日，为罗干青先生题徐学海山水立轴。

同月27日，成诗一首，题为《寿黄离明尊人菂厂先生八十》。

12月4日下午4时，至金陵大学，应金大理学会之请，讲演《李慈铭与翁同龢二人日记之比较》。

1941年（辛巳）59岁

1月8日，为《读书通讯》写《谈日记》文一篇。

同月31日，赋诗二首，一题为《一月廿七（阴历元旦）（陈）斠玄邀饮赏梅赋诗，和其原韵》；另一题为《次韵和（陶）公衡内弟废历元旦诗》。

2月6日，赋诗一首，题为《红梅次东坡韵》。

同月20日，为苏渊雷先生著《宋平子先生评传》写序文一篇。

3月5日，写讲演稿一篇，题为《蔡孑民先生的生活》，备翌日下午至青年会讲演也。

同月13日，得朱少卿、谢似颜两先生电，邀请先君出任三十一集团军总司令汤恩伯氏所创办之中正学院院长。

同月16日，函朱、谢两先生，请代为恳辞。

同月19日，写讲演稿一篇，题为《小说创作的史的观察》，备翌日下午5时至青年会讲演也。

同月29日，晨3时即起床，写赠徐幼慧医院诗立轴。

4月1日，先君以在外零食，所费太巨，故自是日起，仍在钟宅包饭，

同月15日，为陈斠玄先生题《溪山放棹图》。

同月19日，晨至四川省立图书馆，参观西康影展，阅毕，为之题词以为纪念。

6月6日，晚7时至国学巷金陵大学农学院宏艺会讲演，题为《谈〈儒林外史〉》。

同月22日，辞华西协合大学之聘，离蓉赴渝，暂寄宿从兄世璿寓中。

8月3日，任考试院考选委员会简任秘书。寓歌乐山静石湾十四号之五。

同月15日，成诗一首，题为《为（朱）铎民题章师六十自述诗卷》。

10月2日，先君日记云："晚在阅卷（按：指西安高考司法官试卷）中，读《中央日报》号外，知湘北我军大捷，喜而不寐。"

同月4日，连日阅卷，夜以继日，过于辛劳，体感不适，体温曾增高至华氏表103度，时冷时热，似为疟疾，乃服奎宁丸，每四小时一粒。向考选委员会请病假。

同月8日，赋诗二首，一题为《病中夜闻宜昌、郑州捷音鸣爆，喜而口占》；另一题为《病中怀尹默、旭初》。

同月12日，先君病体康复，到会办公。

同月25日，先君在考选委员会学术会议席上讲演，题为《近四十年来中国文字学进步的一斑》。

12月12日，改任考选委员会专门委员。

同月20日，先君日记云："连日研究《周官系统表》。"

1942年（壬午）60岁

2月3日，改正吴锡泽所作《周官系统表》。

同月12日（阴历辛巳十二月廿七），先君诞辰，按照我国以往计年岁办法计算之，则是年适为先君周甲之庆。先君日记云："午璿、瑾侄假半山亭治馔为余祝嘏，诸侄妇、侄孙辈均到，团乐满堂，可以忻慰。余六十未届，而侄辈殷勤致意，亦旅中之至乐。"

同月13日，夜成长句，题为《二月十二日，璿、瑾侄辈以余旧历六十初度，阖家来山，治肴相祝，檀栾一堂，其实余今年仅五十有九，喜而赋此》。

4月14日，为王冶秋先生著《民元前的鲁迅先生》写序文一篇。

5月8日，校正《周官职责表》。

同月22日，作《挽闻普天之封翁六言老人》诗一首。

7月8日，为《教育全书》分撰《周树人》传略，是日完稿。

8月23日，应杨子惠先生之请，至山洞杨宅，为其子女讲演。

9月27日，成诗一首，题为《陶外姑王太夫人四周忌辰（九一八），公衡有诗即和其韵》。

10月1日，代陶铜似（善坚）舅撰挽胡展堂（汉民）夫人联。

12月19日，为《教育全书》分撰《俞樾》传略，是日完稿。得中央训练团党政军人事管理人员第二训练班之聘函，请先君任《历代人事制度述要》一课程之讲师。

是年9月3日，表兄张晓凡逝世。

1943年（癸未）61岁

1月12日，和孙旅庭诗二首，用其原韵。

同月24日，至南泉党政军人事管理人员第二训练班授课，讲《历代人事制度述要》。

2月10日，至重庆城内两路口新村三号孙夫人宋庆龄女士寓邸，出席鲁迅纪念委员会。

同月20日，出席考选委员会学术会议遗教组第一小组会议，作读书报告，题为《读俞曲园先生〈群经平议〉〈诸子平议〉〈古书疑义举例〉三书报告》。

3月29日，成诗二首，题为《次韵酬孙旅庭》。

4月1日，兼任国立药学专科学校讲师。

同月19日，得罗雨亭（根泽）先生函，以中国文化服务社托编青年文库国学百种，请先君担任《越缦堂日记选》一种，先君即复书允诺。

5月1日，《读〈中国之命运〉报告》，是日完稿。

6月18日，得考试院聘函，聘为实用文考课委员会委员。

7月28日，琠妹自桂林抵渝。

9月18日，兼任中央训练团党政军人事管理人员第一训练班讲师，所授课程，与前在第二训练班所授者同，亦为《历代人事制度述要》。

10月15日，草拟机关学校化实施办法。

同月17日，夜成诗一首，题为《寄公衡（附注：国庆日，琠女自公衡内弟家携回盛馔，并诵其新诗）》。

12月4日，写贺张慎之（言传）、黄秉钧结婚单条一幅。

1944年（甲申）62岁

1月14日，夜赋诗一首，题为《公衡内弟以癸未岁晚诗见示和韵却寄》。

2月12日，赋诗三首，题为《一月二十四日，旧历癸未除夕，公衡内弟夫妇邀余暨琠女共与岁筵，衡弟成诗三首，依韵和之》。

同月29日，赋诗二首，题为《似颜以甲申元旦五十感怀二首见示，依韵却寄》。

4月1日，应中央训练团党政军人事管理人员第一训练班之请，写《历代考试制度述要》完稿。

5月4日，应柳非杞先生之请，为《鲁迅先生诗抄》撰序，又为《尹默手写鲁迅诗抄》题跋。

6月1日，先君日记云："今日起，本会（按：指考选委员会）进修班开始，余任文字学，时间为星期一下午1至2时；4时起，则主讲总理遗教，已将三年矣。"

同月16日，写讲演稿《周官和古制度古文字》，以备次日8时半至铨叙部讲演也。

7月6日，下午4时，赴上海医学院附属医院，送朱遏先先生入殓。

10月6日，应张自明先生之请，为其兄张自忠上将抗日殉国事，赋诗一首，以颂扬其义烈。

同月18日，写《回忆鲁迅》文一篇。

同月26日，先君日记云："傍晚起，右目外旁觉有火星飞驰，环头部而动，不知目睛中含何质点，想老境侵寻矣。平常视物，亦有黑点。"

12月15日，先君日记云："连日阅派遣国外实习农、工、矿业技术人员考试党义试卷，今晚始竣事，共计一千一百七十本。"

1945年（乙酉）63岁

3月29日，为胜利出版社写《章炳麟》，稿成。

4月1日，至临江路中法比瑞同学会，参加淑文侄女与李云东君结婚典礼。

同月22日，赋诗一首，题为《和内弟公衡得子诗用原韵》。

5月5日，为范质甫先生所著《质言》题跋。

同月14日，成诗一首，题为《悼罗斯福总统》。

7月21日，是日为沈仁山（寿铭）舅父六旬诞辰，先君约同亲友，假嘉华水泥厂设筵为之祝嘏。时汤兆恒妹丈任该厂经理，得借地设筵也。

8月14日，赋诗二首，题为《八月十日晚，闻日本向盟国乞降，翌日得琛儿安抵华府信，喜而有作二首》。

同月22日，赋诗一首，题为《送玙侄女从军东下，受降南京》。

10月18日，写《鲁迅与民族性研究》文一篇。

同月19日，至白象街西南实业大厦餐厅出席鲁迅先生纪念会，任主席。

11月4日，为《教育全书》分撰《章炳麟》传略，是日完稿。

同月31日，赋诗一首，题为《和（周）伯澄侄倩秋兴诗，用原韵》。

11月23日，应余桐琴（陶）先生之请，书其兄志霖（篁）墓表。

1946年（丙戌）64岁

1月8日，得绍兴县长聘函，聘先君为绍兴史料编纂委员会委员。

同月23日，偕考选委员会第一批复员人员，自渝飞抵南京，先往考选委员会报到，然后回至西华门二条巷瑜园一号从兄世璿寓中宿。

同月26日，先君日记云："晨五时即起，七时偕琠坐马车，至下关车站，八时上车，已无隙地。先坐茶房室内，至镇江始得座。餐车拥挤，命肴亦无送来者，幸茶房送一茶壶来，秀莹（按：即璿嫂）曾备点心，得以充饥。京沪车开出，至栖霞山，久候交车，以致误点，晚六时半到北站，天雨路湿，灯暗少光，幸有琠照顾，雇三轮车一辆，近八时抵家（永嘉路四八五弄十六号），见内子精神康健，场、玮两女长成健美。阔别九年，团聚一旦，拥抱欢乐，非言语所能形容。缜、都两内妹，玉英内弟妇均相见，公择弟偕兆恒婿十时余回。"

2月14日，至中外公墓，展陶外祖母王太夫人墓。

同月25日，自沪返南京，仍住从兄世璿寓中。

3月1日，移居考选委员会衡鉴楼三楼。翌日，又迁至公明堂二楼211号。

同月6日，写《国父中山先生和章太炎先生》文一篇。

同月11日，夜赋诗一首，题为《公衡滞渝，寄诗见怀，依韵却寄》。

同月28日，写《儿童节》文一篇。

4月14日，赋诗一首，题为《麟内侄晬筵，口占一绝》。

5月1日，移居公明堂二楼217号。

同月2日，得台湾省陈公洽（仪）长官密电，谓欲促进台胞心理建设，拟专设编译机构，编印大量书报，请先君前往主持。

同月6日晨6时，赴总理陵园，参加还都大典。

同月18日，先君以上月18日许景宋女士来函，谓鲁迅先生逝世今适十周年，请写回忆文，是日开始起草《亡友鲁迅印象记》，成三则。

6月18日，离南京赴沪，准备赴台。

同月25日，自沪飞抵台北，住励志社16号。

同月27日，起草编译馆组织大纲。

7月4日，移居青田街五巷二号李季谷先生寓邸。

同月8日，编译馆筹备处成立于南海街教育会馆对面，原教育处教材编辑委员会所。先君即日到处办公。

同月10日，得长官公署派令（署人字第4623号），任命先君为编译馆馆长。

同月13日，编译馆是日成立，迁至教育会馆办公。先君即日到馆就职。

同月16日，正式向考选委员会提出辞呈。

同月17日，午后至台湾大学第二附属医院诊齿，医师为小林静夫，渠出手册请题字，先君为题"得心臻妙"四字。

同月28日，至草山第二宾馆，应陈公洽长官之邀宴，并入温泉浴。复游第一宾馆，又入温泉浴。

8月10日，编译馆招待新闻记者，先君即席讲《编译馆的旨趣和工作》。

同月11日，移居潮州街59号。

同月23日，写《孔子的生平事略及其学说》文一篇。

同月27日，孔子诞辰，晨8时至中山堂，讲《孔子的生平事略及其学说》。

同月31日，至台湾大学第二附属医院取义齿。

9月3日，胜利周年纪念日，上午8时半至中山公园，参加纪念典礼。

同月5日，至省训团讲演，题为《台湾文化的过去与未来的展望》。

同月6日，六妹世玮自沪来台，就读国立台湾大学。

同月12日，写《俞曲园先生的教育功绩》文一篇。

同月23日，晨8时前，至重庆南路省立第一女中讲演，题为《第二诞生期和第三诞生期》。

同月30日，写《鲁迅的精神》文一篇。

10月14日，写《鲁迅和青年》文一篇。

同月19日，写文两篇：一为《台湾省编译馆的设立》，另一为《台湾省编译事业的拓荒工作》。

同月25日，上午至中山堂参加台湾光复周年纪念会。夜作上陈长官私函，力陈种种困难：（一）馆舍问题；（二）职员宿舍问题；（三）宿舍家具问题；（四）交通车问题（按：此四项困难，后逐渐解除）。

同月29日，写《鲁迅的人格和思想》文一篇。

同月31日，编译馆迁至襄阳街怀宁街口，先君仍每日到馆办公。

是月，又写成文稿两篇：一为《鲁迅的德行》；二为《新台湾与三民主义的教育》。

11月10日，写祝大伯母范太夫人八十寿辰笺。

同月30日，下午至和平东路省立师范学院讲演，题为《鲁迅的人格及其思想》。

12月10日，先君日记云："下午主持本馆座谈会，参加者教育处、师范学院、省教育会、国语推行委员会，参加既踊跃，发言亦热心。"

同月17日，写《鲁迅的生活》文一篇。

是月，赋诗二首，题为《十一月二十八日（程）柏庐来台视察教育，见示新诗，奉和二首》。

12月13日，世瑛自北平来台北，应省立师范学院之聘也。

1947年（丁亥）65岁

1月2日，写《教授国文应注意的几件事》文一篇。

同月9日，上午主持编译馆召开之省市中小学校长会议，商编辑教科书事。

同月11日，上午至编译馆主持教科书编辑委员会，决定约请馆内外学者，负责编辑各种教科书。又出席学校教材组组务会议，先君即席宣布编辑教科书，应注意下列三大要点：（一）要进化的；（二）要有互助精神；（三）要为大众的。

同月20日，下午至师范学院，以编译馆假师院会议室，召开中学适用的教科书编辑委员会，前往出席致辞也。

同月26日，上午至士林杨云萍先生（编译馆编纂）寓邸，参观其藏书，并应其请，在其册页上题诗一首。

同月27日，向陈长官要求，拨交通车一辆与编译馆，以便接送全馆同人也。是日开始接送。

2月5日，上午至台北县政府，应陆桂祥县长之邀宴，商修台北县志事。

同月13日，写《摹拟与创作》文一篇。

同月18日，至省训团讲演，题为《教授国文应注意的几件事》，因受寒，当场呕吐，犹力疾讲毕。

同月19日，写《第二诞生期和第三诞生期——告台湾省青年》文一篇。

同月28日，先君日记云："下午赴馆，途中闻枪声甚多，至馆见馆门已闭，对面之永安堂，间壁之中和公司均被毁，馆中同人皆困守一夜不敢出。"

3月12日，以局势平复，先君照常到馆办公。

同月22日，先君以台湾同胞受日人统治51年，对于祖国文化，认识不深，尤以国语国文，隔阂更大，为便彼等学习，特于公余，写一小书《怎样学习国语和国文》，完稿。是书列为编译馆社会读物组所编著《光复文库》第一种。

同月26日，为台静农先生所藏《鲁迅讲演稿手迹——娜拉走后怎样》题跋。

同月29日，移居青田街6号。

4月1日，写《光复文库编印的旨趣》文一篇。又为编译馆台湾研究组行将出版之《台湾学报》写《发刊词》一篇。

同月20日，访士林园艺试验所陈国荣主任，还其日前索书之诗笺。上写先君近作三首：一题为《四月八日，偕（邹）曼支、（谢）似颜、（马）孝焱及儿女瑛、玮至士林园艺试验所赏兰，主任陈君国荣出纸索书，因成二首》。另一题为《前诗未写出，承陈君惠我两盆，因又作一首》。

同月30日，写《台湾需要一个新"五四"运动》文一篇。

5月4日，台湾文化协进会，裒集先君所撰关于鲁迅先生之文章，共十篇，拟出一专集，名曰《鲁迅的思想与生活》，先君特为写序文一篇。

同月17日，先君日记云："新生报及省政府公报载，编译馆经昨日第一次政务会议议决撤销，事前毫无闻知，可怪。在我个人从此得卸仔肩，是可感谢的，在全馆是一个文化事业机关，骤然撤废，于台湾文化不能不说是损失。"

同月24日，先君日记云："本馆全体同人，约下午照相，晚在新中华设宴，并以大银杯、纪念手册见赠。"

同月26日，《亡友鲁迅印象记》全部写竟，共25章。

6月3日，为台湾大学编集《敦煌秘籍留真新编》，写序文两篇，一篇系代陆筱海（志鸿）校长作，另一篇则由先君自己署名也。

同月4日，先君应台大陆校长之聘，任文学院中国文学系教授兼主任。

同月5日，写《俞曲园先生的思想》文一篇；又应省立成功中学何敬烨校长之请，为《重刻台湾杂咏》写序文一篇。

同月15日，赋诗四首，题为《台湾省编译馆突被裁撤，锐初、孝焱二兄赋诗为赠，感怀慰勉，情见乎辞，答谢四首》。夜又成诗一首，题为《偕锐初游草山，浴温泉》。

同月19日，《鲁迅的思想与生活》出版。

同月22日，夜赋诗一首，题为《偕孝焱及其女公子淑元游淡水海滨，归途经北投，浴温泉》。

同月25日，先君日记云："来台整整一年矣，筹备馆事，初以房屋狭窄，内地交通阻滞，邀者迟迟始到，工作难以展开。迨今年一月始得各项开始，而即有'二二八'之难，停顿一月，而五月十六即受省务会议议决裁撤，如此匆遽，莫解其由，使我表见未遑，曷胜悲愤！馆中工作专案移交者近三十件，现款专案移交者百五十余万。知我罪我，一切听之！"

7月28日，写《鲁迅的避难生活》文一篇。

8月1日，写《中国民族精神的中心》文一篇。

是月，写《读了〈敦煌秘籍留真新篇〉之后》文一篇。

10月1日，写《鲁迅的游戏文章》文一篇。

同月6日，台湾大学开学，先君为中国文学系二年级学生讲授《文字学》，课余即编著《文字学概要》讲稿。

同月19日，《亡友鲁迅印象记》，由峨眉出版社承印，是日出版。

同月25日，赋诗一首，题为《酬柏庐六十寿》。

同月31日，应魏建功先生之请，为其所藏《大父慰农先生家书卷子》题诗一首。

11月19日，应屠康侯先生之请，为其所藏《张苍水遗像》题诗二首。

同月24日，应于景让先生之请，为其所藏《徹三绘渔父像》题诗一首；又为其所藏《徹三绘屈原像》题词。

12月5日，晚7时至励志社，出席外勤记者进修会讲演。

同月6日，出席中华学艺社年会，宣读论文，题为《敦煌秘籍留真新编研究——尚书盘庚微子二篇》。

同月12日，上午至台湾大学出席校务行政会议，力争中国文学系之研究设备费，盖台大对各院系研究设备费之分配，稍欠公平也。

同月13日，写《王通和韩愈》文一篇。

同月21日，写文稿三篇：（一）"新年展望和台湾大学校歌歌词"；（二）"三百年前台湾破荒的伟人沈光文"；（三）"对于台湾省语文教育的一点意见"。

是年3月10日，大伯母范太夫人逝世，享年81岁。

1948年（戊子）66岁

1月2日，应屠康侯先生之请，为其所藏《张苍水遗像》添题跋语。

同月21日，先君于去岁腊月六日，在学艺社年会所宣读论文《敦煌秘籍留真新编研究——尚书盘庚微子二篇》，是日写定。

同月29日，开始写《李慈铭秋梦乐府本事考》。

2月2日，《李慈铭秋梦乐府本事考》文稿完成。

同月5日，先君日记云："本日立春，余生辰，晚约孝焱及其女淑元、张小姐、家驹侄暨瑛、玮家宴。"

同月6日，先君在台湾大学文学院中国文学系主任办公室失窃，损失台币24000余元，是款甫由文学院事务室领到，系7月份加成补发薪金。

同月13日，夜10时后，晨3时前，先君住屋有窃贼入室，盗去富士牌男式自行车一辆，又先君新购黄皮鞋一双亦被窃走。

同月18日，下午函唁从姐丈周伯澄兄，以从姐世琪于本月13日病故沪寓也。

是日深夜，凶犯高万侔以锁匙开"玄关"门，入先君卧室，以柴刀行凶，遇害。20日下午3时，先君遗体入殓，当即移灵至台湾大学附属医院冷藏室暂殡。23日上午8时举行公祭，礼毕，即将灵柩运至台北市火葬场举行火葬。

附记：

1988年5月，二哥世琜自台湾回大陆探亲，带来大哥世瑛所撰《先君许寿裳年谱》，限于资料，前略后详。阅后，又补充一些材料，略去了谱中所记国内外大事和不重要的琐事，使之更显紧凑，并对个别的错记作了改正。

许世玮

1992年5月8日

许寿裳世系简表

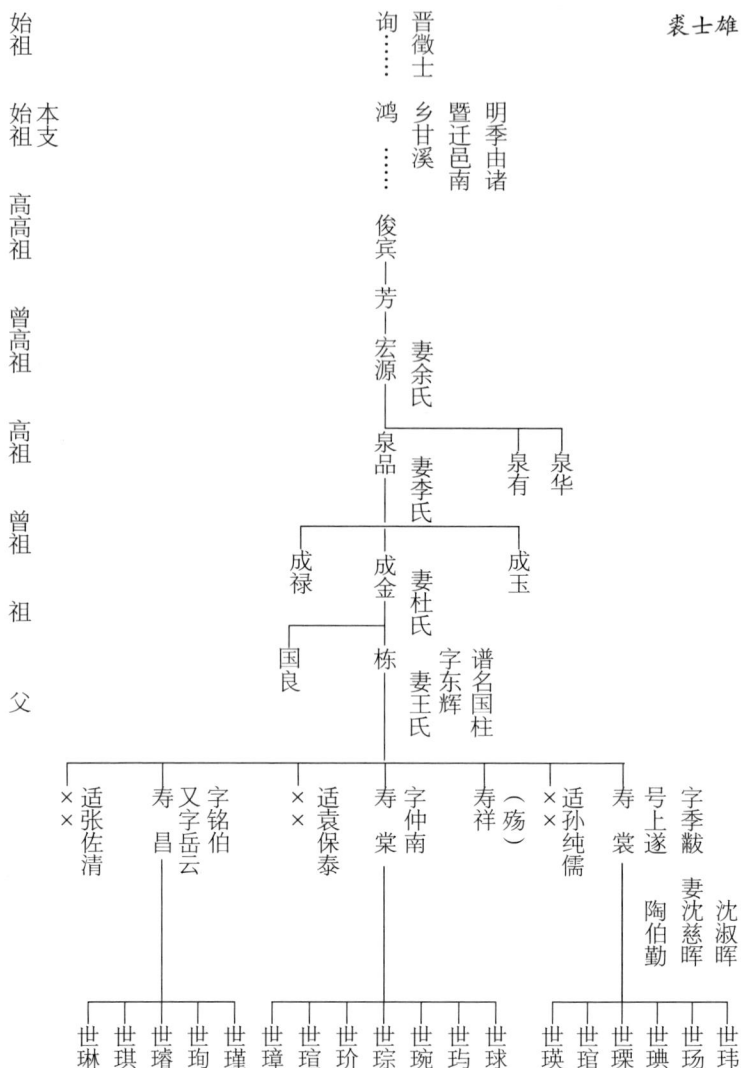

裘士雄

世系	
始祖	询　晋徵士
始祖（本支）	鸿　乡甘溪　明季由诸暨迁邑南
高高祖	俊宾—芳—宏源　妻余氏　　泉有　泉华
曾高祖	泉品　妻李氏
高祖	成禄　成金　妻杜氏　　成玉
曾祖	国良　栋　字东辉　妻王氏　谱名国柱
祖	
父	××适张佐清　寿昌　字铭伯又字岳云　××适袁保泰　寿棠　字仲南　寿祥（殇）　××适孙纯儒　寿裳　号上遂　字季黻　妻沈慈晖　沈淑晖　陶伯勤

世琳　世琪　世璠　世珣　世瑾　世璋　世瑄　世玠　世琮　世琬　世玙　世球　世瑛　世琯　世瑮　世瑔　世玚　世玮

----

① 许寿裳后辈，仅列子侄辈，余不赘述。

② 资料来源：据光绪庚子辛丑恩正并科《浙江乡试硃卷·（许寿昌）履历》等。

作品选刊

诗

留别伍舍

荷尽已无擎雨盖，菊残犹有傲霜枝。

壶中好景长追忆，最是朝颜裛露时。

（1908年冬）

吊鲁迅墓

身后万民同雪涕，生前孤剑独冲锋。

丹心浩气终黄土，长夜凭谁叩晓钟。

（1937年1月31日）

病中夜闻宜昌、郑州捷音，鸣爆，喜而口占

又报江河捷，连天爆竹鸣。

火花供庆祝，华族自文明。

残虏狷奔急，灾民喜泪迎。

病中欣坐起，致敬朔南营。

（1941年10月8日）

八月十日晚闻日本向盟国乞降，

翌日得琭儿安抵华府信，喜而有作二首

一

居然喜讯联翩至，黩武倭夷竟乞降。

难得八年摧劲虏，从今一德建新邦。

陷区妻子狂歌舞，盟国经纶足骏庞。

归路反愁何所见，创痍满地下长江。

二

儿书万里慰亲情，喜报安然抵美京。

科学发明原子弹，和平领导国联盟。

厚生能泯贫和富，进德端由爱与诚。

羡尔观光时令好，相期无负此长征。

（1945年8月14日）

送玙侄女从军东下受降南京

十万青年智勇兵，就中吾侄亦峥嵘。

百番苦练征倭用，一弹奇功彼美成。

龙战玄黄今幸免，马关污辱誓澄清。

须知善后多艰巨，莫自骄矜莫自轻。

（1945年8月22日）

台湾省编译馆突被裁撤，锐初、孝焱二兄赋诗为赠，怀慰勉情见乎辞，答谢四首

一

难得陈公政见高，教从心理饷同胞。

只身孤箧飞蓬岛，故土新临气自豪。

二

外露为山才一篑，内潜掘井已多寻。

岂知江海横流日，坐看前功付陆沉。

三

去官唯觉一身轻，补读还期炳烛明。

自有胸中真乐在，浮云何碍太圜清。

四

二君词笔冠南州，况复公文智虑周。

毕竟交情真道义，不辞千里肯来游。

（1947年6月15日）

题张苍水遗像

一

经略忠诚世莫俦，谢山碑记并千秋。

怒涛江畔当时句，喜见英灵画像留。

251

二

雄心轻敌郑延平，太息深谋不见行。

一挫金陵浮海去，潇潇风雨故园情。

　　康侯先生为南明忠义屠天生公后昆，出示苍水公画像及夏、陈二氏诗属题，因写两绝，并补录二氏诗如右。民国36年台湾光复后二年，距苍水成仁285年，日南至，时同客台北，寿裳并记。

（1947年11月19日）

题徹三绘屈原像

即怀内美，重以修能。

虽遭谗贼，心岂可惩。

民生多艰，言之流涕。

逸响伟辞，卓绝一世。

自凭神思，高驰邈寻。

而眷念宗国，终不忍去自沉。

（1947年11月24日）

题徹三绘渔父像

举世谁从话独醒，竹竿籧籧水清清。

芦中亦济英雄困，侠骨无由识姓名。

（1947年11月24日）

台湾大学校歌歌词

海水洸洸，挟民族之辉光；

沈郑遗烈，于今重离皇。

民权保障，宪政提其纲；

民生安泰，气象炽而昌。

阿里苍苍，对学府之讲堂；

登峰造极，日知月无忘。

不倦不厌，教学相得彰；

光被大众，充塞乎八荒。

学海洋洋，喜楫击而帆扬；

研究有得，企业连系将。

企业有利，研究益加强；

前进前进，康乐祝无疆。

文

李慈铭《秋梦》乐府本事考

《桃华圣解庵乐府》两种一册，不分卷，会稽李慈铭撰，崇实斋校刻，第一种曰《舟觇》，第二种曰《秋梦》，是薄薄的一本。现在这本小册子已经很难得，幸而在后来印出的《越缦堂日记补》第一册末尾，还留着《秋梦》原稿，只是涂抹太多，阅览颇费目力。

这本《桃华圣解庵乐府》，卷首有越缦自叙，略云庚申初秋，索居京师，家书杳然，念辄心悸。会海上事又急，夷舶入据津门，都人士相率避去。按庚申是1860年，即清咸丰十年，越缦32岁。这一年是他初次进京打算捐官的第二年，也是太平天国占领南京的第八年，其时江浙警报频闻，杭州早经失守。七月，英法军破天津，入北京，八月清文宗奕詝避难于热河，叙说初秋，正是这个时候。《舟觇》取材于唐代小说，是一篇普通的传奇，可说是宾；后者描写婚姻上的悲哀，虽托名"莫娇"，其实是一篇自叙，可说是主。这篇《秋梦》，请词肫挚，哀艳动人，可以与玉茗"四梦"竞爽，其曲谱几乎和《还魂记》第十二出《寻梦》完全相同。《秋梦》全折叙一生一旦梦中话旧的故事，起首的开场白说："小生莫娇，江南人也，自客京师，已逾一载，泪闻寇警，久绝家书。游子难归，十二时思亲肠断，故园何在，三千里作客神伤。才高有穷鸟之悲，金尽作枯鱼之泣。目下秋风又起，病体未瘳，遥念栗里亲朋，瀼溪弟妹，是谁驱迫，致此分离。……只因丱岁，偶遇婴娘，智慧姻缘，痴骏游戏，锦笺有句，曾蒙才子之呼，玉镜无台，空忆老奴之谑。"文中只"偶遇"二字可说是不得已的曲笔。除此之外，字字真情，语语血泪，没有一点浮烟浪墨。——欲知端的，且看下文：

原来越缦有位长姑，嫁给薛家。她的长女名曰珠婴，便是文中的婴娘。珠婴自幼常来外家，通文墨，善音乐，是一位秀外慧中多才多艺的小姐。她生于1830年庚寅二月（越缦生1829年己丑十二月二十七日），虽说是比越缦小一岁，实则相差只一个多月，她卒于1852年壬子九月之望，得年仅二十有三。后来到1887年，距她死已经35年了，越缦作的《外妹薛宜人权厝志》叙当时的生活状况说：

> 每至试灯风过，上冢期先，长姑挈宜人居余家两匝月，至四月六日观青田湖竞渡后，始去，岁以为常。清明上河，同乘画舫，中隔下垄，倦倚篮舆。赌探陌上之花，戏斗峰头之草。娥娥红粉，艳照青溪，簇簇翠裙，时趁游蝶。偶征节物，手和香饧，闲上秋千，泥寻坠珥。昼长多暇，常守一编，夜静灯妍，亦度数曲。大母顾而乐之焉。至于霓旌导神，龙舟斗捷，大母乃饰青雀之舫，携绿笋之厨，选胜霞川，听歌官渎，垂帘草暖，击汰水香。宜人容止益庄，钗钿不露，从容语笑，月上而归。……（《越缦堂骈体文》卷四）

这是多么动人的一段童年梦境！不想花无常好，越缦年才14岁，他的祖母因自己久病，要想得越谚所谓"冲冲喜"，便匆匆地给他娶了一位马小姐，也是他的外姊，可是年龄比他大5岁，从此"瑟琴异趣"，夫妇的感情不洽。他于《致仲弟书》说：

> 兄今年三十六矣。……嫂与情好素异，胤嗣不育。（《越缦堂文集》卷四）

于《四十自序》说：

> 德非许允，配以孙恒。牛衣夜寒，乏垂泪之慰；鲑单朝设，
> 绝举案之欢。乃至郡闻勃谿，室无倾视。虽齐醮于卅岁，实块处者
> 卅年。（《越缦堂骈体文》卷三）

又于《复云门书》说：

> 忆自壬寅之岁，大母濒危，命选嘉辰，冀延莫景。而御轮未
> 返，属纩已终，勉止哀音，权成吉礼……重以瑟琴异趣，袯被远
> 游，生非稚都，终年斋禁，学殊子季，筑室别居。（《越缦堂日
> 记》第50册77页）

这样的"块处"，"瑟琴异趣"了47年，到了1888年戊子，马淑人终于
"无子无孙，溘然以薨"。他的《祭内子马淑人文》，说也奇怪，好像是祭
一位普通的朋友，并不表示一点夫妇结连难解之情，只说：

> 呜呼淑人，我之外姊，生而姑背，育于外氏。维先大母，
> 痛姑之亡，恩斯勤斯，视如孙行。我于淑人，五年以幼，大母爱
> 之，妃为嘉偶。岁在壬寅，淑人来归。青庐未彻，已设丧帷。……
> （《越缦堂骈体文》卷四）

其意若曰：这配偶不过是祖母给予我的一件礼物，应该好好地供养
而竟有所不能罢了。越缦曾自记有云："十月初二日，祖母卒。初，祖母
以久病，命先严为余毕姻，是日甫成礼而祖母弃养矣。"（《越缦堂日记

补》第1册第3页）要使一个十三四岁的童子提早结婚，势不能使十二三岁的小姑娘来做新娘，于是不得已配以五年以长的"孙恒"，而文中偏称为"嘉偶"，实在是非常滑稽而又非常沉痛的。这种童子早婚的陋习，婚姻不由自主的恶俗，和恋爱者的拘于礼教，有情莫诉，他的欲望老是被压迫着的心理上的痛苦，其结果乃至于终身不幸，到了死还是两情缠绻。真所谓"这是聪明反被聪明带，真诚不得真诚在。冤亲做下这冤亲债，一点色情难坏。"

说到这里应补充几句：越缦的感情最深，对于马淑人虽性情不合，使自己成为婚姻上的不幸。同时却也怜悯她连带成为不幸，这是天性最肫笃的地方，在他的著作中时常可见，马淑人卒，悼亡诗就有14首，现在不及备举，止引辛酉年《寄内二首》：

> 蚕室田居分隐沦，三年谁遣事风尘。乱离莫更伤羁客，寒饿多烦慰老亲。可使士安终失学谓僧慧，漫疑孺仲未安贫。与君生小为兄弟，法喜维摩本宿因姑母马孺人生内子后即病殁，予与内子幼皆育于祖母。
>
> 绛跌阁上焚修地，斋版经帷大母传。廿载米盐贫里泪，一家灯火佛前缘大母建绛跌阁，供大士像，临殁以阁属内子焉。家慈及内子皆年未三十，即长斋奉佛。客居久忏闲情赋，乡梦常依净室天。记取白头山水里，打钟扫地补当年。（《白华绛跌阁诗》卷己）

且说越缦既已结婚，珠婴怎样呢？《权厝志》叙此后两家聚散之悲，死丧之戚说：

> ……乙已孟秋，先子暴卒。长姑闻讣奔赴，恸哭过哀，大敛

未终，危疾遽遘，卧舆遄返，八日告殂，各居闵凶，同伤孤露。宜人自是不至余家矣。

其叙外妹18岁适张存斋前后的情形说：

> ……以故两家亲姻重累，恩谊周浃，而内外别嫌，从不相见。……

这样的两个自幼相爱，携着手，并着肩，紧热紧热的人，一旦因环境的变迁，竟至"从不相见"，岂不是已经等于死别的凄惨吗？正不必到了壬子九月闻讣之后，而始有"天上何年，犹圆璧月，人间长恨，遂折琼枝"的痛语呢！

《权厝志》的末尾尚有"尘劫皆空，情澜未竭"一句话，而《秋梦》中，婴娘也自称："奴家柳妹，小字婴娘，幼与莫郎，花前一诺。自乖素愿，遂判两尘。死后生前，情根永在。"呜呼！天长地久，此恨绵绵！真所谓，"间何物似情浓，整一片断肠心痛！"至于文中改薛为柳，虽隐犹显，因为薛柳两姓的郡望同是河东，特地借用，而柳妹的小字婴娘，和薛氏的本名珠婴，简直是一致，更属显然无疑的了。又《秋梦》的莫峤是越缦自己的托名，已述于前，盖取温峤诳取从姑之女的故事。《秋梦》原稿，本作李峤，旋改为莫峤，字迹历历可辨，而且改而未尽，还留着好几处李郎字样呢。

越缦的《萝庵游赏小志》（1862年壬戌著）中有二节，是和薛氏外妹有关的：（一）记1840年庚子（时越缦12岁）春日，全家至木客山扫墓，道出偏门外，见一人家，屋宇新好，园林茜艳绝尘，"适棹人以事停舟，先大母因命仆妪辈，携予及薛氏外妹往游……径登其堂，堂之左右两厢，皆翼以红阑，而流水绕之。"后十五年乙卯二月，偶经一处，宛如曩地，而重门深闭，因赋一绝云：

重门寂寂锁春风，携手前游似梦中。恰是粉墙低处见，鸭桃竹里试花红。

这诗也载在《白华绛跗阁诗初集》卷丙，却是有二绝，其第二绝如下：

觅遍衡皋步屧尘，青山老尽镜中春。临池肠断朱门阑影，不见簪花并倚人！

（二）记幼时每岁春中，全家至漓渚山扫墓事，有云：

一日回舟至三山前，时薄莫，风雨斜作。予所居舟，以有客须经偏门，因溯快阁直上，而他舟皆进钟堰去。望之，烟雨空濛，画船散缀，乌篷青幔，如在雾中。船头桃花满来，渐远渐明。此景迄今二十余年，思之犹在目前也。自壬寅大母见背后，戚属渐散，上河风景，非复曩观矣。予撰《秋梦》乐府，有云："全家画舸东风软"及"滴滴花兜团扇满，双双燕绣生衣茜"。又云："水里青春，画里春山，回头天上神仙眷"。诵之辄至低徊欲绝云。

到此，已经和盘托出了，明明说着《秋梦》中的"月上海棠"这一支是描写上河风景的。船头的桃花是渐远渐明，那船里的爱人也是愈久愈恋。叙景之中，实寓言情之意。至所谓"壬寅大母见背后，戚属渐散"者，就在点明薛氏外妹的不再来。壬寅是越缦结婚的那一年，其冬，越缦既成了有妇之夫，那么薛氏为避嫌起见，自然不敢再来亲近。即使她不遭母丧，也不会再来外家的。最可注意的：上面所引《权厝志》的一段，将两小无猜的情形，具体地详细地指出的，是清明前后的上河和四月六日的竞渡的风景，而《秋梦》中的"月上海棠"和"二犯么令"两支也是写上河和竞渡的。两相对照，更可知道《秋梦》的语语真情，断不是无病呻吟，也不是凭空构造，唯其是真，所以能够深刻，使人读了，怦然心骨生痛。

越缦诗词集中，在1852年壬子秋薛氏去世时，有题为《闲情三首》的如下：

> 准拟香车降夜来，铜铺届戌为君开。银潢一渡真天际，赢得巫云断锦回。
>
> 王母筵前按曲时，纤眉长爪映琼卮。十年此梦难重觅，肠断人间沈亚之。
>
> 自结鸾钗翡翠翘，锦鞋梦脱不崇朝。痴情犹指楼前月，百忏金轮转玉箫。（《白华绛跗阁诗集》卷甲）

越缦在此时，已经和薛氏外妹生前十年不见了，所以有，"十年此梦难重觅"之句。又四年甲寅夏，有《傍晚寂坐成纪梦诗四绝》如下：

> 瑶环瑜珥忆趋庭，携手花前几度经。梦里飞琼愁再见，可堪潘冀也凋零。
>
> 斗草迷藏事宛然，蓬山一隔便登仙。不知风絮轮中物，何日红尘又劫年。
>
> 当年爱唱玉珑玲，兰畹花间听未真。今日重挦红豆谱，记曾错处倍沾巾。
>
> 忽听鸡声送彩鸾，茫茫云海见应难。蓬莱清浅无多水，莫作生前泪点看。（《越缦堂日记补》第1册61页）

260

这四首似乎幼稚一点，所以刻入《白华绛跗阁诗集》时，改成为《生小二绝》了，如下：

生小灵芝最可怜，夜深吹笛绮楼前。多情一抹花梢月，照见当年玉钿蝉。

新样菖蒲礼佛冠，玉鬘的的晓星寒。银河清浅无多水，莫作生前泪点看。

以上这几首诗，能是开头就用"灵芝"、"夜来"的典故，暗中指出薛氏。用"王母"是双关的。又用"按曲"、"玉箫"、"吹笛"、"沈亚之"的秦梦、"飞琼"、"纤眉长爪"以及"鸾钗"、"钿蝉"等等，追写薛氏多才多艺，如玉如花的特色及其服御。"忽听鸡声"一首，和《秋梦》的下场诗完全相同，这更应该注意的了。

此外，越缦的诗词类此者尚多，今再摘录若干首如下：诗则甲寅年有《偶兴》一首：

苔阴小院歇秋千，记得年时趁簸钱。十载斜阳芳草地，泥人曾此觅花钿。

甲子年有《秋夜梦逝作》一首：

初凉就兰夜，病怀恹枕簟。合衣遂成梦，前尘忽在眼。芳魂趁雨至，映烛故掩敛。欲即翻复离，值倒睡中厌。（自注：俗作魇猛醒心惬惬，余香鼻苒苒。风叶飚虚廊，隔帘数秋点。）

庚辰这一年越缦成进士，有《相见》一首：

相见无端别亦奇，碧城风月总迷离。虚闻青鸟传佳讯，未有琼华答好辞。烛影忽开金锁入，漏声偏恨玉窗迟。香浓花亚春三刻，白了刘郎几鬓丝。

词则有《买陂塘》一阕，自注："丙辰二月初二日感旧"：

蓦今朝仲春初二，玉晨重见瑶侣。钿蝉细蝶新梳削，回首那人风度。青鸟去，看碧落高寒，又恐娇难住，梦云惯阻，记夜雨重门，画堂灯畔，双髻唱金缕。　东风骤，吹堕琼华如许，秦台零落珠树。小庭香雾回廊月，都是旧经行处。花底语，问花上流莺，也为侬凄楚。风笙漫谱，指柳下阑干，共伊凭后，十载胃飞絮。（《霞川花隐词》）

这是薛氏卒后四年作的。我疑二月初二这一天是薛氏生辰，因为《权厝志》里说：

宜人生于道光庚寅二月，标桃映帨，紫燕投怀，花果簇于银盆，门巷盈其珠履。时余生甫弥月，太母倪太恭人喜中外之得孙，合姻党以称庆。瑶华对语，比美兰荪，绣葆双擎，并夸玉雪……

其时李、薛两家，正是越中的巨富，豪华景象，可想而知。乙亥年有《陌上花》一阕，又是梦感，这时薛氏死已23年了。题下自注云："久病客中，忽梦所忆，前尘宛在，语之甚悲。写以曼声，谱以楚徵，不自知其愁绝

也。"录如下:

> 穗灯梦腻,无端相见,泪痕凝袖,影事烟空,依约诉来如旧,钿蝉仍试新妆好,只有黛眉微瘦。尚相怜老去,惜离伤逝,万千俦愁。断肠痴绝语,檀奁愿得,生小花红人寿。斗草归来,长傍画堂春昼。卅年几恸人间世,还问玉箫生否。诅缠绵未化,夜台尘镜,断香还守。(《霞川花隐词》亦见《越缦堂日记》第22册75页)

又丙子年有《雨霖铃》一阕,自注:"夏夜坐月,同茗糜感旧,言愁欲愁,且唤奈何矣。"

> 蛩声初咽,正尊前话,竹下凉夕。回头恨事如水,相怜倦旅,伤心愁说。等是巫山一现,奈云散愁结。望隐约天上银河,浅浅清澜几时揭。瑶华分是伤摧折,更难堪未落人先别。秋千院落何处,萤火点晚花如雪。镜破珠沈,一样红笺芳讯都绝,只梦里还道相思,泪满罗襟月。(《霞川花隐词》,亦见《越缦堂日记》第25册61页)

又有《新雁过妆楼》一阕,自注:"初秋既望,皎月澄霄,凉思满怀,悄然有忆,不自知其言哀已深也。"

> 玉宇澄空,初凉地,秋声渐到梧桐。小庭夜静,愁绪碎搅吟蛩,率地阑干谁共倚,乱萤飞度竹间风。怅匆匆,绛河旧影,来约新鸣。　争知星期乍过,悠钿萧翠管取次成空。谢家池畔,香雾自上帘栊。清晖暗怜玉臂,怕重到针楼疑梦中。星星鬓,便鲜鬟如

故，妆镜羞同。(《霞川花隐词》)

以上所举，于考证《秋梦》乐府的本事，已足够了。临末就把越缦自述创作这篇乐府的经过，抄录于下：

　　梦中遇所宿眷，影触百端，相时叙述，缕缕数千言，皆首尾可忆，遂雨泣而醒。学道累年，又居忧患，而少年绮恨，尚缠魂魄，尘情固难绝如是耶。(《越缦堂日记补》第9册第10页)
　　夜月甚佳。偕叔子镇词，至五更脱稿。中如"燕后莺先，叶底花前，是处瞒他见"。又"那边歌院，那边舞帘，这一答软丢丢的杨叶儿，系情丝那年？这一答艳生生的花影儿，证情词那年？是我两人呵，结下了没头的恩怨！"又"水里青春，画里青山，回头天上神仙眷。"又舞灯云："月纤纤屟儿印偏。舞胡旋，赚得娇嫌，越显得那小春人笑奤。"叔子谓不让玉茗。然余所不能忘情者，则在"前生孽债头陀愿，今生罪过阎罗案，来生因果菩提赞。一会价迷离梦幻，碧落黄泉，守这个情根相见"数语也。(同书第9册第28页)

按《秋梦》原稿"情根相见"四字作，"情长爱短"，自不及情根相见之深。因为情根固结，所以说到前生，今生，来生，终于碧落黄泉，无由相见；这几句是全折中最精髓，也最显露的写法。

本来当夜深人寂，俯仰清旷的时候，可以听到自己心跃的声音，心灵里生出很奇怪的恐慌；同时，心爱的人物，无论死过或活着的，都记忆起来，现于眼前，早就睡着的印象，出人不意地苏醒过来；想象像鸟一般地突飞着；不必做梦而一身如入梦境之中。何况当时越缦所处，是院寂露深的秋夜，星河耿耿，萤火青青，每念及故乡的兵祸，道远难归，目极南云，心魂俱失了。做围城的孤客，盼乱地的家书，所谓"病躯一叶，寄泊天涯，家山万重，流离烽火"。刺戟既如此其深，幻觉自相因而生。子是幼时心灵上刻画最深，受创最烈，而平日力自镇压不使外露的欲望，在梦中突然出现，这是一种极自然极平常的意识过程；《秋梦》之成，即由于此。呜呼！越缦所梦者，既非弄玉吹箫，也不是飞琼鼓瑟，不过寻童时的踪迹，求已逝的爱痴，其遇可悯，其情尤可悲也。

1948年2月2日

（原载1948年5月1日《台湾文化》月刊

第3卷第4期，作为"遗稿"刊出）

书 信

致蔡元培二件

（1928年）

子民先生钧鉴：

前日曾肃一缄，谅荷察悉。

昨杏佛先生回院，得知近日情形大概，现在处境困难，先生辞意坚决，为计甚善。

裳本拟昨晚动身回禾，料理小儿辈读书之事，杏佛先生嘱暂留数日同行，因之作罢。裳辞呈写就多日，昨始递上，特将呈稿附上，务乞于交代前批准，庶交代名册内秘书长一栏可用空白，不胜盼企之至。此层亦已面陈杏佛先生，而杏佛先生谓须与先生酌定，用特奉告，务祈俞允。

夫人收拾书籍文件，大约今日装箱可竣，拟明晨乘特快回沪，谅已径告。

国府慰留文，想先生已于报端见到，兹钞录政治会议慰留函，并请尊鉴。

专此，顺颂

道祉

学晚许寿裳谨上　八月廿九日

附：

呈为恳请准予转呈辞职事：

窃寿裳自上年九月秒应召来京，供职大学院秘书，至本年四月六月，先后奉国民政府简命，任为大学院参事秘书长等职，原拟遵总理行易知难之教，并承院长、副院长之指导，于革新教政，实现三民主义教育，稍效微力，而才能薄弱，无补毫末。现在院长坚辞去职，副院长亦上呈恳辞，寿裳无所秉承，为此恳请准予转呈开去大学院秘书长之职，俾得闭户读书，重理旧业。至院中未了事务，当遵院长之命，逐一结束，静候交代。敬希察核示遵，谨呈

院　长

副院长

秘书长许〇〇　十七·八·二八

（1934年）

孑民先生钧鉴：

晨间曾肃一缄，谅登几右。女院一席，前承先生谆劝，顷又多雷川先生与述庭兄从臾，（轼游曾托述庭致函晓沧，晓沧于八日函复不能就。）裳拟勉为一行（当俟轼游来信，再定行期）。俟到平察看情形，再定去就，谨特奉闻。尊驾何日莅京？渴盼指示南针，俾有遵循。国府随从秘书及商务馆译书事，请稍缓进行，不胜盼企。专此，顺颂

道祉

后学寿裳谨上　六月十八日

致汤兆恒

（1941年）

兆恒贤婿惠鉴：

得六日英文手书，甚为忻慰，琯在战时公债劝募会服务，学有所用，甚好。深望处事以勤，小心谨慎。兹附去致陶君一缄，琯面呈之可也。

永、抗外孙聪慧，种种趣事，无非天真之表现，闻之心花怒开。对于玩具之趣味，已因性而不同，足见发育之早，抗孙喜拆散玩具，窥察其内部，可见其求知心好奇心之发达。他近来身体好否？今年已进幼稚园否？两孙均喜欢听童话及故事，惜我国对于此事向不重视，出版界著译二方均感贫乏。惟鲁迅全集中有《小彼得》《表》《桃色的云》《小约翰》诸书是难得之品。最后《小约翰》程度较高，须俟年龄稍长者才能赏鉴。

日本南进，看来势在必行，港地陆海之防，原已有相当准备，未知防空设备如何？因港地距粤之沦陷区太近，敌机袭来太快，不可不预为之防。此问

近佳

外舅裳启　三月十六日

致柳非杞五件

（1943年）

非杞先生赐鉴：

手书奉悉，陈先生战尘集亦收到，敬谢。承询一节，鲁迅先生旧体诗，见于《集外集》及《集外集拾遗》者，似已全部网罗。因为景宋补编《拾遗》时，曾将鲁迅日记及拙著小文（见北平大学女院半月刊新苗）参照一番。忆民廿六春北大教授魏建功，愿手写鲁迅旧体诗以备木刻，弟

即函托景宋搜集，不久，她寄回信来，业附钞诗一卷，是从鲁迅日记中摘出，并且将《集外集》《新苗》十一与十三册所载，校过一编；旋又寄来拾遗，大约共计四十首光景。她信略云："迅师于古诗文，虽工而不喜作。偶有所作，系应友朋要请，或抒一时性情，随书随弃，不自爱惜。生尝以珍藏请，辄遭哂笑。"此言的确，鲁迅的旧体诗，大都是为友人索书而作，例如《自嘲》一首（收入集外集），是为柳亚子先生书的，《所闻》一首（华灯照宴敞朱门，娇女严装侍玉尊，忽忆情亲焦土下，佯看罗袜掩啼痕。此诗弟疑是一二八闸北被炸后所作。）是为内山夫人书的。弟收到景宋钞本后，即转致建功兄了。伏园兄所说单行本恐即指此。是年抗战军兴，建功兄南北流离，料想未必写刻出版，宜乎先生找遍书坊而无所获。弟山居无书，不但鲁迅全集无从借得，即新苗亦无觅处，故不能详细对照。至于"惯于长夜"一诗，见于《为了忘却的记念》文中（《南腔北调集》），并以附闻。专此，顺颂

道安

弟许寿裳上　十月六日

非杞先生赐鉴：

国庆日及十二日两示，同时奉到。大著《钟情集序》已拜读，至佩。附件亦一并收到，谢谢。

承示鲁迅单行本诗集确已出版，甚感。弟尚未见过，恐不是魏君所书的那一本，刻得精美否？魏君书法，擅长汉简。

关于《哀范爱农》三首，鲁迅脱稿时，即际先兄及弟（时同寓北平绍兴会馆），此事详拙著《怀旧》文中（此文采入《鲁迅先生纪念集》中）。略云"……《集外集》的第一首，题曰：《哭范爱农》（下注一九一三是错的，应作一九一二），便是原稿的第三首。其第一第二两首，并非故意删

掉，乃是忘记了的。民十五年十一月，他在厦门写《旧事重提》（此书后改名《朝华夕拾》）的《范爱农》的时候，就这么说：

夜间独坐在会馆里，十分悲凉，又疑心这消息并不确，但无端又觉得这是极其可靠的，虽然并无证据。一点法子都没有，只做了四首诗，后来曾在一种日报上发表，现在是将要忘记完了，只记得一首里的六句，起首四句是：'把酒论天下，先生小酒人，大圜犹酩酊，微醉合沉沦'。中间忘掉两句，末了是：'旧朋云散尽，余亦等轻尘。'

其实这哀诗原来只有三首，并非四首。《集外集》所载的第三联，'幽谷无穷夜，新宫自在春'，可见得是临时补作的。"

关于全否问题，《集外集拾遗》补编是出景宋之手，她在编全集时，匆忙办此，大概只从日记等录出，其已见刻本者，则概不采入。已见刻本者，不但"惯于长夜"一首，余若《野草》中之"失恋"，《南腔北调集》中，短评《学生和玉佛》末尾一诗：

寂寞空城在，仓皇古董迁。头儿夸大口，面子靠中坚。惊扰讵云妄？奔逃只自怜。所磋非玉佛，不值一文钱（一九三三）。

此诗与剥崔灏《黄鹤楼》的一首七律，同一意思，同是沉痛之作。上面的全文可称诗序（指《崇实》与《学生和玉佛》全文。其实鲁迅的十几本短评，几乎篇篇是诗，未识尊意以为何如？），类此者尚多，惜身边无鲁迅全集，不克翻检，歉仄之至。

至于"煮豆燃豆萁……正好办教席"一首，确有此作，但记不清出在何册，无以报命，歉甚。

又承询"惯于长夜过春时"一诗之题目，此诗见于《为了忘却的纪念》文中，并无题目。全文甚长，是哭柔石而作，亦可说是此诗之序文。诗作于一九三一年，文作于一九三三年。

建功兄现在何处，俟探明地址，即当奉闻。

《书简集》及《日记》何以未加入全集问题，鲁迅日记，自民元起，直至廿五年濒死时，从未间断。此项手迹，前半部藏平寓，后半部则在沪寓。刊行全集时，北平早已沦陷，便无法寄沪。至于书简，鲁迅从不留稿，须向各方搜集，非一时所能成功。即以弟个人论，其来信多半在藏书板箱中，仓促无从检出。故于印第一册《书简集》时，只检寄一封。书简散在四方，为数甚多，印行全集时，据云已搜得数百封。此外在日本人手上者亦不少。日本在廿六年二月起出版《大鲁迅全集》，每月一册，共七册，弟只收到第四册止，每册附送《大鲁迅全集月报》中载鲁迅书简，以增田涉氏译《中国小说史略》时，为之解释疑义者居多，现在无从索印。并非不能公开之故。鲁迅遗著不及印入全集者，尚有汉画像等，非仅此两种。

鲁迅做律诗常有"出韵"，拙文《鲁迅古诗文的一斑》（见新苗第十六册）有云："鲁迅虽然调平仄，守格律，做近体诗，但他总不肯呆板地受这无谓的限制，例如写给内山完造的诗'廿年居上海……'，歌麻鱼韵通用，依古时歌麻合韵，麻鱼通韵，而做律诗，很是奇特的；寄静农的'横眉岂夺蛾眉冶'一首，蒸侵通用，也可谓'古已有之'，大雅大明七章，不是林、心与兴合韵吗？"拉杂书此，诸希指正。

尊意在搜齐鲁迅旧体诗全部，并请尹默兄照书手卷，自是双绝。弟愿早观盛举之成。并颂

大安

弟许寿裳敬启　十月十四日

非杞先生赐鉴：

　　两示并剪报奉悉，忻感之至。鲁迅旧体诗，先生勤事搜罗，苦心孤诣，钦佩无已！承示共集五十三首，其年份亦编好（从一九一二至一九三五年），此一二两数字是否笔误？因"灵台无计逃神矢"一首，作于一九〇三，时鲁迅年廿三，自题小景赠弟者（此诗弟首先替它发表，见拙著《怀旧》文中）。想《集外集拾遗》不会不收，或《拾遗》误作一二，亦未可知。专复，顺颂

　　道安

弟许寿裳敬启　十月廿七日

非杞先生赐鉴：

　　来示并"鲁迅先生诗钞"钞本敬悉。示中"哀范爱农原为四首，今取其三首，其'把酒论当世'一首不录。"末句甚是。惟此诗本仅三首，并非四首。"把酒论当世"一首是初稿，"把酒论天下"一首是改定本，故删去初稿，而以改定本为准，自是妥当。又剥崔灏黄鹤诗，崔原作是一首七律，鲁迅亦剥作七律，而钞本竟误分为七绝两首，应请更正。忆此两事，弟前函均已略及，特再详陈，即请垂察。至命撰序文，容稍缓属草就正。匆复，即颂

　　时绥

弟许寿裳敬启　十二月十七日

（1944年）

非杞先生赐鉴：

两示均敬悉，鲁迅诗集已送审查，不久付印，甚慰。十九日小会，弟本拟进城参加，适因会中有事，且大雨路滑，不果行。山居孤陋，无新华报可读，故十九日特刊亦迄未得见。拙文《回忆鲁迅》篇系寄友人，尚未得复，示中已登尊览，未知在何处发表，想不久必可寄到也。惠示除大幅不便邮寄者（如手写诗稿之类）外请径寄歌乐山。专复，即颂

时绥

弟许寿裳敬启　十月廿八日

致潘公展

（1945年）

公展先生大鉴：

三月廿一手示，敬悉。章炳麟先生传，顷已全部缮正，共百二十页，装订成两册，特送请教正，并祈赐复为荷。兹有附带声明者三事：（一）章先生为革命元勋，同时为国学大师，世人仅注意后一点，不足以明真相，拙稿双方并重，而文字力求简要，删而又删，成此字数。（二）印刷时，除用普通土纸外，能否用白报纸添印若干本，弟预备价购五本，可否乞示。（三）原稿用毕，如能寄还，尤盼。至于提要及作者小传，日内当填就续寄。专此奉复，顺颂

时绥

弟许寿裳敬启　三月三十一日

致马孝焱

（1946年）

孝焱老哥大鉴：

久念，忽奉瑶函，忻慰无似。书法益见精进，于肥重之中，寓挺秀之致，钦佩钦佩。八年抗战，公私损失，不可计算，以胜利骤临，办理复员，准备不足，以致在在脱节。又以用人未当，接收多弊，民困犹未纾也。弟山居碌碌，无善可陈，惟于公余，曾写俞曲园、章太炎两先生及鲁迅传数种。拙诗甚少，别纸录呈五首，敬求不吝正疵。荃侄调行政院参事，常随宋院长飞平沪各地，亦颇忙冗。瑛儿在平任教，瑮儿考取农林部留美实习，大约今夏可回国。蔡先生年谱，似未印行，弟未知其详，当便中转询奉告。复绍兴县史料编纂委员会一纸，乞转致为荷。此颂

近祉

弟许寿裳敬启　一月十日

致陈仪

（1946年）

公洽兄长官勋鉴：

尊函敬悉。计划的远大，指示的周详，惟有感佩。编译馆事繁责重，弟虽自知力薄，不敢不勉效驽骀。现拟俟百年先生（现在请假返乡）返京后，和他一谈，大约六月十日前可返沪，即搭机飞台聆教。又这事以求才为先，所以拟先邀专家二三人相助为理，名单容面呈，俟核定后，即行电邀，余或可就地取材。承示住宅可供给，甚好，家眷拟随后往台，并以奉闻。专复，顺颂

政祉

弟许寿裳敬启　五月廿七日

274

致谢似颜二件

（1946年）

似颜学长兄：

九日复一缄，谅早达。顷得公洽先生复，谓拟设编译馆，为台省文化馆（内含图书、博物、艺术、体育、编译五馆）之一部，工作分五项：（一）特编中小学文史教本，（二）编中小学教师的参考读物（如月刊等），（三）编公务员及民众阅读的小册，（四）编译辞典等，（五）译世界名著。弟决拟一试，约六月十日左右返沪。（现因本会长官不在京，须俟其回，一谈方可。）兄惠允前往，工作亦甚相宜，甚盼及早准备，能与弟同行，先去察看尤妙，一切容面谈。季谷兄飞台，已否返沪？弟亦盼与之一谈也。专此，顺颂

著祉

弟许寿裳敬启　五月廿七日

似颜兄：

在沪聚谈，渥蒙款待，甚感。弟廿五飞台，仅三小时即达，托庇安顺。编译馆房屋日内可以拨定，惟人手太少，工作未能展开，渴盼大驾速临，如大旱之望云霓。台北风景优美，物价较沪为廉，（米十二元一斤，日内可落至十元，猪肉八十二元，鸡蛋五元，煤炭仅沪什一，房屋易得，惟煮饭工人，无论男女最好带一人来。）季谷力劝弟全眷迁台，弟亦以两地开销太不经济，已嘱内子准备，如能与嫂夫人同行，尤幸。兄清恙已全愈否？行期约在何日？极盼复示。如坐船，则两日两夜即达。上船虽须用驳船，但有梯子可登，并非用绳子攀上，因一星期前，季谷部下有七人平安抵此。台币，闻船到埠，即有兑换所可兑，比率现为1比24。寿柏兄想已返京，不知其何日能来？方光焘兄何日送眷返里？总之，日盼诸兄莅临，方能开场锣鼓响也。

开示各节，已属季谷径复。专此，顺颂

康健

弟许寿裳敬启　六·廿八

嫂夫人前均此候安，晤季谷嫂时，并请代达谢忱。

图书在版编目（CIP）数据

言犹未尽，一代贤儒：回忆许寿裳/浙江省政协文史资料委员会，绍兴市政协文史资料委员会编. —北京：中国文史出版社，2018.6

（百年中国记忆·文化大家）

ISBN 978 - 7 - 5205 - 0369 - 3

Ⅰ.①言…　Ⅱ.①浙…②绍…　Ⅲ.①许寿裳（1883—1948）—回忆录
Ⅳ.①K825.6

中国版本图书馆 CIP 数据核字（2018）第 142033 号

责任编辑：赵姣娇

出版发行：**中国文史出版社**

社　　址：北京市西城区太平桥大街 23 号　　　邮编：100811

电　　话：010 - 66173572　66168268　66192736（发行部）

传　　真：010 - 66192703

印　　装：北京新华印刷有限公司

经　　销：全国新华书店

开　　本：787 × 1092　1/16

印　　张：18.25　　　　　　　　　　　字数：228 千字

版　　次：2018 年 8 月北京第 1 版

印　　次：2018 年 8 月第 1 次印刷

定　　价：58.80 元